天津大学研究生创新人才培养项目成果（项目编号：YCX19080）

天津市高校思政课建设项目资助之领航学者项目成果（项目编号：SZK20170108）

中国特色社会主义理论与实践研究

学习指南

谭小琴 ◎ 主编

天津出版传媒集团

天津人民出版社

图书在版编目（ＣＩＰ）数据

中国特色社会主义理论与实践研究学习指南 / 谭小琴主编. —— 天津：天津人民出版社, 2021.5

ISBN 978-7-201-16572-1

Ⅰ.①中… Ⅱ.①谭… Ⅲ.①中国特色社会主义—理论研究—学习参考资料 Ⅳ.①D616

中国版本图书馆 CIP 数据核字(2020)第 203803 号

中国特色社会主义理论与实践研究学习指南
ZHONGGUO TESE SHEHUIZHUYI LILUN YU SHIJIAN YANJIU XUEXI ZHINAN

出　　版	天津人民出版社
出 版 人	刘　庆
地　　址	天津市和平区西康路35号康岳大厦
邮政编码	300051
邮购电话	（022）23332469
电子信箱	reader@tjrmcbs.com
责任编辑	郑　玥
封面设计	邵亚平
印　　刷	天津新华印务有限公司
经　　销	新华书店
开　　本	710毫米×1000毫米　1/16
印　　张	17.75
插　　页	2
字　　数	230千字
版次印次	2021年5月第1版　2021年5月第1次印刷
定　　价	68.00元

编写课题组

主　　编　谭小琴

主要成员　吴兆彤　周小兵　李孟国

　　　　　　　贾璐萌　陈小平

前　言

2019年3月18日上午,习近平总书记在北京主持召开学校思想政治理论课教师座谈会并发表重要讲话。他指出:我们对共产党执政规律、社会主义建设规律、人类社会发展规律的认识和把握不断深入,开辟了中国特色社会主义理论和实践发展新境界,中国特色社会主义取得举世瞩目的成就,中国特色社会主义道路自信、理论自信、制度自信、文化自信不断增强。他还强调:我们党立志于中华民族千秋伟业,必须培养一代又一代拥护中国共产党领导和我国社会主义制度、立志为中国特色社会主义事业奋斗终身的有用人才。

为了更好地贯彻落实习近平总书记的上述指示,在天津大学科学技术与社会研究中心、天津大学马克思主义学院研究生思想政治理论课教研部的支持下,我们编写了这本《中国特色社会主义理论与实践研究学习指南》。

本书主要围绕新时代坚持和发展什么样的中国特色社会主义、怎样坚持和发展中国特色社会主义这个重大时代课题,力图用通俗易懂的语言阐释新时代中国特色社会主义思想的重要意义、科学体系、丰富内涵和实践要求,强调我们要做马克思主义的学习者、信仰者、传播者和践行者,要将个人理想融入中国特色社会主义共同理想之中,为实现中华民族伟大复兴的中国梦而努力奋斗。

目　录

理 论 篇

问 题 篇

实 践 篇

现实观点

再走长征路

导　论
中国特色社会主义的开创与发展

经过长期努力,中国特色社会主义进入了新时代,这是我国发展新的历史方位。①站在新的历史方位上开启新的征程,需要继续高举中国特色社会主义的伟大旗帜,增强中国特色社会主义的道路自信、理论自信、制度自信和文化自信,不忘初心,牢记使命,为实现中华民族伟大复兴的中国梦而不懈奋斗。

一、改革开放以来党的全部理论和实践的主题

中国特色社会主义是改革开放以来党的全部理论和实践的主题,是党和人民历尽千辛万苦、付出巨大代价取得的根本成就。②这深刻指出了中国特色社会主义是当代中国发展的根本方向,是建设社会主义现代化强国的崭新道路。

---

① 习近平:《决胜全面建成小康社会　夺取新时代中国特色社会主义伟大胜利——在中国共产党第十九次全国代表大会上的报告》,人民出版社,2017 年,第 10 页。

② 同上,第 16 页。

（一）中国特色社会主义是中国共产党带领人民在我国完成国家独立和民族解放的历史任务后，为接着完成国家富强、人民富裕的历史任务而开辟出来的正确道路

自 1840 年以来，我国就面临两大历史任务：一是赢得国家独立和民族解放，二是实现国家富强和人民富裕。从 1840 年鸦片战争爆发到 1949 年中华人民共和国成立，经过百余年的英勇奋斗，经过无数艰难曲折和流血牺牲，终于使中国人民认识到一个为实践所证明的真理：只有以社会主义引领前进方向、以马克思主义为指导思想、以中国共产党领导为核心力量，坚持把马克思主义基本原理与中国革命实际相结合，走符合中国特点和自身规律的革命道路，才能成功走上完成近代以来我国第一大历史任务的康庄大道。

中国共产党在领导新民主主义革命的过程中，科学地分析了我国的基本国情，把马克思列宁主义基本原理与中国革命斗争的实际相结合，明确了中国革命的性质、对象、任务、动力，提出了通过新民主主义革命走向社会主义的"两步走"战略，制定了无产阶级领导的，人民大众的，反对帝国主义、封建主义和官僚资本主义的新民主主义革命总路线，开辟了农村包围城市、武装夺取政权的革命道路，最终指导中国革命取得了伟大胜利。我国新民主主义革命道路积累、形成的宝贵历史经验，为中国特色社会主义道路的开辟奠定了深厚的历史基础和实践基础，这是一脉相承、历史推进的关系。

（二）中国特色社会主义是中国共产党在总结中华人民共和国近三十年社会主义革命与建设曲折发展经验的基础上，为实现国家富强、人民富裕而进行的历史选择

中华人民共和国成立以后，我国社会主义革命与建设近三十年的发展经历了曲折的历程。其中既有辉煌的成就，也有重大的挫折，还有严重的失

误，但这些实践都为中国特色社会主义道路的开辟奠定了根本的政治制度基础和经济社会发展的基础，积累了宝贵的历史经验。在中国共产党的领导下，仅仅用三年多一点的时间就迅速实现了祖国大陆的基本统一、国民经济的根本好转，开始了以第一个五年计划为标志的大规模工业化建设，随后又探索出具有中国特点的社会主义改造道路，我国进入社会主义初级阶段，确立起社会主义基本制度。在此基础上，提出了探索适合中国国情的社会主义道路的任务，并着手开始社会主义现代化建设，着力推进实现国家富强、人民富裕的伟大事业。

"辉煌的成就"与"惨痛的教训"为中国特色社会主义道路的开辟积累了正、反两方面的宝贵经验。"大跃进"和"人民公社化运动"严重超越我国社会发展阶段、严重违背社会主义建设规律的沉痛教训，使中国共产党深刻认识到，我国正处于并将长期处于社会主义初级阶段，只有从这一最大的国情实际出发，社会主义现代化建设才能避免或少走弯路；"以阶级斗争为纲"的错误指导思想造成了阶级斗争扩大化的严重失误，特别是"文化大革命"使中国共产党深刻认识到，必须实现由"革命"到"建设"的重大转变，始终坚持以经济建设为中心，大力推进经济建设、民主政治建设和精神文明建设。中国共产党开辟、形成、发展中国特色社会主义道路，正是以这些宝贵的历史经验和惨痛教训为起点和基础的。①

（三）中国特色社会主义是在我国改革开放和社会主义现代化建设进程中，为实现国家富强、人民富裕的伟大理论创新和实践创新

改革开放是决定当代中国命运的关键一招。改革开放是我国社会主义制度的自我完善和自我发展。改革就是要按照生产力和生产关系、经济基础和上层建筑相互关系的客观规律，改革经济体制中存在的所有制形式和分配形式过于单一、片面追求"一大二公"的情况；改革管理权力过于集中，地

---

① 戴木才：《中国特色社会主义是改革开放以来党的全部理论和实践的主题》，《红旗文稿》，2017 年第 15 期。

方和企业领导者缺乏生产自主权,管理死板僵化的情况;改革由于平均主义和"大锅饭"的存在,生产普遍缺乏积极性,缺乏生机和活力的情况;改革管理责任和权利分割存在责权不清、赏罚不明、管理缺失、浪费严重、效率低下的情况;改革人员存在单位、地方和户籍所有制现象,不能自由流动和迁徙,生产要素特别是劳动力要素不能得到优化配置的情况;改革存在城乡差别、东西部差距、"体脑倒挂"等二元结构造成发展不公的问题等。改革政治体制就是要改革长期存在的发展民主不充分、法制不健全、民主集中制不落实、人民当家作主的主体地位缺乏有效保障的情况;改革领导干部能进不能出、能上不能下、机构臃肿、人浮于事、官僚主义现象严重的情况;改革权力过于集中不受制约监督,导致家长式人物、本位主义、铺张浪费、贪污腐败发生的情况;改革形形色色的特权现象还比较普遍的存在,社会公平正义的原则还没有落到实处的情况;等等。所以中国要发展必须坚定不移地推进改革。对外开放就是要勇敢面对中国由于过去长期遭受西方发达国家的封锁而形成的差距,大胆打开国门,学习世界文明一切有用的成果;同时在对外开放过程中,勇敢迎接西方发达国家的各种挑战,锻炼国际交往的能力,逐步提高国际竞争力,缩小与发达国家的差距,展示社会主义制度的优越性。很显然,对外开放的决策也是非常必要的。[①]

　　中国共产党领导的社会主义建设和改革开放,实质上就是通过大力解放和发展社会生产力,真正实现社会主义现代化,实现中华民族伟大复兴。在这个过程中,中国共产党把马克思主义基本原理与中国社会主义建设和改革开放的具体实际相结合,系统回答了在中国这样一个14亿人口的发展中大国建设什么样的社会主义、怎样建设社会主义,建设什么样的党、怎样建设党,实现什么样的发展、怎样发展等一系列重大问题,开辟了中国特色社会主义道路,创造了举世瞩目的伟大成就。

---

　　① 黄百炼:《中国特色社会主义是改革开放以来党的全部理论和实践的主题》,《当代世界与社会主义》,2017年第5期。

表 1　党的十三大以来历次代表大会报告的题目

会议名称	会议时间	会议报告题目
中国共产党 第十三次全国代表大会	1987 年 10 月 25 日— 11 月 1 日	沿着有中国特色的社会主义道路前进
中国共产党 第十四次全国代表大会	1992 年 10 月 12 日— 10 月 18 日	加快改革开放和现代化建设步伐,夺取 有中国特色社会主义事业的更大胜利
中国共产党 第十五次全国代表大会	1997 年 9 月 12 日— 9 月 18 日	高举邓小平理论伟大旗帜,把建设有中 国特色社会主义事业全面推向二十一 世纪
中国共产党 第十六次全国代表大会	2002 年 11 月 8 日— 11 月 14 日	全面建设小康社会,开创中国特色社会 主义事业新局面
中国共产党 第十七次全国代表大会	2007 年 10 月 15 日— 10 月 21 日	高举中国特色社会主义伟大旗帜,为夺 取全面建设小康社会新胜利而奋斗
中国共产党 第十八次全国代表大会	2012 年 11 月 8 日— 11 月 14 日	坚定不移沿着中国特色社会主义道路 前进,为全面建成小康社会而奋斗
中国共产党 第十九次全国代表大会	2017 年 10 月 18 日— 10 月 24 日	决胜全面建成小康社会　夺取新时代 中国特色社会主义伟大胜利

如表 1 所示,继党的十二大首次提出"有中国特色的社会主义"这一概念之后,党的历次代表大会报告的题目中都包含"中国特色的社会主义"这个主题词。由此可见,改革开放以来,党的全部理论和实践都是在发展进程中对中国特色社会主义这一主题的深化和拓展。围绕这一主题,中国共产党不断推动理论创新和实践创新,中国特色社会主义道路越走越宽广,中国特色社会主义理论体系更加丰富。①

二、中国特色社会主义理论体系的形成与发展

中国特色社会主义理论体系包括邓小平理论、"三个代表"重要思想、科学发展观、习近平新时代中国特色社会主义思想。这一科学理论体系是对马

---

① 《中国特色社会主义理论与实践研究》编写组:《中国特色社会主义理论与实践研究》(2018年版),高等教育出版社,2018 年,第 2~3 页。

克思列宁主义、毛泽东思想的继承和发展,是与时俱进、不断发展的科学理论体系。

马克思、恩格斯把社会主义思想置于唯物史观和剩余价值学说这两大基石之上,创立了科学社会主义,使社会主义实现了从空想到科学的伟大飞跃。科学社会主义深刻揭示了资本主义产生、发展、灭亡和共产主义取代资本主义的历史必然性,对未来社会主义社会的发展过程、发展方向、一般特征作了科学预测和设想。它为人类指明了从必然王国向自由王国飞跃的途径,为人民指明了实现自由和解放的道路,为社会主义革命和社会主义建设提供了科学的思想基础。列宁把马克思主义基本原理同俄国实际结合起来,创造性地提出社会主义可能在一国或数国首先取得胜利的理论,领导十月革命取得成功,建立了世界上第一个社会主义国家,使社会主义实现了从理论到实践的伟大飞跃。[1]十月革命胜利之后,列宁基于俄国的社会主义建设实践,形成了一系列有关社会主义建设的理论原则。

十月革命为中国送来了马克思主义。新中国成立后,以毛泽东同志为主要代表的中国共产党人坚持把马克思主义基本原理与中国革命和建设实际相结合,形成了毛泽东思想,奠定了中国特色社会主义的基础。

在政治制度上,确立了人民民主专政制度、人民代表大会制度、中国共产党领导下的多党合作和政治协商制度、民族区域自治制度等政治制度,为中国特色社会主义民主政治建设奠定了坚实的基础。

在经济建设上,提出了实现"四个现代化"的宏伟目标,基本解决了建立独立的、比较完整的工业体系和国民经济体系的问题。同时,发表了《论十大关系》,并在此基础上提出了团结一切可以团结的力量和调动一切可以调动的积极因素来建设社会主义的总方针。

在文化教育建设上,提出必须坚持"百花齐放、百家争鸣"的方针,实行"古为今用、洋为中用"的原则,继承和吸收我国过去和外国一切有益的科学文化知识。

在对外关系问题上,提出了和平共处五项原则,强调要发展同一切国家

---

① 《中国特色社会主义理论与实践研究》编写组:《中国特色社会主义理论与实践研究》(2018年版),高等教育出版社,2018年,第4页。

的友好关系,反对大国的霸权主义,维护世界和平,促进人类进步。

在社会主义社会矛盾问题上,提出社会主义社会矛盾是人民内部的非对抗性的矛盾,要十分重视正确处理人民内部矛盾的问题;社会主义社会的基本矛盾依然是生产力与生产关系、经济基础与上层建筑的矛盾,这些矛盾可以通过社会主义制度的自我完善加以解决。这为我们用改革的方法解决社会制度中存在的问题奠定了重要的理论基础。

在社会主义社会发展阶段问题上,毛泽东在读苏联《政治经济学教科书》时指出:"社会主义这个阶段,又可能分为两个阶段,第一阶段是不发达的社会主义,第二阶段是比较发达的社会主义",认为我国正处在"不发达的社会主义阶段"。[1]这对社会主义初级阶段理论的提出具有启发意义。[2]

毛泽东在领导全国各族人民进行社会主义建设的探索过程中,既有成功经验和理论创造,也有失误挫折和经验教训,这对于开辟中国特色社会主义道路和形成中国特色社会主义理论体系具有奠基作用。

以邓小平同志为主要代表的中国共产党人,科学评价毛泽东和毛泽东思想,总结世界社会主义历史经验,深刻揭示社会主义本质,提出社会主义初级阶段理论,确立社会主义初级阶段基本路线,吹响走自己的路、建设中国特色社会主义的时代号角,创立邓小平理论,科学回答了建设中国特色社会主义一系列基本问题,成功开创了中国特色社会主义,指引全党全国各族人民在改革开放的伟大征程上阔步前进。

以江泽民同志为主要代表的中国共产党人,高举邓小平理论伟大旗帜,在国内外形势十分复杂、世界社会主义出现严重曲折的考验面前,捍卫了中国特色社会主义,开创了全面改革开放新局面,推进党的建设新的伟大工程,创立"三个代表"重要思想,成功把中国特色社会主义推向 21 世纪,引领改革开放的航船沿着正确方向破浪前进。

以胡锦涛同志为主要代表的中国共产党人,坚持邓小平理论和"三个代表"重要思想,立足于社会主义初级阶段基本国情,坚持以人为本、全面协调

---

①　谭虎娃:《马克思设想的社会主义经济特征与当代改革》,人民出版社,2009 年,第 120 页。

②　杨世文:《中国特色社会主义理论与实践研究教学用书》,北京师范大学出版社,2011 年,第 2~3 页。

可持续发展,构建社会主义和谐社会,加快生态文明建设,形成中国特色社会主义事业总体布局,促进社会公平正义,推动建设和谐世界,推进党的执政能力建设和先进性建设,创立科学发展观,在新的历史阶段上坚持和发展了中国特色社会主义,在全面建设小康社会实践中坚定不移地把改革开放伟大事业推向前进。①

时至今日,"世界怎么了、我们怎么办?""社会主义向何处去?""世界向何处去?"这些"时代之问"成为发展"当代中国马克思主义"的题中之义。

习近平强调:"理论的生命力在于不断创新,推动马克思主义不断发展是中国共产党人的神圣职责。我们要坚持用马克思主义观察时代、解读时代、引领时代,用鲜活丰富的当代中国实践来推动马克思主义发展,用宽广视野吸收人类创造的一切优秀文明成果,坚持在改革中守正出新、不断超越自己,在开放中博采众长、不断完善自己,不断深化对共产党执政规律、社会主义建设规律、人类社会发展规律的认识,不断开辟当代中国马克思主义、21 世纪马克思主义新境界!"②

新时代催生新思想。习近平新时代中国特色社会主义思想正是立足于时代之基、回答了时代之问,是新时代中国共产党坚持和发展马克思主义的最新理论成果,被《中共中央关于修改宪法部分内容的建议》定为"当代中国马克思主义、21 世纪马克思主义,是党和国家必须长期坚持的指导思想"。正如颜晓峰教授所言:"习近平新时代中国特色社会主义思想,彰显着坚定理想信念,充满着对马克思主义的坚定信仰,充满着对共产主义、社会主义的坚定信念,充满着'革命理想高于天'的豪迈情怀;展现着真挚人民情怀,是坚持以人民为中心的'人民至上论',是实现人民对美好生活向往的'人民幸福论';贯穿着高度自觉自信,饱含着对传承中华民族 5000 多年文明的自觉自信,对发扬党的优良传统的自觉自信,对坚持和发展中国特色社会主义的自觉自信,对我们正在做的事情的自觉自信,对党和国家事业光明前景的自觉自信;体现着鲜明问题导向,深刻回答了新时代党和国家发展面临的一系

---

① 龚云:《中国特色社会主义是改革开放以来党的全部理论和实践的主题》,《世界社会主义研究》,2017 年第 7 期。

② 习近平:《在纪念马克思诞辰 200 周年大会上的讲话》,《人民日报》,2018 年 5 月 5 日。

列重大理论和现实问题；充满着无畏担当精神，这种担当是一种现实的担当、无私的担当、无畏的担当。"①

　　这一思想紧紧围绕新时代坚持和发展什么样的中国特色社会主义、怎样坚持和发展中国特色社会主义的重大时代课题，以"八个明确"和"十四个坚持"为核心内容和主要依据全面系统地阐述了这一思想，凸显了这一思想对马克思主义所具有的"科学的理论""人民的理论""实践的理论""不断发展的开放的理论"四个思想特征的丰富和发展，展现了当代中国马克思主义的思想精华和理论境界。这一思想以一系列原创性和战略性的重大思想观点，实现了马克思主义基本原理与中国具体实际相结合的又一次伟大飞跃，是中国特色社会主义理论体系的重要组成部分，具有重大的政治意义、历史意义、理论意义和实践意义。这一思想得到了全党全国各族人民高度的政治认同、思想认同和情感认同，成为指引为人民谋幸福、为民族谋复兴的思想之旗，成为凝聚中国人民奋勇前进、共圆中国梦的精神之魂。

三、中国特色社会主义道路、理论、制度、文化

　　中国特色社会主义包含道路、理论、制度、文化四个方面内容。改革开放以来，我们取得一切成绩和进步的根本原因，归结起来就是开辟了中国特色社会主义道路，形成了中国特色社会主义理论体系，确立了中国特色社会主义制度，发展了中国特色社会主义文化。②中国特色社会主义道路是实现社会主义现代化、创造人民美好生活的必由之路，中国特色社会主义理论体系是指导党和人民实现中华民族伟大复兴的正确理论，中国特色社会主义制度是当代中国发展进步的根本制度保障，中国特色社会主义文化是激励全党全国各族人民奋勇前进的强大精神力量。全党要更加自觉地增强道路自信、理论自信、制度自信、文化自信，既不走封闭僵化的老路，也不

---

　　①　颜晓峰：《系统领会习近平新时代中国特色社会主义思想精髓要义》，《新华日报》，2018 年 7 月 17 日。

　　②　中共中央宣传部：《习近平新时代中国特色社会主义思想三十讲》，学习出版社，2018 年，第 22 页。

走改旗易帜的邪路,保持政治定力,坚持实干兴邦,始终坚持和发展中国特色社会主义。①

　　具体说来,中国特色社会主义道路就是在中国共产党的领导下,立足于基本国情,以经济建设为中心,坚持四项基本原则,坚持改革开放,解放和发展社会生产力,巩固和完善社会主义制度,建设社会主义市场经济、社会主义民主政治、社会主义先进文化、社会主义和谐社会、社会主义生态文明,促进人的全面发展,逐步实现全体人民共同富裕,建设富强民主文明和谐美丽的社会主义现代化国家。这条道路明确了中国特色社会主义的领导力量、现实依据、基本路线、主要任务、总体布局和奋斗目标,指明了实现中华民族伟大复兴的正确方向。它既坚持以经济建设为中心,又全面推进经济建设、政治建设、文化建设、社会建设、生态文明建设、国防和军队建设、党的建设;既坚持四项基本原则,又坚持改革开放;既不断解放和发展社会生产力,又逐步实现全体人民共同富裕、促进人的全面发展。②这条道路既不是"传统的",也不是"外来的",更不是"西化的",而是我们"独创的",是一条人间正道。只有这条道路而没有别的道路,能够引领中国进步、实现人民福祉。③

　　中国特色社会主义理论体系是指导党和人民实现中华民族伟大复兴的正确理论,是立于时代前沿、与时俱进的科学理论。这一理论体系,写出了科学社会主义的新版本,凝结了几代中国共产党人团结带领人民不懈探索实践的智慧和心血,是改革开放以来我们党推进马克思主义中国化所取得的理论创新成果,是党最宝贵的政治和精神财富,是全国各族人民团结奋斗的共同思想基础。这一理论体系,扎根于改革开放和社会主义现代化建设的伟大实践之中,符合全体中国人民根本利益,顺应当今世界和当代中国发展潮流。④具有鲜明的科学性和真理性、人民性和实践性、开放性和时代性。这一

　　① 习近平:《决胜全面建成小康社会　夺取新时代中国特色社会主义伟大胜利——在中国共产党第十九次全国代表大会上的报告》,人民出版社,2017年,第16~17页。

　　② 《中国特色社会主义理论与实践研究》编写组:《中国特色社会主义理论与实践研究》(2018年版),高等教育出版社,2018年,第7页。

　　③ 中共中央宣传部:《习近平总书记系列重要讲话读本》(2016年版),学习出版社、人民出版社,2016年,第26页。

　　④ 中共中央宣传部:《习近平新时代中国特色社会主义思想三十讲》,学习出版社,2018年,第23~24页。

理论体系,明确了中国特色社会主义的思想路线、发展道路、发展阶段、根本任务、发展动力、发展战略、依靠力量、国际战略、领导力量等重大问题,是贯通马克思主义哲学、政治经济学、科学社会主义等领域,覆盖经济、政治、文化、社会、生态文明、国防、外交、统一战线、祖国统一、党的建设等方面的系统的科学理论体系。习近平新时代中国特色社会主义思想,是中国特色社会主义理论体系的最新成果。在当代中国,坚持习近平新时代中国特色社会主义思想,就是真正坚持中国特色社会主义理论体系,就是真正坚持马克思主义。

中国特色社会主义制度是当代中国发展进步的根本制度保障,是具有鲜明中国特色、鲜明制度优势、强大自我完善能力的先进制度。这一制度就是在社会主义建设和改革过程中形成的有关经济、政治、文化、社会、生态等各个领域的一整套相互衔接、相互联系的制度体系。它包括人民代表大会这一根本政治制度,中国共产党领导的多党合作和政治协商制度、民族区域自治制度以及基层群众自治制度构成的基本政治制度,中国特色社会主义法律体系,公有制为主体、多种所有制经济共同发展的基本经济制度,按劳分配为主体、多种分配方式并存的分配制度,以及建立在根本政治制度、基本政治制度、基本经济制度基础上的经济体制、政治体制、文化体制、社会体制、生态文明体制等各项具体制度。①中国特色社会主义制度,坚持把根本政治制度、基本政治制度同基本经济制度以及各方面体制机制等具体制度有机结合起来,坚持把国家层面民主制度同基层民主制度有机结合起来,坚持把党的领导、人民当家作主、依法治国有机结合起来,符合我国国情,既坚持了社会主义的根本性质,又借鉴了古今中外制度建设的有益成果,集中体现了中国特色社会主义的特点和优势,是中国发展进步的根本制度保障。中国特色社会主义制度不会一成不变,而是要在改革实践中不断发展完善。②

习近平总书记指出:"我们走自己的路,具有无比广阔的舞台,具有无比深厚的历史底蕴,具有无比强大的前进定力,中国人民应该有这个信心,每

---

① 《中国特色社会主义理论与实践研究》编写组:《中国特色社会主义理论与实践研究》(2018年版),高等教育出版社,2018年,第8~9页。

② 中共中央宣传部:《习近平总书记系列重要讲话读本》(2016年版),学习出版社、人民出版社,2016年,第26~27页。

一个中国人都应该有这个信心。我们说要坚定中国特色社会主义道路自信、理论自信、制度自信，说到底是要坚定文化自信。文化自信是更基本、更深沉、更持久的力量。历史和现实都表明，一个抛弃了或者背叛了自己历史文化的民族，不仅不可能发展起来，而且很可能上演一场历史悲剧。"①坚定文化自信，是事关国运兴衰、事关文化安全、事关民族精神独立性的大问题。没有文化自信，不可能写出有骨气、有个性、有神采的作品。②

中国特色社会主义文化，源自于中华民族五千多年文明历史所孕育的中华优秀传统文化，熔铸于党领导人民在革命、建设、改革中创造的革命文化和社会主义先进文化，根植于中国特色社会主义伟大实践。发展中国特色社会主义文化，就是以马克思主义为指导，坚守中华文化立场，立足当代中国现实，结合当今时代条件，发展面向现代化、面向世界，面向未来的，民族的科学的大众的社会主义文化，推动社会主义精神文明和物质文明协调发展。坚定文化自信，就要以更加自信的心态、更加宽广的胸怀，广泛参与世界文明对话，大胆借鉴吸收人类文明成果，推进中华优秀传统文化的创造性转化、创新性发展，继承革命文化，发展社会主义先进文化，在为新时代鼓与呼中滋养社会、铸造国魂，更好构筑中国精神、中国价值、中国力量，为人民提供精神指引。③

中国特色社会主义道路是实现途径，中国特色社会论体系是行动指南，中国特色社会主义制度是根本保障，中国特色社会主义文化是精神力量，四者统一于中国特色社会主义伟大实践。回首改革开放四十多年来的历史进程，正是由于始终高举中国特色社会主义伟大旗帜，党和国家事业才取得了举世瞩目的成就。坚定道路自信、理论自信、制度自信、文化自信，既不走封闭僵化的老路，也不走改旗易帜的邪路，我们就能毫无畏惧地面对一切困难和挑战，就能坚定不移地继续开辟新天地、创造新奇迹。④

①　习近平：《加快构建中国特色哲学社会科学》，载中共中央党史和文献研究院：《十八大以来重要文献选编》(下)，中央文献出版社，2018年，第323页。

②　《习近平谈治国理政》(第二卷)，外文出版社，2017年，第349页。

③　中共中央宣传部：《习近平新时代中国特色社会主义思想三十讲》，学习出版社，2018年，第25~26页。

④　《中国特色社会主义理论与实践研究》编写组：《中国特色社会主义理论与实践研究》(2018年版)，高等教育出版社，2018年，第10页。

四、只有中国特色社会主义才能发展中国

　　回首新中国七十多年走过的历程,这一段峥嵘岁月,丈量着我们实现梦想的脚步。据 2019 年 7 月 1 日国家统计局发布报告显示,2018 年中国国内生产总值比 1952 年增长 175 倍,年均增长 8.1%。在一穷二白的纸上绘出最新最美的图画,从经济凋敝的困境奋发成为世界第二大经济体,以爬坡过坎的奋斗开创中国特色社会主义新时代,一路走来,虽有风雨波折却总一往无前,我们用经济实力的显著进步、综合国力的不断增强、人民生活水平的持续改善,书写了波澜壮阔的中国故事。正如习近平总书记强调的:"70 年砥砺奋进,我们的国家发生了天翻地覆的变化,中华民族迎来了从站起来、富起来到强起来的伟大飞跃。无论是在中华民族历史上,还是在世界历史上,这都是一部感天动地的奋斗史诗。"①

　　这七十多年,是中国共产党带领亿万人民不断奋进的七十多年。翻阅人民共和国风雷激荡的历史篇章,我们愈发坚信,是鲜红的党旗凝聚起磅礴的力量,把中华民族变成一个坚强的共同体,在复兴的大道上勇往直前。怀着"为中国人民谋幸福、为中华民族谋复兴"的初心和使命,这个有着强大政治领导力的政党,带领中国人民筚路蓝缕、辟除榛莽,走向辉煌、走向复兴。当中国对世界经济增长的贡献率年均达到 30%, 当中国让七亿多人口摆脱贫困,对全球减贫贡献率超过 70%时,没有人会怀疑这样的判断:坚持党的领导是当代中国最高政治原则,是实现中华民族伟大复兴的关键所在。

　　这七十多年,是我们探索自己的发展道路,砥砺前行的七十多年。一个镜头让人记忆犹新:2017 年底,中国共产党与世界政党高层对话会的嘉宾来到中央党校参观,在"实事求是"的石碑前,外国政党的领导人纷纷留影,他们明白,这四个字正蕴藏着中国成功的密码。的确,在中国这样一个有着五千多年文明史、14 亿人口的大国推进社会主义现代化,是前无古人的伟大事业。正是自 1949 年开始,新中国成立并进行社会主义革命和建设,积累了重

---

　　①　习近平:《一个国家、一个民族不能没有灵魂》,《求是》,2019 年第 8 期。

要的思想、物质、制度条件;正是自 1978 年开始,我们党果断决定实行、坚定不移推进改革开放,开启了中国腾飞的进程。七十多年来,我们走出了一条自己的道路,世人所说的"中国方案",正是中国人民在自己的奋斗实践中创造的中国特色社会主义道路。

中国七十多年巨变说明,"只有社会主义才能救中国,只有中国特色社会主义才能发展中国,只有坚持和发展中国特色社会主义才能实现中华民族伟大复兴"[1],这是历史的结论、人民的选择。

雄关漫道真如铁,人间正道是沧桑。七十多年巨变,让一个古老的国家焕发出奋斗的神采,让神州大地激荡起生机勃勃的复兴气象。在从站起来、富起来到强起来的过程中,中国特色社会主义道路、理论、制度、文化不断发展,拓展了发展中国家走向现代化的途径,为解决人类问题贡献了中国智慧和中国方案。今天,14 亿中国人民意气风发、豪情满怀,九百六十多万平方公里的祖国大地生机勃发、春意盎然,五千多年的中华文明光彩夺目、魅力永恒,我们党的领导和我国社会主义制度坚强牢固、充满活力,中国人民和中华民族前程伟大、前途光明。[2]

五、中国特色社会主义的世界意义

建立比资本主义更加美好的制度是自资本主义产生以来许多仁人志士和广大劳动人民的梦想。马克思、恩格斯在继承前人思想成果的基础上,创立了科学社会主义理论,实现了社会主义从空想到科学的伟大飞跃。

科学社会主义深刻提示了资本主义产生、发展、灭亡和共产主义取代资本主义的历史必然性,勾画了未来社会的美好蓝图,指明了实现美好社会理想的正确途径。社会主义实现了从理论到实践、从一国实践到多国实践、从一种发展路径到多种发展路径的历史性飞跃。100 年前首个社会主义国家的

---

[1]　中共中央宣传部:《习近平新时代中国特色社会主义思想学习纲要》,学习出版社、人民出版社,2019 年,第 21 页。

[2]　《人民日报》评论部:《历经风雨砥砺,中国永远在这儿》,《人民日报》,2019 年 7 月 16 日。

诞生开启了人类历史的新纪元，但 20 世纪的社会主义也遭遇了重大挫折——苏联曾出现过肃反扩大化等严重错误，中国曾经历过长达十年的"文化大革命"。

更为严重的是，在 20 世纪 80 年代末 90 年代初，东欧发生剧变，紧接着是苏联解体。社会主义国家由原来的 15 个缩减到 5 个，陆地面积由占全球的 24%缩小为 7%，共产党数量由国际共产主义运动高潮时期的 180 多个减少为 90 年代初期的 130 多个。德意志民主共和国在统一的旗帜下被德意志联邦共和国吞并，且被资本主义化。苏联、波兰、捷克、匈牙利、保加利亚、罗马尼亚、阿尔巴尼亚和蒙古先后发生剧变，共产党丧失了政权，这些国家大多开始效法民主社会主义，实行以多党制为基础的议会民主制、以私有制为基础的社会市场经济，都转向了资本主义；南斯拉夫解体，分裂成 5 个民族国家。

共产党执政的社会主义国家的力量和影响明显减弱，社会主义一度处于低潮。正是在这种背景之下，世界范围内的社会主义"历史终结论""马克思主义过时论"甚嚣尘上。一时间，世界范围内反马克思主义、社会主义的人士弹冠相庆，并预言中国会随欧洲的剧变而"崩溃"；拥护社会主义的人士忧心忡忡，把社会主义复兴的希望寄托在中国共产党身上，并预言只有中国才能救社会主义。中国特色社会主义就是在这样复杂的国际国内形势下向前推进的。东欧剧变、苏联解体之后，邓小平曾明确表示："别人的事情我们管不了，只讲一个道理：中国的社会主义是变不了的。中国肯定要沿着自己选择的社会主义道路走到底。谁也压不垮我们。只要中国不垮，世界上就有五分之一的人口在坚持社会主义。我们对社会主义的前途充满信心。"[①]

正是在这种坚定的信仰之下，中国共产党既不走改旗易帜的邪路，也不走封闭僵化的老路，成功地把中国特色社会主义推向了 21 世纪，并取得了成功。习近平总书记强调："我们要建设的是中国特色社会主义，而不是其他什么主义。历史没有终结，也不可能被终结。中国特色社会主义是不是好，要看事实，要看中国人民的判断，而不是看那些戴着有色眼镜的人的主观臆

---

① 《邓小平文选》(第三卷)，人民出版社，1993 年，第 320~321 页。

断。中国共产党人和中国人民完全有信心为人类对更好社会制度的探索提供中国方案。"①

回顾总结改革开放以来中国特色社会主义的发展历程,我们提供的"中国方案"越来越清晰,对推进世界社会主义发展的作用越来越明显。中国特色社会主义对推进世界社会主义发展的主要贡献在于以下方面:②

第一,中国特色社会主义道路开辟了人类创造美好生活之路。中国特色社会主义的伟大实践表明,"中国特色社会主义道路,是实现我国社会主义现代化的必由之路,是创造人民美好生活的必由之路"③。这条发展道路在指导思想上坚持马克思主义一元主导和多元文化并存的统一,在发展路径选择上坚持社会主义方向的坚定性和途径的灵活性的统一,在总体布局上坚持发展内容的全面性与发展战略的重点性的统一,在制度安排上坚持社会主义的原则性与民族性的统一。

总的来看,中国特色社会主义道路既坚持科学社会主义基本原则,又具有鲜明的中国特色,体现了普遍性与特殊性的统一。中国特色社会主义道路是一条实现民族振兴、国家富强、人民幸福、社会和谐的发展道路。这条道路的开辟,标志着中国共产党人经过九十多年的实践探索,对社会主义建设规律和中国社会主义发展道路形成了系统的认识,也标志着我们党初步破解了社会主义发展史上的一个"历史难题",即在经济文化比较落后的国家如何建设、巩固和发展社会主义的难题,从而实现了科学社会主义在当代中国的新发展。

第二,中国特色社会主义理论体系系统地解决了在中国这样人口多底子薄的东方大国建设什么样的社会主义、怎样建设社会主义这个根本问题,使中国快速发展起来,使中国人民生活水平快速提高起来,为社会主义摆脱困境、向健康方向发展提供了一个成功的范例,为一些国家的探索和对历史经验的反思提供了可借鉴的经验。今天,中国改革开放的成功实践已经证明:当今世界,马克思主义并没有过时,社会主义取代资本主义仍然是人类

---

① 习近平:《在庆祝中国共产党成立九十五周年大会上的讲话》,载中共中央党史和文献研究院:《十八大以来重要文献选编》(下),中央文献出版社,2018年,第349页。

② 秦宣:《中国特色社会主义的世界意义》,《当代世界与社会主义》,2017年第5期。

③ 习近平:《习近平谈治国理政》(第一卷),外文出版社,2014年,第9页。

社会发展的基本规律。这必然有助于世界上的共产党人坚定对马克思主义的信仰、对社会主义的信念，努力去探求适合本国国情的社会主义理论和社会主义道路，从而推进世界社会主义运动的发展。

第三，中国特色社会主义制度为人类对更好社会制度的探索提供了中国方案。1985 年，邓小平曾预言："我们的改革不仅在中国，而且在国际范围内也是一种试验，我们相信会成功。如果成功了，可以对世界上的社会主义事业和不发达国家的发展提供某些经验。"①邓小平的这段预言已经被三十多年的实践所证实。中国特色社会主义的成功，"使具有五百年历史的社会主义主张在世界上人口最多的国家成功开辟出具有高度现实性和可行性的正确道路，让科学社会主义在二十一世纪焕发出新的蓬勃生机"②。

---

① 《邓小平文选》(第三卷)，人民出版社，1993 年，第 135 页。
② 习近平：《在庆祝中国共产党成立九十五周年大会上的讲话》，载中共中央党史和文献研究院：《十八大以来重要文献选编》(下)，中央文献出版社，2018 年，第 343 页。

理 论 篇

第一章
新时代　新思想

　　日日新，月月异，改革开放四十多年来，在祖国这片广袤、富饶的土地上，每时每刻都在发生着新的变化。特别是党的十八大以来，我们看得见、感受得到的变化越来越多：社区的环境越来越美，学校的条件越来越好，购物、出行也变得越来越方便。行进中的中国，时时都有新变化，处处都有新气象，人人都有新感受。时间，将非凡成就凝铸成历史性巨变，经济社会发展到一定阶段必然会发生历史性飞跃，习近平总书记在党的十九大上向全世界庄严宣示——中国特色社会主义进入了新时代。这是我国发展新的历史方位。

第一节　我们走进新时代

　　2017年9月末的北京，秋风送爽。装扮一新的北京展览馆里，"砥砺奋进的五年"大型成就展吸引着一批又一批来自四面八方的观众。看完展览，七十多岁的郑奶奶兴奋地说："这五年，咱们国家发展太快了。""咱们中国人能走进这样一个新时代，心里真高兴。"

　　时代在中文中由"时"和"代"两个字组成，意味着有跨度的时间。在英文中是 times，词面上是时间的复数。只有时间的积累，才会有时代的变化；只有成就的积淀，才会有自信的宣示。我国用几十年时间，走完了发达国家几百年走过的发展历程，并走出了中国特色社会主义道路，这是人类发展史上的奇迹。

新中国成立以来,特别是改革开放以来,我国发展取得了重大成就,在这些成就的基础上,我国的发展站到了新的历史起点上,中国特色社会主义进入了新的发展阶段。

一、取得了历史性成就

"砥砺奋进的五年"大型成就展第二展区的主题为"践行发展理念、引领经济发展新常态",这里展示了我国近五年在经济建设领域取得的辉煌成就。展览现场的"中国天眼""蛟龙号""复兴号"等见证中国经济建设成就的模型,成了展厅里当之无愧的"明星"。"中国天眼"于 2016 年 9 月 25 日在贵州省平塘县落成启用,它是目前世界上最大的单口径射电望远镜;"蛟龙号"是当今世界下潜深度最大的作业型载人潜水器;"复兴号"动车组列车运行时速可以达到 350 千米,它拥有纯正的"中国血统",因为在其 254 项重要标准中,中国标准占到了 84%。此外,动车组的整体设计、车体、转向架、牵引、制动等关键技术都是由我国自主研发,具有完全自主知识产权。"复兴号"标志着我国高速动车组技术全面实现自主化、标准化和系列化,极大地增强了我国高铁的国际话语权和核心竞争力。可以说,中国科技的每一次进步和革新,都彰显了中国与日俱增的综合国力和大国地位。

自党的十八大以来,我国经济实力显著增强,《2018 年政府工作报告》指出:国内生产总值从 54 万亿元增加到 82.7 万亿元,年均增长 7.1%,位列世界第二;占世界经济比重从 11.4% 提高到 15% 左右,对世界经济增长贡献率超过 30%。

历史性变革可不仅仅发生在经济领域,"砥砺奋进的五年"大型成就展共规划设计了序篇、经济建设、政治建设、文化建设、社会建设、生态文明建设、国防和军队建设、"一国两制"实践、中国特色大国外交、党的建设 10 个主题内容展区,全面展示了党的十八大以来党中央团结带领全党全国各族人民取得的辉煌成就。五年来的成就是全方位、开创性的,党中央提出了一系列新理念新思想新战略,出台了一系列重大方针政策,推出了一系列重大举措,推进了一系列重大工作,开创了党和国家事业的新局面。

二、完成了关键性转变

党的十八大以来,党和国家的事业不仅取得了历史性成就,还发生了历史性变革、完成了关键性转变。这五年,面对国际国内形势的复杂变化和党内存在的突出问题,党中央攻坚克难,解决了许多长期想解决而又没有解决的难题,办成了许多过去想办却又没有办成的大事,推动党和国家事业完成了关键性转变。

这五年,我们正视和面对前进道路上的难题。办好中国的事情,关键在党。可是过去一个时期存在党的领导被忽视、淡化、削弱的状况,而且在新形势下,我们党还面临着许多严峻挑战,存在着许多亟待解决的问题,特别是一些党员干部中存在贪污腐败、脱离群众、形式主义、官僚主义等问题;经济发展"快"字当头,更多强调数量扩张,存在发展观念不正确、发展方式不合理的状况;改革进入深水区,容易的改革已经完成了,剩下的都是难啃的硬骨头,一些积存多年的顽瘴痼疾影响发展;法律是治国之重器,治理一个国家,不仅要立规矩,还要讲规矩、守规矩,这些方面,我们还存在短板和不足;理想信念、价值理念、道德观念都属于意识形态范畴,到底什么是正确的,什么是错误的,在这个众声喧哗的时代,需要党对意识形态工作的领导进一步加强;我军传统体制编制和政策制度主要是在传统机械化战争条件下形成和发展起来的,不能完全适应新形势下国防和军队建设的要求;随着中国国力的不断增强, 国际影响力的持续扩大, 一些西方国家加紧对我国进行围堵、干扰、压制,我们面临来自外部环境的严峻挑战。

正视和面对问题,是为了解决问题。这五年,在党中央的领导下,全面加强党的领导、全面从严治党发生了深刻变革;发展理念和发展方式发生了深刻变革;全面深化改革,各方面体制机制发生了深刻变革;全面依法治国发生了深刻变革;党对意识形态工作的领导发生了深刻变革;国防和军队现代化发生了深刻变革;中国特色大国外交发生了深刻变革。五年来,国家先后出台了一千五百多项改革举措,重要领域和关键环节改革取得突破性进展,变革的力度、广度和深度前所未有。五年来,党的面貌、国家的面貌、人民的面貌、军队的面貌、中华民族的面貌发生了前所未有的变化。可以说,这五年的变革切中要害,对未来发展具有深远的影响。

三、确定了新的历史方位

中国特色社会主义进入新时代,这是"中国号"航船所处的方位。那么新时代,"新"在哪里呢?

第一,"新"是发展进入新阶段。在新中国成立特别是改革开放以来我国发展取得重大成就的基础上,党和国家的事业自党的十八大以来取得了历史性成就、发生了历史性变革、完成了关键性转变,把中国特色社会主义推到了新的发展阶段。

第二,"新"是主要矛盾出现新变化。我国社会主要矛盾由人民日益增长的物质文化需要同落后的社会生产之间的矛盾,转化为人民日益增长的美好生活需要和不平衡不充分的发展之间的矛盾。经过改革开放四十多年的发展,人民群众在教育、收入、社会保障、环境等许多方面都有了更高需求,只讲"日益增长的物质文化需要"不能真实反映人民群众需求的变化。我国社会生产力水平显著提高,"落后的社会生产"这个表述也不准确了,更加突出的问题是发展不平衡和不充分。今天的中国,繁华都市和落后乡村并存,东部发达和西部滞后同在,有高铁、移动支付,也有铁犁牛耕、火塘煮饭,发展不平衡不充分的问题已经成为满足人民美好生活需要的重要制约因素。

第三,"新"是发展有了新目标。党的十九大作出从决胜全面建成小康社会到基本实现社会主义现代化、再到 21 世纪中叶把我国建成富强民主文明和谐美丽的社会主义现代化强国的新的战略安排。

第四,"新"是我国面临的国际环境有了新变化。今天,中国日益走近世界舞台中央,正处在从大国走向强国的关键时期。这让习惯了高高在上的一些国家焦虑了、恐慌了,出现了"树大招风"效应,一些敌对势力千方百计为我们的发展设置障碍,外部环境更加复杂。

新时代是一个承前启后、继往开来,在新的历史条件下继续夺取中国特色社会主义伟大胜利的时代;是决胜全面建成小康社会、进而全面建设社会主义现代化强国的时代;是全国各族人民团结奋斗、不断创造美好生活、逐步实现全体人民共同富裕的时代;是全体中华儿女戮力同心、奋力实现中华民族伟大复兴中国梦的时代;是我国日益走近世界舞台中央、不断为人类做出更大贡献的时代。

中国特色社会主义进入新时代,不仅对实现中华民族伟大复兴具有极其重大而深远的意义,在世界社会主义发展史和人类发展史上也是具有标志性的重大事件,具有重大意义。中国特色社会主义进入新时代,意味着近代以来久经磨难的中华民族迎来了从站起来、富起来到强起来的伟大飞跃,迎来了实现中华民族伟大复兴的光明前景;意味着科学社会主义在 21 世纪的中国焕发出了强大的生机活力,中国特色社会主义伟大旗帜在国际舞台高高飘扬;意味着中国特色社会主义道路、理论、制度、文化不断发展,给发展中国家提供了更多借鉴,为解决人类问题贡献了更多的中国智慧和中国方案。

新时代属于每一个人,只要我们精诚团结、共同奋斗,就没有任何力量能够阻挡中国人民实现伟大梦想的前进步伐!

第二节　我们有了新思想

世界每时每刻都在发生变化,中国也每时每刻都在发生变化。我们要在理论上跟上时代步伐,不断推进理论创新。习近平新时代中国特色社会主义思想运用马克思主义的立场、观点和方法,聚焦新的时代命题,提出了一系列新思想新观点新论断,构建起了新的理论体系,是我们前行的思想灯塔。

一、回应时代呼声

任何重要思想都是对重大时代问题的科学回答,都是时代精神的精华。时代风云、实践发展有多么波澜壮阔,理论创新、思想创造就有多么博大精深。习近平新时代中国特色社会主义思想以一系列富有创见性的新思想新观点新论断阐明了当代中国和当今世界的重大课题,是立足时代之基、回答时代之问的科学理论。

新时代呼唤新理论。中国特色社会主义进入新时代,我们从"没有发展起来"时期进入到"发展起来以后"时期,面临着新的社会主要矛盾,迈向新的奋斗目标。在伟大的时代里,伟大的思想应运而生。在鲜活的实践中,伟大的思想顺势而成。

新生机呼唤新认同。中国特色社会主义事业蒸蒸日上,使世界范围内两种意识形态、两种社会制度的较量,发生了有利于马克思主义、社会主义的深刻转变。世界上正视和相信马克思主义和社会主义的人多了起来,再次出现了"马克思热"。

新世情呼唤新方案。当今世界正处于大发展大变革大调整时期,出现了许多过去没有遇到过的问题,需要新的解决方案。中国的蓬勃发展大大增强了中国特色社会主义的影响力和感召力,中国理念、中国智慧、中国方案正深刻地影响着世界。

新工程呼唤新引领。中国共产党的伟大不在于不犯错误,而在于敢于直面问题,勇于自我革命。党的十八大之后,党中央以坚定决心、顽强意志继续推进党的建设新的伟大工程,正风肃纪,"拍苍蝇""打老虎"、海外"猎狐",全党焕发出新的强大生机与活力。

实践是思想之母,实践是理论之源。习近平新时代中国特色社会主义思想,是以习近平同志为核心的党中央坚持用马克思主义观察时代、解读时代、引领时代,用鲜活丰富的当代中国实践来推动马克思主义发展,用宽广视野吸收人类创造的一切优秀文明成果形成的重大理论创新成果,是党和人民实践经验和集体智慧的结晶,习近平总书记是这一思想的主要创立者。在领导全党全国各族人民推进党和国家事业的实践中,习总书记提出了一系列具有开创性意义的新理念新思想新战略,为新时代中国特色社会主义思想的创立发挥了决定性作用、做出了决定性贡献,成为党中央的核心、全党的核心,成为新时代中国特色社会主义的掌舵者、领航人,作为大国领袖、人民领袖,受到全党全国各族人民的衷心爱戴。

二、明确奋斗目标

新时代的奋斗是科学思想指引、宏伟蓝图引领的历程。党的十九大确立了习近平新时代中国特色社会主义思想的指导地位,描绘了从全面建成小康社会到建成社会主义现代化强国的宏伟蓝图。

实现现代化的目标在 20 世纪五六十年代就已经提出,那个时候的目标是到 2000 年实现"四个现代化"。后来,从我国具体实际出发,明确提出中国在 20 世纪末只能达到"小康水平"。小康是一个中国传统概念,吃饱喝足、略有节余,那不就是小康吗? 这个目标对当时的我国而言,是一个很宏伟的目标。

在 2000 年进入小康社会的基础上,我们又提出向更高的水平迈进,在 21 世纪头二十年,集中力量,全面建设惠及十几亿人口的更高水平的小康社会。在中国共产党成立 100 周年时,实现全面建成小康社会的奋斗目标。

现在,是实现这个目标的最后冲刺期,也是决胜期。经过长期努力,我们这些年的发展远远超出了当年的预想,所以在全面建成小康社会、实现第一个百年奋斗目标的基础上,我们有理由、有能力提出和实现新的、更高的目标了。

党的十九大报告首次提出了从 2020 年到 21 世纪中叶"两个阶段"的发展战略,描绘了一幅到 21 世纪中叶把我国建成现代化强国的宏伟蓝图,明确了建设新时代中国特色社会主义的奋斗目标,为全党全国人民砥砺前行指明了航程。第一个阶段,从 2020 年到 2035 年,在全面建成小康社会的基础上,再奋斗十五年,基本实现社会主义现代化;第二个阶段,从 2035 年到 21 世纪中叶,在基本实现现代化的基础上,再奋斗十五年,到新中国成立一百年时,把我国建成富强民主文明和谐美丽的社会主义现代化强国。

在"两个阶段"发展战略中,没有像过去那样提出国内生产总值翻番的经济发展目标。为什么没有?不是我们没有能力翻番,而是因为发展理念和思路转变了,我们更加注重全面、更加注重质量、更加注重可持续、更加注重人与自然的和谐相处。我国经济发展已从高速增长阶段转向高质量发展阶段,需要在新发展理念指导下着力解决不平衡不充分的发展问题。

党的十九大报告对实现"两个一百年"奋斗目标作出的全面部署,清晰勾勒出了中华民族伟大复兴的路线图,催人奋进、鼓舞人心。

三、照亮前行之路

伟大的时代,需要伟大思想的指引。党的十九大把习近平新时代中国特色社会主义思想写入党章,成为引领中华民族坚定前行、实现中国梦的思想火炬。

2017 年 10 月 24 日上午,在人民大会堂万人大礼堂璀璨穿辉之下,出席党的十九大的两千三百多名代表庄严举手表决。大会一致通过关于《中国共产党章程(修正案)》的决议,确立习近平新时代中国特色社会主义思想为党必须长期坚持的指导思想,正式写入《中国共产党章程》。顿时,全场响起长时间的热烈掌声。掌声为成就而鸣,掌声为未来而响,在中华民族迈向伟大复兴的新征程上,我们有了主心骨、定盘星。

像我们这么大一个国家、这么大一个政党,怎样才能团结起来、拧成一股绳呢?必须要靠正确的理论指引和思想感召,让全党全国各族人民心往一处想。习近平新时代中国特色社会主义思想的核心内容是"八个明确"和"十四个坚持"。

"八个明确"讲的是在理论方面我们该"怎么看","十四个坚持"谈的是在实际行动中我们该"怎么办",思想认识明确,实践路径清晰。就像高高竖起的灯塔,为新时代坚持和发展中国特色社会主义提供了根本指引;就像前行路上的航标,为新时代治国理政提供了基本遵循;就像开启新时代的思想宝库,为全面从严治党、把党建设成为中国特色社会主义事业的坚强领导核心提供了强大思想武器。所以我们都要把思想统一到习近平新时代中国特色社会主义思想上来,统一到党的十九大确定的重大决策部署上来。

心往一处想,劲也要往一处使。万夫一力,天下无敌。14亿人携手奋进,我们必能拥抱机遇、战胜挑战,为国家发展和民族复兴凝聚起磅礴力量。

资料链接

新时代中国特色社会主义思想的"八个明确"

明确坚持和发展中国特色社会主义,总任务是实现社会主义现代化和中华民族伟大复兴,在全面建成小康社会的基础上,分两步走在21世纪中叶建成富强民主文明和谐美丽的社会主义现代化强国。

明确新时代我国社会主要矛盾是人民日益增长的美好生活需要和不平衡不充分的发展之间的矛盾,必须坚持以人民为中心的发展思想,不断促进人的全面发展、全体人民共同富裕。

明确中国特色社会主义事业总体布局是"五位一体"、战略布局是"四个全面",强调坚定道路自信、理论自信、制度自信、文化自信。

明确全面深化改革总目标是完善和发展中国特色社会主义制度、推进国家治理体系和治理能力现代化。

明确全面推进依法治国总目标是建设中国特色社会主义法治体系、建设社会主义法治国家。

明确党在新时代的强军目标是建设一支听党指挥、能打胜仗、作风优良的人民军队,把人民军队建设成为世界一流军队。

明确中国特色大国外交要推动构建新型国际关系，推动构建人类命运共同体。

明确中国特色社会主义最本质的特征是中国共产党领导，中国特色社会主义制度的最大优势是中国共产党领导，党是最高政治领导力量，提出新时代党的建设总要求，突出政治建设在党的建设中的重要地位。

你问我答

新时代坚持和发展中国特色社会主义的基本方略有哪"十四个坚持"?

坚持党对一切工作的领导；坚持以人民为中心；坚持全面深化改革；坚持新发展理念；坚持人民当家作主；坚持全面依法治国；坚持社会主义核心价值体系；坚持在发展中保障和改善民生；坚持人与自然和谐共生；坚持总体国家安全观；坚持党对人民军队的绝对领导；坚持"一国两制"和推进祖国统一；坚持推动构建人类命运共同体；坚持全面从严治党。

第二章
同心共圆中国梦

每个人都有梦想，我们在畅想个人美好未来的时候，一定要把自己的梦想和国家、民族的梦想结合在一起思考。历史告诉我们：每个人的前途命运都与国家和民族的前途命运紧密相连，国家梦、民族梦的实现，才能为个人梦想的实现提供广阔的空间。同时，国家梦、民族梦的实现，也有赖于全体中国人民的一起努力。只有将14亿人的智慧和力量拧成一股绳，中华民族才能走向梦想中的美好明天。

第一节　放飞中国梦

在中国这片希望的土地上，有无数梦想绽放：国泰民安、民族复兴、人民幸福、世界和平、环境美好……中国梦是一种形象的表达，把无数美好的梦想聚到一起，把国家的追求、民族的向往、人民的期盼融为一体。中国梦的本质是国家富强、民族振兴、人民幸福。正因为如此，中国梦具有广泛的包容性，是中华民族团结奋斗的最大公约数和最大同心圆。

一、国家富强

旧中国积贫积弱，备受列强欺凌。实现国家富强和人民富裕，是近代以来中华儿女最强烈、最执着的愿望追求。但是我们这么大一个一穷二白的国家,富起来谈何容易? 实践表明:只有社会主义才能救中国,也只有社会主义才能发展中国,社会主义基本制度的建立,奠定了当代中国一切发展进步的制度基础。社会主义要在中国取得成功,必须全面改革开放,走中国特色社会主义发展道路。改革开放以来,我国经济实力和综合国力大幅度提升。

"中国赢了"——2017 年,美国《时代》周刊亮出了写有这句话的中英双语封面,并将中国这个经济大国称为"后来居上的巨人"。中国的确赢得漂亮! 经济总量从世界第十一位跃升至第二位。对世界经济增长贡献率超过30%,超过美国、欧元区和日本贡献率的总和,成为世界经济增长的稳定之锚。高速公路、高速铁路里程位居世界第一,科技创新、重大工程建设捷报频传,人民群众获得感与日俱增,民主法治迈出重大步伐,文化自信更加彰显,生态环境持续改善,大国外交阔步向前,神州大地正在吹响"强起来"的进军号角。

二、民族振兴

只有创造过辉煌的民族,才懂得复兴的意义;只有历经苦难的民族,才对复兴有深切的渴望。中国是一个有着五千多年文明史的大国,在历史上曾长期走在世界前列。近代以后,由于西方列强的入侵和封建统治的腐败,中国逐渐成为半殖民地半封建社会,中华民族遭受了前所未有的苦难。但中国人民没有屈服,而是奋起抗争,力图挽救国家于危亡之中。可是一次次的努力,都没能改变旧中国的社会性质和人民的悲惨命运。为了实现民族复兴,几代人上下求索。谁能够承担起实现中华民族伟大复兴的历史使命,谁就能赢得人民的衷心拥护,成为民族的主心骨。

中国共产党一经成立,就把实现共产主义作为党的最高理想和最终目标,就把为中国人民谋幸福、为中华民族谋复兴确立为自己的初心,义无反顾地肩负起实现中华民族伟大复兴的历史使命。我们党团结带领中国人民完成了新民主主义革命,建立了中华人民共和国;完成了社会主义革命,确立了社会主义基本制度;进行改革开放新的伟大革命,中华民族焕发出了蓬勃生机。今天,我们比历史上任何时期都更接近、更有信心和能力实现中华民族伟大复兴的目标。

三、人民幸福

中国梦是国家的梦、民族的梦,归根到底是人民的梦。

人民是中国梦的享有者。在 2017 年两会上,西藏林芝墨脱县德兴乡党委副书记白玛曲珍代表兴奋地讲述着家乡的变化:"所有群众都住上了宽敞明亮的房屋,告别了人畜混居;家家都有了电视机、洗衣机、电冰箱;家家户户用上了自来水、通了电、连了网;合作医疗、养老保险、五保户供养等实现了全覆盖;7 个行政村也全部通了公路……"小乡村的变化,折射出大中国的变化。党的十八大以来,中国共产党带领全国各族人民不懈奋斗,经济社会发展取得了举世瞩目的辉煌成就,让人民感受到了实实在在的幸福。

人民是中国梦的创造者。天上不会掉馅饼,努力奋斗才能梦想成真。奋斗本身就是一种幸福。一代又一代中国共产党人带领人民团结奋斗,一茬接着一茬干,一棒接着一棒跑,才有了我们今天的幸福生活。我们一定要把自己的小梦想同国家的大梦想结合起来,接好历史的接力棒,为实现中华民族伟大复兴而努力奋斗。

第二节　坚定"四个自信"

在奔腾不息的历史长河中,从没有哪个国家像中国这样,在如此短的时间内实现从站起来、富起来到强起来的伟大跨越。奇迹让我们自信:当今世界,要说哪个政党、哪个国家、哪个民族能够自信的话,那中国共产党、中华人民共和国、中华民族是最有理由自信的。奇迹让我们思考:中国为什么能够成功?一个国家实行什么样的主义,关键要看这个主义能否解决这个国家面临的历史性课题。历史和现实都告诉我们,只有社会主义才能救中国,只有中国特色社会主义才能发展中国,这是历史的结论、人民的选择。

改革开放以来,我们国家取得一切成就和进步的根本原因,归结起来就是开辟了中国特色社会主义道路,形成了中国特色社会主义理论体系,确立了中国特色社会主义制度,发展了中国特色社会主义文化。因此,我们必须坚定中国特色社会主义道路自信、理论自信、制度自信、文化自信。

一、道路自信

鞋子合脚才能走得快。每个国家和民族的历史传统、文化积淀、基本国情不同,其发展道路必然应该有自己的特色。中国应该走什么样的发展道路?关于这个问题,我们一直在思考,也一直在实践。我们照搬过本本,模仿过别人,一次次碰壁、一次次觉醒,一次次实践、一次次突破,最终探索出了一条有自己特色的社会主义发展之路。中国特色社会主义道路,坚持以经济建设为中心,坚持四项基本原则,坚持改革开放;统筹推进经济、政治、文化、社会、生态文明"五位一体"总体布局,协调推进全面建成小康社会、全面深化改革、全面依法治国、全面从严治党"四个全面"战略布局;不断解放和发展社会生产力,逐步实现全体人民共同富裕、促进人的全面发展。

中国改革开放的伟大成就使得中国特色社会主义道路成为世界关注的热点。改革开放四十多年以来,中国以前所未有的速度发展起来,人民群众生活极大改善,国际地位空前提高,中国人民的面貌、社会主义中国的面貌、中国共产党的面貌发生了历史性变化。综观历史,放眼世界,我们没有理由不对这条道路充满信心。

二、理论自信

一种理论,唯有与时代一起进步,才能永葆生机。长期以来,马克思主义在中国之所以显示出强大的生命力,引领中国革命、建设、改革不断取得伟大胜利,就在于我们党不断推进马克思主义同中国实际相结合,在继承中发展。社会主义恰似一幅气势恢宏的历史画卷,在五百多年的历史长河中,伟大的中国共产党和中国共产党人,浓墨重彩地谱写了世界社会主义发展的新篇章。

一种思想,唯有引领时代,方显磅礴伟力。党的十八大以来,习近平总书记站在时代发展和战略全局的高度,在改革发展稳定、内政外交国防、治党治国治军等方面发表了一系列重要讲话,形成了一系列治国理政的新理念新思想新战略,深刻回答了党和国家发展的重大理论和实践问题,为理论自信增添了新的底气。在当代中国,坚持习近平新时代中国特色社会主义思想,就是真正坚持中国特色社会主义理论体系,就是真正坚持马克思主义。

三、制度自信

制度对一个国家、一个民族的前途命运具有决定性影响。可以说,只有制度强起来,国家和民族才能强起来。在改革开放的进程中,我们逐步确立了公有制为主体、多种所有制经济共同发展的基本经济制度;进一步完善了人民代表大会制度这一根本政治制度,完善了中国共产党领导的多党合作和政治协商制度、民族区域自治制度和基层群众自治制度这些基本政治制度。中国特色社会主义制度是当代中国发展进步的根本保障。

中国发展取得巨大成就,并不是说中国特色社会主义制度已经完美无缺,不需要完善和发展了。我们要把制度自信和制度创新结合起来。在坚持中国特色社会主义各项制度的同时,还要在实践中完善和发展这些制度,为党和国家事业发展、为人民幸福安康、为社会和谐稳定、为国家长治久安提供一整套更完备、更稳定、更管用的根本制度保障。

四、文化自信

文化自信,简单地说,就是对自身文化价值的充分肯定,对自身文化生命力的坚定信念。中国特色社会主义文化积淀着中华民族最深沉的精神追求,代表着中华民族独特的精神标识,是激励全党全国各族人民奋勇前进的强大精神力量,我们有理由、有底气充满自信。

自信从历史中来。一个民族能够回望多久的历史,就能迈向多远的未来。中华文明历经数千年风雨洗礼,依然生机勃勃,在人类文明的灿烂星空中闪耀着最耀眼的光芒,这是我们坚定文化自信的深厚基础。

自信从奋斗中来。中国特色社会文化之所以散发着无限的魅力,就在于它源自用鲜血和汗水熔铸的革命文化和社会主义先进文化,是在长期艰苦奋斗中不断升华的文化精华,这是我们坚定文化自信的坚强基石。

自信从实践中来。在中国特色社会主义伟大实践中,中国道路不断开拓,中国理论不断丰富,中国制度不断完善,创造世所罕见的中国奇迹,大大增强了中国特色社会主义文化的吸引力和影响力,这是我们坚定文化自信的现实支撑。

逐梦的奔跑,一跑就是五千多年。让我们在未来的道路上继续呵护好传统文化的薪火,传承优秀文化和先进文化的精髓,凝聚起中华民族共同的文化认同,打造出持久而深沉的文化自信。

第三节　开启新征程

在实现中华民族伟大复兴的征途上,中国共产党带领中国人民走过一程又一程。每一程有每一程的目标:站在历史交汇期的关键点,我们既要全面建成小康社会、实现第一个百年奋斗目标,又要乘势而上开启全面建设社会主义现代化国家新征程,向第二个百年奋斗目标进军。每一程有每一程的使命,虽然我们已经走过万水千山,但仍需不断跋山涉水。解决发展中的问题,应对前进道路上的挑战,必须自我革新,推进改革。改革开放是决定当代中国命运的关键一招,也是决定实现"两个一百年"奋斗目标、实现中华民族伟大复兴的关键一招。

一、将全面深化改革进行到底

改革开放是党在新的时代条件下带领全国各族人民进行的新的伟大革命。我国四十多年来的快速发展靠的是改革开放,决胜全面建成小康社会、全面建设社会主义现代化国家也必须坚定不移地依靠改革开放。

党的十八届三中全会描绘了全面深化改革的新蓝图,各领域改革举措前后呼应、整体协同,数量之多、力度之大、范围之广、触及之深前所未有,共同汇聚成势不可挡的改革洪流,推动中国特色社会主义迈上新台阶。在"完善和发展中国特色社会主义制度,推进国家治理体系和治理能力现代化"的总目标下,全面深化改革为党和国家事业发展提供了更完备、更稳定、更管用的制度体系。随着改革不断向纵深推进,可以说容易的改革都完成了,好吃的肉都吃掉了,剩下的都是难啃的硬骨头。需要逢山开路、遇水架桥,破除前进路上的"拦路虎"和"绊脚石"。改革开放只有进行时,没有完成时。在全面建成小康社会的决胜阶段,以改革激发新的动力,以开放打开新的局面,我们一定能够书写更加精彩的中国故事,迎来中华民族的伟大复兴。

二、决胜全面建成小康社会

2020年,我们要实现一个大目标——全面建成小康社会!这是"两个一百年"奋斗目标中的第一个百年目标,也是中华民族伟大复兴征程上的一座重要里程碑。全面建成小康社会要做到三个"不":一个都不能少,全面小康是14亿人的小康,是56个民族的小康;一项都不能缺,经济、政治、社会、文化、生态文明建设"五位一体",不可分割;一步都不能迟,2020年之前,发达地区、欠发达地区、贫困落后地区同步实现小康。

现在,实现全面建成小康社会已经进入倒计时,到了需要一鼓作气向终点线冲刺的历史时刻,要抓重点、补短板、强弱项,特别是坚决打好三大攻坚战:①坚决打好防范化解重大风险攻坚战。当前和今后一个时期,可能是我国发展面临的各方面风险不断积累,甚至集中显露的时期。如果发生重大风险又扛不住,全面建成小康社会进程就可能被迫中断。②坚决打好精准脱贫攻坚战。要确保 2020 年我国现行标准下农村贫困人口实现脱贫,贫困县全部摘帽。③坚决打好污染防治攻坚战。解决大气、水、土壤等污染问题,使生态环境改善与全面建成小康社会相适应。

三、全面建成社会主义现代化强国

第一个百年奋斗目标实现后,第二个百年奋斗目标就要开局起步。从 2020 年到 21 世纪中叶分两个阶段:第一阶段,从 2020 年到 2035 年,基本实现社会主义现代化;第二阶段,从 2035 年到 21 世纪中叶,建成富强民主文明和谐美丽的社会主义现代化强国。这一部署为第二个百年奋斗目标注入了新的内涵,具有许多新特点:①时间更早,把基本实现现代化的时间提前到 2035 年,比原来早了 15 年;②要求更高,更加注重发展质量,瞄准人民日益增长的美好生活需要,着力解决发展不平衡不充分的问题;③内容更全,现代化目标内容不仅包括富强、民主、文明、和谐,还包括生态上的美丽,对应了"五位一体"总体布局的要求。

山再高,往上攀,总能登顶;路再长,走下去,定能到达。保持永不懈怠的精神状态和一往无前的奋斗姿态,我们脚下的路必然将连通无尽的未来,在一代又一代人的接续奋斗中成就更美好的明天!

第三章
"五位一体"建强国

中国特色社会主义是全面发展的社会主义。经济建设、政治建设、文化建设、社会建设、生态文明建设作为一个有机整体，就像纵横全国的铁路线，勾勒出富强民主文明和谐美丽的社会主义现代化强国的壮美景象。新时代统筹推进"五位一体"总体布局的战略目标，是新时代推进中国特色社会主义事业的路线图，是更好地推动人的全面发展、社会全面进步的任务书。

第一节 经济发展

新时代我国经济发展的基本特征，是由高速增长阶段转向高质量发展阶段。高质量发展，就是使经济社会发展从"有没有"转向"好不好"，呈现出投入少、污染少、就业多、效益高的发展局面。推动高质量发展是保持经济持续健康发展的必然要求。

一、贯彻新发展理念

党的十八大以来，党中央顺应时代和实践发展的新要求，坚持以人民为中心的发展思想，鲜明提出要坚定不移贯彻创新、协调、绿色、开放、共享的新发展理念，引领我国发展全局发生历史性变革。

创新是引领发展的第一动力,是经济发展的"发动机",抓住了创新,就抓住了牵动经济社会发展全局的"牛鼻子"。树立创新发展理念,就必须把创新摆在国家发展全局的核心位置,让创新在全社会蔚然成风。

协调是持续健康发展的内在要求。树立协调发展理念,就必须牢牢把握中国特色社会主义事业总体布局,正确处理发展中的重大关系,重点推动区域协调发展、城乡协调发展、物质文明精神文明协调发展,推动经济建设国防建设融合发展,不断增强发展整体性协调性。

绿色是永续发展的必要条件。树立绿色发展理念,就必须坚持节约资源和保护环境的基本国策,坚持可持续发展,坚定走生产发展、生活富裕、生态良好的文明发展道路,加快建设资源节约型、环境友好型社会,形成人与自然和谐发展的现代化建设新格局,推进美丽中国建设,为全球生态安全做出新贡献。

开放是国家繁荣发展的必由之路。"开放出盛世、封闭致衰落",树立开放发展理念,就必须提高对外开放的质量和发展的内外联动性,主动参与和推动经济全球化进程,发展更高层次的开放型经济,积极参与全球经济治理和公共产品供给,提高我国在全球经济治理中的话语权。

共享是中国特色社会主义的本质要求。树立共享发展理念，就必须坚持发展为了人民、发展依靠人民、发展成果由人民共享，作出更有效的制度安排，坚持全民共享、全面共享、共建共享、渐进共享，使全体人民有更多获得感、幸福感、安全感，朝着共同富裕的方向稳步前进。

新发展理念根植于中华大地，体现了人民对美好生活的向往。没有比人更高的山，没有比脚更长的路。在新发展理念的引领下，改革之火正炽，发展之路正长，亿万人民的小康梦成就在即。

二、引领经济发展新常态

"一二三四五，上山打老虎，引领新常态，为民造新福。"经济发展进入新常态的重大战略判断，深刻反映了我国经济由高速增长阶段向高质量发展阶段转变的重要特征。

党的十八大以来,我国经济发展的环境、条件、任务、要求等都发生了新变化,经济发展进入新常态。我国经济发展面临着速度换挡的节点,从之前高速发展阶段转为高质量发展阶段,就像一个人在 10 岁到 18 岁期间个子猛长,18 岁之后长个子的速度就慢下来了一样。经济发展进入新常态呈现出三大特征:速度——"从高速增长转为中高速增长",结构——"经济结构不断优化升级",动力——"从要素驱动、投资驱动转向创新驱动"。

在经济发展新常态下,尽管经济增长的速度比过去有所减缓,但我国经济发展长期向好的基本面没有变,经济韧性好、潜力足、回旋余地大的基本特质没有变,经济持续增长的良好支撑基础和条件没有变,可谓"换挡不失势"。要始终坚持以经济建设为中心,变中求新、新中求进、进中突破,推动我国经济实现高质量发展。

三、形成全面开放新格局

开放带来进步,封闭必然落后。对外开放是我国的基本国策。以开放促改革、促发展,是我国现代化建设不断取得新成就的重要法宝。党中央总揽战略全局,推进对外开放理论和实践创新,确立开放发展新理念,实施共建"一带一路"倡议,加快构建开放型经济新体制,倡导发展开放型世界经济,积极参与全球经济治理,更高水平的开放格局正在形成。

坚持双向开放。把"引进来"与"走出去"更好地结合起来。在"引进来"方面,着力提高引资质量;在"走出去"方面,努力形成市场、资源能源、投资对外深度融合的新局面,从而以双向开放拓展经济发展空间。

坚持全面开放。追求全面开放是提高开放水平的必然。在开放空间上,优化区域开放布局,加大西部开放力度,改变我国对外开放东快西慢、沿海强内陆弱的区域格局。

在 21 世纪人类文明的大家园中,各国虽然历史、文化、制度各异,但都应该彼此和谐相处、平等相待,都应该互尊互鉴、相互学习,摒弃一切傲慢和偏见。唯有如此,各国才能共同发展、共享繁荣。我们的开放,秉持的是共商共建共享原则,不是封闭的、排他的,而是开放的、包容的;不是中国一家独奏,而是世界各国的合唱,唯有如此,才能谋求开放创新、包容互惠的发展前景。

第二节　政治清明

人民民主是社会主义的生命。没有民主就没有社会主义,就没有社会主义现代化,就没有中华民族的伟大复兴。社会主义越发展,民主也越完善。新时代,新征程,要坚定不移走中国特色社会主义政治发展道路,健全人民当家作主制度体系,继续推进社会主义民主政治建设、发展社会主义政治文明。

一、坚持党的领导

党的领导地位是历史和人民的选择,是由我国国体性质决定的,是由我国宪法明文规定的。坚持党对一切工作的领导是实现中华民族伟大复兴的根本保证。

近百年来,为了实现中华民族伟大复兴的历史使命,我们党初心不改、矢志不渝,团结带领人民历经千难万险,付出巨大牺牲,取得了一个又一个伟大斗争的胜利。

实践证明,坚持和加强党的全面领导,是党和国家的根本所在、命脉所在,是全国各族人民的利益所在、幸福所在,是战胜一切困难和风险的"定海神针"。今天,我们要完成艰巨光荣的历史使命,战胜前进道路上的风险挑战,从根本上要靠党的全面领导,靠党把好方向盘。

二、人民当家作主

人民当家作主是社会主义民主政治的本质和核心。根据我国社会主义民主政治建设的丰富实践和成功经验，人民当家作主要体现在：国家一切权力属于人民，国家以法律制度的形式保证人民依法管理国家事务和社会事务，国家各方面事业和各方面工作必须坚持以人民为中心的发展思想，不断满足人民日益增长的美好生活需要，促进人的全面发展。

保证和支持人民当家作主不是一句口号、不是一句空话，必须落实到国家政治生活和社会生活之中，必须具体地、现实地体现到党和国家各方面的治理活动和工作上来，体现到人民对美好生活的向往和自身利益的实现和发展上来。

三、全面依法治国

法律是治国之重器，法治是国家治理体系和治理能力的重要依托。全面推进依法治国总目标是建设中国特色社会主义法治体系，建设社会主义法治国家。

中国特色社会主义法治体系是一个内容丰富的有机整体，是我国法治建设的"纲"，是国家治理体系的骨干工程。加快建设中国特色社会主义法治体系，就要加快形成完备的法律规范体系、高效的法治实施体系、严密的法治监督体系、有力的法治保障体系，形成完善的党内法规体系。

法律的生命力在于实施，法律的权威也在于实施。法律的有效实施，是全面依法治国的重点和难点。要坚持依宪治国、依宪执政，加强宪法实施，坚决纠正一切违反宪法的行为。按照有法可依、有法必依、执法必严、违法必究的要求，加快完善执法、司法、守法等方面的体制机制，坚持科学立法、严格执法、公正司法、全民守法，切实维护法律尊严和权威，确保法律全面有效实施。

第三节　文化昌盛

在几千年的历史流变中，世世代代的中华儿女培育和发展了独具特色、博大精深的中华文化，为中华民族克服困难、生生不息提供了强大的精神支撑。坚定文化自信，是事关国运兴衰、事关文化安全、事关民族精神独立性的大问题。文化自信，是更基础、更广泛、更深厚的自信，是更基本、更深沉、更持久的力量。

一、唱响主旋律

意识形态工作是党的一项非常重要的工作。在集中精力进行经济建设的同时,意识形态工作一刻也不能放松和削弱。

巩固马克思主义在意识形态领域的指导地位,巩固全党全国各族人民团结奋斗的共同思想基础,是意识形态工作的根本任务。必须建设具有强大凝聚力和引领力的社会主义意识形态,使全体人民在理想信念、价值理念、道德观念上紧紧团结在一起。

牢牢坚持正确舆论导向,是全国各族人民的根本利益所在,也是最重要最根本的导向。舆论导向正确,就能凝聚人心、汇聚力量,推动事业发展;舆论导向错误,就会动摇人心、瓦解斗志,危害党和人民事业。因此,要坚持以正确舆论引导人,做到唱响主旋律,传播正能量。

图说

建成四级公共文化服务体系,公共文化设施达到 7131 个,覆盖率98.85%……《北京蓝皮书:北京公共服务发展报告(2018—2019)》显示,在公共文化方面,已建成公共文化设施 15 分钟服务圈。日益丰富

的公共文化产品和服务供给,有助于进一步增强百姓的文化获得感。

这正是:举目科技展,回首图书馆。文化在身边,生活更斑斓。

——《人民日报》,2019 年 6 月 20 日。

二、践行社会主义核心价值观

我们坚持倡导富强、民主、文明、和谐,自由、平等、公正、法治,爱国、敬业、诚信、友善的社会主义核心价值观。社会主义核心价值观把涉及国家、社会、公民三个层面的价值要求融为一体,深入回答了我们要建设什么样的国家、建设什么样的社会、培育什么样的公民的重大问题,是当代中国精神的集中体现,凝结着全体人民共同的价值追求。

社会主义核心价值观建设,说到底是人的思想建设、灵魂建设,聚焦的是造就具有正确世界观、人生观、价值观的建设者。这样的时代新人,应当在有自信、尊道德、讲奉献、重实干、求进取等方面,有新风貌、新姿态、新作为。

培育和践行社会主义核心价值观,要在落细、落小、落实上下功夫。要使社会主义核心价值观的影响像空气一样无所不在、无时不有,必须坚持全民行动、干部带头,从家庭做起,从娃娃抓起。少年儿童是祖国的未来,要努力"扣好人生第一粒扣子",勤学、修德、明辨、笃行,身体力行社会主义核心价值观。

三、讲好中国故事

文化软实力集中体现了一个国家基于文化而具有的凝聚力和生命力,以及由此产生的吸引力和影响力。古往今来,一个大国的发展进程,往往既是经济总量、军事力量等硬实力提高的进程,也是价值观念、思想文化等软实力提高的进程。提高国家文化软实力,就要更好地构筑中国精神、中国价值、中国力量,夯实国家文化软实力的根基,不忘本来、吸收外来、面向未来,扩大中华文化影响,推进国际传播能力建设,讲好中国故事,向世界展现真实、立体、全面的中国。

要大力弘扬中国精神,就要始终发扬伟大创造精神、伟大奋斗精神、伟大团结精神、伟大梦想精神,为中国发展和人类文明进步提供强大精神动力。要传播中国特色社会主义价值观念,把当代中国价值融入国际交流和传播的各个方面;要把中国梦的宣传和阐释与当代中国价值紧密结合起来,使中国梦成为传播当代中国价值的生动载体。

要努力提高国际话语权,更加鲜明地展现中国思想、提出中国主张。要提高讲好故事的能力,着重讲好中国的故事、中国共产党的故事、中国特色社会主义的故事、中国人民的故事,展示文明大国、东方大国、负责任大国、社会主义大国的形象,让当代中国形象在世界上不断树立和闪亮起来。

第四节　社会公正

我们党是用马克思主义武装起来的政党,始终把为中国人民谋幸福、为中华民族谋复兴作为自己的初心和使命,并一以贯之体现到党的全部奋斗之中。①

---

① 习近平:《牢记初心使命,推进自我革命》,《求是》,2019 年第 15 期。

一、让人民过上好日子

我们党来自人民、植根人民、服务人民，党和人民始终心连心、同呼吸、共命运。增进民生福祉是我们党立党为公、执政为民的本质要求。带领人民创造美好生活，是我们党始终不渝的奋斗目标。我们党团结带领全国各族人民进行伟大的社会革命，根本目的就是让人民过上好日子。

保障和改善民生是推动发展的根本目的。"治国有常，而利民为本。"在推动经济持续健康发展的基础上，保证全体人民在共建共享发展中有更多获得感，让社会主义制度优越性得到充分体现，不断促进人的全面发展、全体人民共同富裕。

抓民生也是抓发展，我们党始终把推动经济发展和改善民生有机联系起来，既注重通过发展经济来持续改善民生，又注重通过不断改善民生为经济发展创造更多有效的需求，实现二者的良性循环。

进入新时代，我国社会主要矛盾转化为人民日益增长的美好生活需要和不平衡不充分的发展之间的矛盾，对继续在发展中保障和改善民生提出了新要求。要着力解决好发展不平衡不充分的问题，提升发展的质量和效益，更好地满足人民在经济、政治、文化、社会、生态文明等方面日益增长的需要。

图说

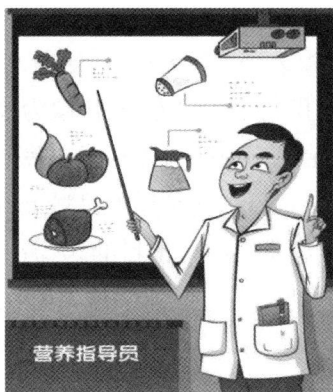

　　"每 1 万人配备 1 名营养指导员""在社区配备营养指导员"……近日出台的《健康中国行动（2019—2030 年）》，提出要研究制定实施营养师制度。与在医疗卫生机构工作的注册营养师不同，营养指导员将深入社区，开展饮食健康、均衡营养的科普工作，为大众提供专业的膳食指导。这正是：科普送到门口，营养搭配讲透。调整膳食结构，健康不必发愁。

——《人民日报》，2019 年 7 月 25 日。

二、做大"蛋糕"、分好"蛋糕"

　　公平正义是中国特色社会主义的内在要求，实现公平正义是我们党的一贯主张。经济社会发展水平是实现社会公平正义的决定性因素。

　　实现社会公平正义首先要做大"蛋糕"。我国现阶段存在的有违公平正义的现象，许多是不平衡不充分的发展问题，是能够通过不断发展，通过制度安排、法律规范、政策支持加以解决的。必须紧紧抓住经济建设这个中心，推动经济高质量发展，进一步把"蛋糕"做大，为保障社会公平正义奠定更加坚实的物质基础。

实现社会公平正义还要分好"蛋糕"。经济发展是基础,但并不是说要等着经济发展起来了再解决社会公平正义问题。不断做大"蛋糕"的同时,还要把"蛋糕"分好。要深化收入分配制度改革,不断增加劳动者特别是一线劳动者的劳动报酬,努力实现劳动报酬增长和劳动生产率提高同步,逐步形成橄榄型分配格局。

实现公平正义,就要一碗水端平,如果不端平、端不平,老百姓就会有意见、有怨气,久而久之,社会和谐稳定就难以实现。要努力营造公平的社会环境,让每个人获得发展自我和奉献社会的机会,共同享有人生出彩的机会,共同享有梦想成真的机会。

图说

党的十八届三中全会决定提出:"扩大中等收入者比重,努力缩小城乡、区域、行业收入分配差距,逐步形成橄榄型分配格局。"这是第一次把形成"橄榄型分配格局"作为改革和发展的目标写入党的文件。

三、脱贫攻坚一个都不能少

消除贫困、改善民生,是我们党的重要使命。小康不小康,关键看老乡,关键看贫困老乡能不能脱贫。如果贫困地区长期贫困,面貌长期得不到改变,群众生活长期得不到明显提高,那就没有体现我国社会主义制度的优越性,那也不是社会主义。

党的十八大以来,党中央实施精准扶贫、精准脱贫,加大扶贫投入,创新扶贫方式,扶贫开发工作呈现新局面,脱贫攻坚战取得决定性进展,六千多万贫困人口稳定脱贫,贫困发生率从 10.2%下降到 4%以下,创造了我国扶贫史上的最好成绩。我国成为世界上减贫人口最多的国家,也是世界上率先完成联合国千年发展目标的国家。这个成就,足以载入人类社会发展史册,足以向世界证明中国共产党领导和中国特色社会主义制度的优越性。

你问我答

联合国千年发展目标是什么?

联合国千年发展目标是联合国全体 191 个成员国一致通过的一项旨在将全球贫困水平在 2015 年之前降低一半(以 1990 年的水平为标准)的行动计划,2000 年 9 月联合国首脑会议上由 189 个国家签署《联合国千年宣言》,正式作出此项承诺。具体包括以下八项目标:消灭极端贫穷和饥饿,普及小学教育,促进两性平等并赋予妇女权力,降低儿童死亡率,改善产妇保健,对抗艾滋病病毒以及其他疾病,确保环境的可持续能力,全球合作促进发展。

但是我们还应当清醒地看到,我国脱贫攻坚形势依然严峻。必须以更大的决心、更明确的思路、更精准的举措,加大力度、加快速度、加紧进度,众志成城实现脱贫攻坚目标,决不能落下一个贫困地区、一个贫困群众。脱贫攻坚贵在精准,重在精准。要在精准施策上出实招,在精准推进上下实功,在精准落地上见实效。

要注重扶贫同扶志、扶智相结合,引导贫困群众树立"宁愿苦干、不愿苦熬"的观念,改变"靠着墙根晒太阳,等着别人送小康"的观念,自力更生、艰苦奋斗,用自己的辛勤劳动实现脱贫致富。

第五节　生态良好

生态文明是人类社会进步的重大成果，是实现人与自然和谐共生的必然要求。如今，党中央把生态文明建设摆在改革发展和现代化建设全局位置，坚定贯彻新发展理念，不断深化生态文明体制改革，推进生态文明建设的决心之大、力度之大、成效之大前所未有，开创了生态文明建设和环境保护的新局面，为建设美丽中国、实现中华民族永续发展提供了根本遵循和保障。

一、大自然是我们共同的家园

人与自然是生命共同体，人类必须尊重自然、顺应自然、保护自然。人与自然是相互依存、相互联系的整体，对自然界不能只讲索取不讲投入、只讲利用不讲建设。保护自然环境就是保护人类，建设生态文明就是造福人类。

图说

园内植被层次分明，树木花草琳琅满目，健身步道绵延起伏……穿过商务楼宇，一片"绿海"让人神清气爽。近日，北京 CBD 城市森

林公园正式对外开放。公园原本是某厂区旧址,如今变作镶嵌在商务楼宇中的生态乐园,为"上班族"和周边居民提供了休闲健身的场所。

这正是:闹市隐深林,芳草绿如茵。旧址变乐园,美景沁人心。

——《人民日报》,2019 年 7 月 22 日。

生态兴则文明兴,生态衰则文明衰。古今中外,这方面的事例很多。据我国史料记载,现在植被稀少的黄土高原、渭河流域、太行山脉也曾是森林遍布、山清水秀。由于毁林开荒、滥砍乱伐,这些地方生态环境遭到严重破坏。塔克拉玛干沙漠的蔓延,湮没了盛极一时的丝绸之路。楼兰古城因屯垦开荒、盲目灌溉,导致孔雀河改道而衰落。实践证明:人类对大自然的伤害最终会伤及人类自身。只有尊重自然规律,才能有效防止在开发利用自然上走弯路,这个道理要铭记于心、落实于行。

经典论述

我们不要过分陶醉于我们人类对自然界的胜利。对于每一次这样的胜利,自然界都对我们进行报复。

——恩格斯《自然辩证法》

我们党一贯高度重视生态文明建设。20 世纪 80 年代初,保护环境已成为基本国策。进入 21 世纪,又把节约资源作为基本国策。经过改革开放四十多年的快速发展,我国经济建设取得历史性成就,同时也积累了大量生态环境问题,各类环境污染呈高发态势,成为民生之患、民心之痛。近年来,随着社会发展和人民生活水平的不断提高,人民群众对干净的水、清新的空气、安全的食品、优美的环境等要求越来越高,生态环境在群众生活幸福指数中的地位不断凸显,环境问题日益成为重要的民生问题。老百姓过去"盼温饱",现在"盼环保";过去"求生存",现在"求生态"。环境就是民生,青山就是美丽,蓝天也是幸福。绿水青山就是金山银山;要像保护眼睛一样保护生态环境,像对待生命一样对待生态环境;绝不能以牺牲生态环境为代价换取经济的一时发展。

资料链接

生态文明思想的形成和发展

工业革命以来,人们长时期沉浸在工业文明带来的享受之中。一直到 20 世纪 60 年代,人们对生态危机的认识还基本上处于个别人思考的阶段。例如:19 世纪梭罗(Henry David Thoreau)的《瓦尔登湖》,20 世纪缪尔(John Muir)的荒野保护运动和利奥波德(Aldo Leopold)的《沙乡年鉴》等。

直到 1962 年,美国海洋生态学家卡逊(Rachel Carson)的《寂静的春天》一书的出版,指出杀虫剂和其他化学药品对环境的危害,才引发了人们对生态环境问题的普遍重视。

二、绿水青山就是金山银山

金山银山和绿水青山的关系,归根到底就是正确处理经济发展和生态环境保护的关系。这是实现可持续发展的内在要求,是坚持绿色发展、推进生态文明建设首先必须解决的重大问题。有人说,发展不可避免地会破坏生态环境,因此发展要宁慢勿快,否则得不偿失;也有人说,为了摆脱贫困必须加快发展,付出一些生态环境代价也是难免的、必须的。这两种观点把生态环境保护和发展对立起来了。

"绿水青山就是金山银山"的重要理念为我们建设生态文明、建设美丽中国提供了根本遵循。绿水青山是人民幸福生活的重要内容,是金钱不能代替的;绿水青山和金山银山绝不是对立的,关键在人,关键在思路。一些地方生态环境资源丰富又相对贫困,更要通过改革创新,探索一条生态脱贫的新路子,让贫困地区的土地、劳动力、资产、自然风光等要素活起来,让资源变资产、资金变股金、农民变股东,让绿水青山变金山银山。

树立和践行绿水青山就是金山银山的理念,必须正确处理好经济发展同生态环境保护的关系。要坚持和贯彻新发展理念,深刻认识保护生态环境就是保护生产力、改善生态环境就是发展生产力,坚决摒弃以牺牲生态环境换取一时一地经济增长的做法,让良好生态环境成为人民生活改善的增长点、成为经济社会持续健康发展的支撑点、成为展现我国良好形象的发力点,让中华大地天更蓝、山更绿、水更清、环境更优美,大踏步进入生态文明新时代。

三、绿色发展让生活更美好

推动形成绿色发展方式和生活方式,是发展观的一场深刻革命。坚持绿色发展,推进生态文明建设,必须从源头抓起,采取扎扎实实的举措,形成内生动力机制。这就必须坚定不移走绿色低碳循环发展之路,引导形成绿色发展方式和生活方式。

图说

外卖、餐馆提供的一次性筷子、汤匙在给消费者带来便利的同时,也造成惊人的浪费,成为当前生活垃圾的增量来源之一。根据

上海市出台的新规,自 2019 年 7 月 1 日起,该市餐饮服务业不得主动向消费者提供筷子、调羹等四类一次性餐具。只有消费者明确表示需要时,餐饮企业方可按需提供。

　　这正是:餐具减少一次性,拒绝浪费有规定。精细管理出实招,大家携手方共赢。

——《人民日报》,2019 年 7 月 19 日。

充分认识形成绿色发展方式和生活方式的重要性、紧迫性、艰巨性,把推动形成绿色发展方式和生活方式摆在更加突出的位置。要坚持走绿色发展道路,加快构筑尊崇自然、绿色发展的生态体系,谋求更佳质量效益,让资源节约、环境友好成为主流的生产生活方式,使青山常在、清水长流、空气常新,让人民群众在良好生态环境中生产生活,为子孙后代留下可持续发展的"绿色银行"。

推动形成绿色发展方式和生活方式,重点是推进产业结构、空间结构、能源结构、消费方式的绿色转型。要加快产业结构绿色转型、空间结构绿色转型、能源绿色转型、消费方式绿色转型,倡导简约适度、绿色低碳的生活方式,使绿色消费成为每一个公民的责任,从自身做起,从自己的每一个行为做起,自觉为美丽中国建设做贡献。

第四章
科技创新促发展

科技是国家强盛之基，创新是民族进步之魂。综观人类社会的发展历程，从手工时代进入蒸汽时代、从蒸汽时代进入电力时代、从电力时代进入互联网时代，每一次科技创新都会带来跨时代的飞跃。当前，中国特色社会主义进入新时代，科技创新将成为迈向社会主义现代化国家的最强助力。因此，我们要坚定不移走中国特色自主创新道路，谱写新时代建设世界科技强国的新篇章。

第一节　科技创新助力现代化

新中国成立特别是改革开放以来，我国科技发展取得了举世瞩目的成就，并推动了现代化建设事业稳步前进。如今，中国特色社会主义进入新时代，处于决胜全面建成小康社会、开启全面建设社会主义现代化国家新征程的历史阶段，我们比历史上任何时期都更加接近实现中华民族伟大复兴的目标。在这一关键时期，更要牢牢把握科技创新在国家发展全局中的核心位置，实施创新驱动发展战略。

一、实施创新驱动发展战略

党的十八大以来，以习近平同志为核心的党中央将创新摆在国家发展全局的核心位置，提出实施创新驱动发展战略，并重点推进以科技创新为核心的全面创新。党的十九大报告再次强调，创新是引领发展的第一动力。创新驱动发展战略具有两重含义：一是强调了发展的模式——中国未来的发展要靠创新驱动，尤其是科技创新的驱动，而不是靠传统的劳动力及资源能源驱动；二是明确了创新的目的——创新是为了驱动发展，创新要与经济社会发展相结合，而不是为了发表高水平论文。

实施创新驱动发展战略，将科技创新摆在国家发展全局的核心位置，实现科技事业发展三步走的目标，必须充分认识创新驱动发展战略的重大意义。

首先，实施创新驱动发展战略，是实现新时代重大历史使命的必然选择。当前，中国特色社会主义进入新时代，我国社会的主要矛盾已经转化为人民日益增长的美好生活需要和不平衡不充分的发展之间的矛盾，整个经济社会的发展处于爬坡过坎的关键阶段，此时科技创新能力能否大幅度提升并提供有力支撑至关重要。

一个国家经济社会发展的动力主要分为要素驱动、投资驱动、创新驱动等类型。其中，要素驱动主要指依靠土地、资源、劳动力等生产要素的投入，获取发展动力，促进经济增长。回顾我国改革开放四十多年来的成就，我国经济社会快速发展主要得益于生产要素的驱动，充分发挥了劳动力和资源环境的低成本优势。然而世界发达国家的早期发展经验告诉我们，单纯依靠要素驱动，必然会产生环境污染、生态破坏等问题，难以长久。进入新发展阶段，人民对良好生态环境的诉求日益强烈，与此同时，我国在国际竞争中的低成本优势逐渐消失，经济下行压力增大，社会发展、生态文明发展挑战日益严峻。

欧美发达国家经济转型的成功经验表明，科技创新具有不易模仿、附加值高等突出特点，由此建立的创新优势持续时间长、竞争力强。因此，只有实施创新驱动发展战略,在经济社会发展的全过程充分践行创新、协调、绿色、开放、共享的新发展理念,并将科技创新作为经济社会发展的"牛鼻子"来抓,才能为解决社会主要矛盾、实现新时代的重大历史使命提供更强大动力。

其次,实施创新驱动发展战略,是我国迈向现代化强国的内在要求。在现代化强国的目标体系中,"到2050年把我国建成富强民主文明和谐美丽的社会主义现代化强国"是统领全局的总目标,科技强国、交通强国、教育强国、航天强国等12个强国目标是子目标,是实现现代化强国目标的重要支撑。各个子目标都要围绕现代化强国的目标来推进,同时各目标之间保持一种相互影响、相互促进的关系。与其他强国目标相比,科技强国目标的影响范围更广、引导作用更大。

从经济层面来看,实施创新驱动发展战略,建设科技强国是实现交通强国、制造强国、质量强国、贸易强国的"原动力"。从科技发展的规律及历史经验来看,科技创新始终是推动产业变革、经济结构调整的重要力量,遵循着科学发现—技术发明—产品创新—产业更替—经济发展模式变迁的基本顺序。当前,我国经济发展正处于从"数量型"增长向"质量型"增长转变的阶段,从要素驱动向创新驱动转变,必须充分发挥科技作为第一动力的作用,带动产业升级与结构调整。

从国防层面来看,实施创新驱动发展战略,建设科技强国是实现航天强国、网络强国、海洋强国的"支点"。诚然,科技强国内在地包含了航天、网络、海洋强国在科技层面的目标。但回顾历史可以发现,科技发展往往率先在军事领域获得突破与应用,国防科技向来是国际竞争最激烈的领域。因此,在当前国家安全形势日趋紧张的背景下,十分有必要强调科技强国在推动实现航天、网络、海洋等国防目标中的战略意义,以整个科学技术体系作为国防领域创新突破的重要支点。

从教育层面来看,实施创新驱动发展战略,建设科技强国是实现人才强国、文化强国、教育强国、体育强国的"创新点"。科技强国的实现诚然需要人才、教育、文化等因素支撑,但与此同时,科技创新也可以为人才、文化、教育等强国目标提供重要的创新手段。例如,基于移动终端、互联网技术的慕课(MOOC)教学,极大地推动了教育的普及范围和知识的传播速度,为打造教育强国、人才强国提供了有力支撑。而依托信息和通信等现代化技术手段,不仅形成了文化产业这一新的经济增长点,也以更低的成本营造出了更为丰富、更有活力的社会文化氛围。

最后,实施创新驱动发展战略,是抢抓新科技革命和产业变革历史机遇的战略举措。习近平总书记在 2018 年两院院士大会中指出:"进入 21 世纪以来,全球科技创新进入空前密集活跃的时期,新一轮科技革命和产业变革正在重构全球创新版图、重塑全球经济结构。"①新一代信息技术加速突破应用,先进制造技术推动传统制造业向智能化、服务化、绿色化转型,生命科学领域孕育新变革,空间技术拓展人类生存发展新疆域,新能源技术引发全球能源革命,基础研究、应用研究呈现多点突破态势,带动众多学科和技术群体跃进,变革突破的能量正在不断积蓄。这些科技创新改变着人类的生活方式,也深刻影响着国家的前途命运。

与此同时,国际科技竞争环境更为激烈,国际创新要素流动空前活跃、重组不断加快。世界主要发达国家均将科技创新提升为国家发展的核心战略,积极进行创新战略上的布局,纷纷抢占科技制高点。美国于 2009 年、2011年、2015 年连续出台《美国国家创新战略》,强调发挥政府、企业、大众不同主体在创新过程中的重要作用;欧盟于 2014 年启动实施"地平线 2020"计划,计划用 7 年时间,投入 770 亿欧元,资助从基础研究到创新产品市场化的整

---

① 习近平:《在中国科学院第十九次院士大会、中国工程院第十四次院士大会上的讲话》,人民出版社,2018 年,第 6 页。

个"创新链"所有环节的创新机构和创新活动,确保欧洲产生世界顶级的科学技术。日本在 2017 年出台了《科学技术创新综合战略 2017》,正式提出"社会5.0"概念,旨在通过网络空间与物理空间的融合、共享,打造"超智慧社会"。由此可见,创新驱动是大势所趋,走创新发展道路已成为世界主要发达国家的普遍选择。

　　正如习近平总书记指出的那样, 当前世界发展的新形势与我国转变发展方式实现了历史性交汇。我们一定要抓住这一千载难逢的历史机遇,实施创新驱动发展战略,走中国特色自主创新道路,实现与世界新形势的同频共振,将国家前途命运掌握在自己手中,将人民生活福祉提高到新的水平。

　　按照《国家创新驱动发展战略纲要》,实现创新驱动是一个系统性的变革,要按照"坚持双轮驱动、构建一个体系、推动六大转变"进行布局,构建新的发展动力系统。

　　坚持双轮驱动,就是坚持科技创新和体制机制创新两个轮子相互协调、持续发力。科技创新要明确支撑发展的方向和重点,加强科学探索和技术攻关,形成持续创新的系统能力;体制机制创新要调整一切不适应创新驱动发展的生产关系,统筹推进科技、经济和政府治理三方面体制机制改革,最大限度释放创新活力。

　　构建一个体系,就是建设国家创新体系。建设各类创新主体协同互动和创新要素顺畅流动、高效配置的生态系统,形成创新驱动发展的实践载体、制度安排和环境保障。明确企业、科研院所、高校、社会组织等各类创新主体功能定位,构建开放高效的创新网络,建设军民融合的国防科技协同创新平台；改进创新治理，进一步明确政府和市场分工，构建统筹配置创新资源的机制；完善激励创新的政策体系、保护创新的法律制度，构建鼓励创新的社会环境，激发全社会创新活力。

推动六大转变，就是实现发展方式从以规模扩张为主导的粗放式增长向以质量效益为主导的可持续发展转变；发展要素从传统要素主导发展向创新要素主导发展转变；产业分工从价值链中低端向价值链中高端转变；创新能力从"跟踪、并行、领跑"并存、"跟踪"为主向"并行""领跑"为主转变；资源配置从以研发环节为主向产业链、创新链、资金链统筹配置转变；创新群体从以科技人员的小众为主向小众与大众创新创业互动转变。

二、加快建设创新型国家

根据《国家创新驱动发展战略规划纲要》的"三步走"战略，我国科技事业发展的目标到 2020 年时使我国进入创新型国家行列，到 2030 年时使我国进入创新型国家前列，到新中国成立 100 年时使我国成为世界科技强国。党的十九大提出加快建设创新型国家的明确要求。那么什么是创新型国家呢？创新型国家是指以技术创新为经济社会发展核心驱动力的国家，主要表现为：整个社会对创新活动的投入较高，重要产业的国际技术竞争力较强，投入产出的绩效较高，科技进步和技术创新在产业发展和国家的财富增长中起重要作用。

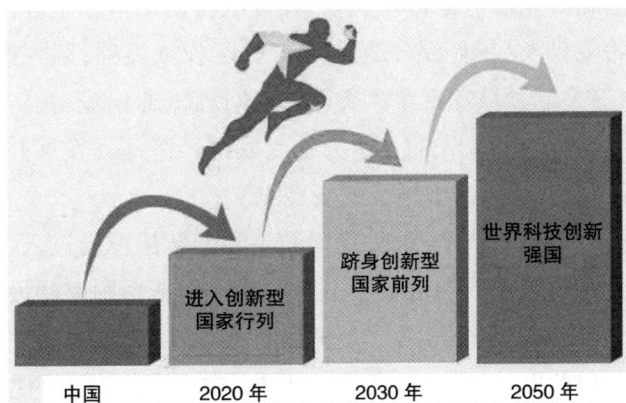

有学者将当前国际上的创新型国家进行了分类：一是以美国为代表的创新型国家，以高端科技创新创业为主要特点，如美国的硅谷模式；二是以德国和日本为代表的创新型国家，特色是以企业为主导，通过将现代新兴高科技快速地、不断地应用于企业创新，促使产业发展水平领先于其他国家；三是以以色列为代表的创新型国家，其特色是高新科技遥遥领先，并借助国外投资将科技成果快速转移到全世界创新创业过程中；四是以俄罗斯、乌克兰等为代表的创新型国家，特色是军事科技强大，但经济发展水平受到体制机制的制约，军事科技与市场经济之间落差比较大。

以上创新型国家的发展模式为我国的创新型国家建设提供了参考，例如努力发挥企业在科技创新中的主力军作用，加强产学研结合，积极参与世界创新产业链等。但与此同时，我国作为最大的发展中国家，走创新发展之路在人类历史上尚没有先例可循，因此更要结合自己的优势特点走自主发展之路。回顾新中国成立七十多年的发展历程，我国的科技创新可以概括为以"补短板"为突出特征的奋力追赶之路。虽然近代以后，由于国内外各种原因，我国曾三次错失科技革命的历史机遇，但新中国成立以来，我国在不断地奋力赶超中取得了令世界瞩目的科技成就，并逐步向着创新型国家行列乃至世界科技强国迈进。

改革开放四十多年尤其是党的十八大以来，中国的科技进步正"积跬步"以"致千里"。我国科技整体能力持续提升，一些重要领域方向跻身世界先进行列，某些前沿方向开始进入并行、领跑阶段，正处于从量的积累向质的飞跃、点的突破向系统能力提升的重要时期。量子通信、中微子振荡、高温铁基超导等基础研究取得原创性成果，并首次获得诺贝尔生理医学奖、国际超导大会马蒂亚斯奖、国际量子通信奖等国际权威奖项；载人航天、探月工程、深海探测等尖端领域实现重大突破；高速铁路、通信设备、卫星导航等先进技术产业已具有全球领先的竞争力，互联网经济蓬勃发展并与其他行业加速融合，新兴产业成为经济增长的新亮点。

对标创新型国家的基本特征，我国的主要创新指标已进入世界前列，在全球创新版图中的影响力和贡献度不断扩大，创新型国家建设迈出坚实步伐。当前，我国已经成为全球第二大研发投入国和第二大知识产出国。2018年，我国研究与试验发展（R&D）经费支出为 19657 亿元，占 GDP 比重为 2.18%，超过欧盟 15 国平均水平。同时,我国研发人员总量居世界第一,发明专利申请量和授权量居世界首位,科技作为创新驱动发展"第一动力"的作用更加凸显。此外,科技创新在支撑引领经济发展方面的作用进一步凸显,2018 年全国高新技术企业达到 18.1 万家,技术合同成交额超过 1.7 万亿元,科技进步对经济发展的贡献率达到了 58.5%。

党的十八大以来的科技进步成就意味着我国科技创新格局开始发生历史性转变:从纵向来看,科技发展水平从跟踪为主转变为跟踪与并跑、领跑并存的新阶段,这是近代以来从未有过的重大变革,表明我国的科技发展已经踏上新的历史起点;从横向来看,我国已成为全球多极化创新版图中日益重要的一极,在主动布局和全方位融入全球创新网络方面迈出重要一步,创新型国家建设胜利在望。[①]

第二节　走中国特色自主创新道路

自力更生是中华民族自立于世界民族之林的奋斗基点,自主创新是我们攀登世界科技高峰的必由之路。"在日趋激烈的全球综合国力竞争中,我们没有更多选择,非走自主创新道路不可。"[②]增强自主创新能力,最重要的就是走中国特色自主创新道路,以全球视野谋划和推动创新,提高原始创新、集成创新和引进消化再创新能力,更加注重协同创新,坚持自主创新、重点跨越、支撑发展、引领未来的指导方针,不断提高创新能力,着力建立以企业为主体、市场为导向、产学研相结合的技术创新体系,加快建设国家创新体系,努力培育全社会的创新精神,把全社会智慧和力量凝聚到创新发展上来。

---

① 杨承训:《"第一动力"论引领政治经济学新突破——兼谈经济学补科技短板》,《世界社会主义研究》,2017 年第 8 期。

② 中共中央文献研究室:《习近平关于科技创新论述摘编》,中央文献出版社,2016 年,第 35 页。

一、掌握关键核心技术

关键核心技术是国之重器。加强关键核心技术攻关,对于促进高质量发展、创造未来产业、实现新旧动能转换、保障经济安全乃至国防安全等都具有重大意义。

关键核心技术在产业技术生态体系中居于核心地位,影响着一段时期相关领域科技创新整体的走势。工业革命以来,世界强国几乎都是通过关键核心技术的群体性重大突破来实现赶超的,如第一次工业革命时期,英国凭借蒸汽机率先开启了工业化的进程;第二次工业革命时期,美国、德国则凭借内燃机实现了对英国的赶超。所谓"国之利器,不可以示人",在世界发达国家与新兴经济体将科技创新列为核心发展战略的今天,真正的核心技术更是买不来、要不来、讨不来的。因此,在自主创新的道路上,我们还需要苦练内功,在"卡脖子"的地方下大功夫。

关键核心技术对于国际竞争至关重要,没有核心技术优势就没有政治上的强势。中国的科技发展水平虽然提升迅速,但在总体上与发达国家还有差距。只有核心技术的创新发展,才能形成代表国家水平、国际同行认可、在国际上拥有话语权的科技创新实力。回顾我国航天事业的发展,一代代航天人筚路蓝缕、顽强拼搏,攻克了一系列关键核心技术,才有了中国航天大国的地位;同样,正是因为突破了深海装备的关键核心技术,才能使"蛟龙""潜龙""海龙"遨游深海,独立自主地进行科学考察,使中国在世界深海科学事业上拥有了发言权。

如今,世界新一轮科技革命和产业变革同我国转变发展方式发生历史性交汇,科技创新角逐空前激烈。然而我国某些领域的关键核心技术仍然受制于人的现状,如同"阿喀琉斯之踵"一般掣肘着我国诸多产业的发展乃至国家总体实力的提升。我们"不能总是用别人的昨天来装扮自己的明天。不能总是指望依赖他人的科技成果来提高自己的科技水平,更不能做其他国家的技术附庸,永远跟在别人的后面亦步亦趋"①。掌握关键核心技术,要发挥自身优势,采取"非对称"赶超策略。尤其是针对那些到 2050 年都不可能赶上的核心技术领域,更要发挥我国社会主义制度能够集中力量办大事的优势,结合社会主义市场经济新条件,充分利用自身资源禀赋,主动实施制度创新,形成全新的竞争规则、技术轨道、组织机制等,并逐步确立为世界所公认的规范和标准,争取在新一轮科技革命与产业革命到来之时实现对领先国家的"弯道超车"。

掌握关键核心技术,要把国防科技和武器装备建设的薄弱环节作为推进自主创新的主攻方向。在激烈的国际军事竞争中,靠进口武器装备打造国防力量是靠不住的,走引进仿制的路子是走不远的。因此,必须着眼国家安全和长远发展,选准突破口,按照主动跟进、精心选择、有所为有所不为的方针,努力实现关键核心技术的重大突破,从根本上保障国家总体安全。

掌握关键核心技术,要重视基础研究,谋划制定核心技术设备发展战略并明确时间表。2017 年 5 月出台的《"十三五"国家基础研究专项规划》指出,基础研究是整个科学体系的源头,是所有技术问题的总机关。一个国家基础科学研究的深度和广度,决定着这个国家原始创新的动力和活力。因此,要加大对基础研究的重视和投入,并在此基础上,充分实现基础研究与应用开发之间的联动,从我国现实需求、发展需求出发,准确把握重点领域科技发展的战略机遇,构建高效强大的共性关键技术供给体系。

拓展阅读

阿喀琉斯之踵

阿喀琉斯是荷马史诗中的英雄,是英雄珀琉斯和海洋女神忒提斯的儿子。阿喀琉斯出生时,有预言说他成人后将被拉去打特洛

---

① 习近平:《在中国科学院第十七次院士大会、中国工程院第十二次院士大会上的讲话》,人民出版社,2014 年,第 10 页。

伊人,但最终会死在特洛伊人的箭下。于是,阿喀琉斯的母亲忒提斯为了让儿子炼成"金钟罩",就在他刚出生时将其倒提着浸进冥河,使阿喀琉斯能够刀枪不入。但遗憾的是,因冥河水流湍急,忒提斯捏着阿喀琉斯的脚后跟不敢松手,于是,没有浸到冥河之水的脚后跟就成了阿喀琉斯身上唯一的弱点。后来在特洛伊之战中,阿喀琉斯果然作战英勇无比,但却被帕里斯一箭射中脚后跟而身亡。后人常以"阿喀琉斯之踵"譬喻这样一个道理:即使是再强大的英雄,也会有致命的死穴或软肋。

二、打造人才强国

一流的事业需要一流的人才。党的十九大报告强调人才是实现民族振兴、赢得国际竞争主动的战略资源,明确要求加快建设人才强国,努力形成人人渴望成才、人人努力成才、人人皆可成才、人人尽展其才的良好局面,让各类人才的创造活力竞相迸发、聪明才智充分涌流。坚定实施人才强国战略是走中国特色自主创新道路、建设创新型国家和世界科技强国的基础支撑。

打造人才强国,教育要先行。科技人才队伍的建设离不开优质的教育,实施人才强国战略,必须把教育事业放在优先位置。要加快一流大学和一流学科建设,实现高等教育内涵式发展。传统的应试教育难以满足创新驱动式发展对人才素质的要求,因此科技人才的培养要打破传统的标准化、应试化培养模式,重视对科学精神和思维方法的引导和训练,并通过个性化、实践型教育满足科学、技术、产业在关键节点上对人才所需能力的不同需求。

打造人才强国,制度是保障。科技人才潜能的发挥要有良好的制度保障。在计划经济时代形成的人才制度,有的禁锢了人才的头脑,有的捆住了人才的手脚,使人才的潜力难以得到充分发挥。因此,深化人才体制改革,核心问题是尊重人才的自主性,给予人才充分的自由。要着力破除体制机制障碍,向用人主体放权,为人才松绑,让人才创新创造活力充分迸发,使各领域的人才能够各得其所,尽展其长。此外,所谓"千里马常有,而伯乐不常有",要加强人才识别与评价机制建设,不唯学历、不唯资历、不唯职业,广开门路,为杰出人才脱颖而出穿针引线、铺路架桥。

打造人才强国,环境应优化。为了吸引更多人才、更好发挥人才效应,要不断优化人才发展环境,营造良好的社会氛围。一方面,应着力提高社会保障水平,加大基本公共服务投入,改善人才的生活、医疗及子女受教育等条件,为人才做事创业解除后顾之忧。另一方面,要努力提高公民科学素养、增强公民创新能力,在全社会推动形成讲科学、爱科学、学科学、用科学的良好氛围,使蕴藏在亿万人民中间的创新智慧充分释放、创新力量充分涌流。

打造人才强国,要放眼全世界。随着经济全球化的深入发展,科技人才的跨国流动更加频繁,各国对科技人才的争夺更加激烈。在这一形势下打造人才强国,更要以大国风范、国际视野引才、用才,在大力培育国内科技人才的同时,积极主动引进国外人才特别是高层次人才,欢迎外国专家和优秀人才参与我国社会主义现代化建设。从出台"千人计划"到全面实施外国人来华工作许可,从降低人才绿卡申请门槛到成立国家移民管理局,如今,越来越多面向世界的引智引才政策纷纷落地。可以预见,随着越来越多的国际优秀人才来华落户,我国未来发展必将获得更为强劲的人才助力。

打造人才强国,要着眼下一代。"一年之计,莫如树谷;十年之计,莫如树木;终身之计,莫如树人。"人才不是天生的,人才资源也不是自然形成的,而是要靠精心培养和教育,需要重视长久积蓄和储备。因此,要运用长远眼光和战略思维,从娃娃抓起,为青少年创新创造营造良好环境,提供更多机会和更大舞台。习近平总书记对青少年投身科技创新寄予殷切期望,强调要"让科技工作成为富有吸引力的工作、成为孩子们尊崇向往的职业,给孩子们的梦想插上科技的翅膀"①。

党的十八大以来,人才强国战略取得了一系列显著成就。目前,我国人才资源规模、科技人力资源以及研发人员数量均居世界前列。近年来,国家"千人计划"和"万人计划"的实施,吸引了一大批高端人才,其中包括诺贝尔

---

① 习近平:《在中国科学院第十九次院士大会、中国工程院第十四次院士大会上的讲话》,人民出版社,2018年,第25页。

奖得主、发达国家科学院院士和各领域的领军人才、青年拔尖人才等。留学归国人员逐年增加，境外来华专家已由 2011 年的 52.9 万人次增至 2015 年的 60 多万人次，年均增长 5% 以上。2016 年，党中央印发《关于深化人才发展体制机制改革的意见》，中央和国家有关部门先后出台多份配套改革文件。这些改革政策措施的出台，有力推动了人才培养、评价、流动、引进、使用、分配、激励等重点领域和关键环节的改革，既向用人单位下放管理自主权，又为人才松绑，在调动人才积极性主动性创造性上发挥了重要作用。

三、改革科技体制

科技领域是最需要不断改革的领域。[①]如果把科技创新比作我国发展的新引擎，那么改革就是点燃这个新引擎的点火器。随着"科学技术是第一生产力""科技创新是发展的第一动力"成为社会共识，我国科技体制改革的脚步从未停歇。推进自主创新，最主要的就是破除体制机制障碍，最大限度解放和激发科技作为第一生产力所蕴含的巨大潜能。

改革开放尤其是党的十八大以来，我国科技体制改革始终与国家科技整体建设目标紧密联系在一起。2015 年《深化科技体制改革实施方案》出台，推动科技体制改革密集发力，并在一些重要领域和关键环节取得实质性进展，呈现出全面推进、多点突破、纵深发展的新局面。经过多年不懈努力，我国科技体制改革取得了重大进展和明显成效，运行机制发生重要转变，科技创新能力不断增强。

其一，科技体制改革向纵深推进，政策体系日益完善，重点领域和关键环节取得实质性突破。改革开放以来，我国政府围绕优化科技资源配置、调动科研人员积极性和健全创新治理体系三个维度，出台了一系列科技战略规划和政策；党的十八大以来，科技体制改革开始进入"深水区"，在科技计划和经费管理改革、促进科技成果转化、重大科技基础设施开放共享、院士

---

①　习近平：《在中国科学院第十九次院士大会、中国工程院第十四次院士大会上的讲话》，人民出版社，2018 年，第 13 页。

制度改革等多年来一直想解决但没能解决的难题方面取得了实质性突破。这些政策的改革和日益完善为我们坚定实施创新驱动发展战略、加快建设创新型国家提供了重要的制度保障。

其二，科技体制改革促使区域创新高地不断涌现。截至 2018 年，全国共形成 19 个国家自主创新示范区和 168 个高新区，充分发挥了示范引领和辐射带动作用。8 个全面创新改革试验区、9 个创新型省份和 78 个创新型城市建设形成一批可复制可推广的成功经验，以科技创新引领区域发展的新格局正在加快形成。大众创业、万众创新形成共识，对推动新产业和新业态的形成、增强我国经济创新力和竞争力起到了积极的作用。

其三，科技体制改革促进了科技型创新创业发展壮大，产业转型升级速度加快。改革开放以来，从建设技术市场、培育民营科技企业，到构建全链条的创业孵化体系，全社会的创新创业生态不断优化，一批创新型科技企业在激烈的国际竞争中异军突起。党的十八大以来，半导体照明、太阳能光伏、风电等重点产业规模和技术能力跃升世界先进水平，科技进步对经济增长的贡献率从 2012 年的 52.2% 提高到 2018 年的 58.5%，有力地推动了产业结构调整与转型升级。

综合分析，我国科技发展之所以能够取得以上显著成就，"一是得益于持续不断地制定和调整国家科技战略规划，充分发挥前瞻性引导性作用；二是得益于正确把握科技体制改革方向，充分发挥集中力量办大事的制度优势；三是得益于始终坚持服务国家发展全局，面向经济和社会发展主战场；四是得益于重视科技人才和科技创新环境，充分激发各类创新主体的积极性"[1]。

总结过去是为了更好地走向未来。当前，面对世界发展新形势与我国发展方式转变的历史性汇流，我们要在继承宝贵经验的基础上，不断探索新的实践经验，全面深化新时代科技体制改革，加快建设世界科技强国。

首先，要坚持和加强党的领导。党的领导是深化科技体制改革的根本政治保证。党中央将科技体制改革作为全面深化改革重要支柱之一，出台了

---

[1]　李平：《改革开放 40 年科技体制改革发展历程》，http://theory.people.com.cn/n1/2018/0913/c40 531-30290177.html。

《深化科技体制改革实施方案》。习近平总书记强调,科技体制改革要敢于啃硬骨头,敢于涉险滩、闯难关,破除一切制约科技创新的思想障碍和制度藩篱。当前,科技体制改革进入"深水区",难免要打攻坚战,党的领导是改革攻坚克难、取得成功的关键。

其次,要正确处理政府与市场的关系。可以集中力量办大事的社会主义制度,是我国科技发展的独特优势,也是实施"非对称"赶超策略、实现"弯道超车"的关键所在。与此同时,要进一步发挥市场机制作用。正如恩格斯所说:"社会一旦有技术上的需要,则这种需要就会比十所大学更能把科学推向前进。"①因此,要利用市场机制激发各类创新主体的活力,尤其要发挥企业作为推动创新创造"生力军"的作用。

再次,要正确处理开放和自主的关系。我国科技工作长期以来坚持开放合作、自主创新的方针。正如习近平总书记所说:"自主创新是开放环境下的创新,绝不能关起门来搞,而是要聚四海之气、借八方之力。要深化国际科技交流合作,在更高起点上推进自主创新,主动布局和积极利用国际创新资源,努力构建合作共赢的伙伴关系,共同应对未来发展、粮食安全、能源安全、人类健康、气候变化等人类共同挑战,在实现自身发展的同时惠及其他更多国家和人民,推动全球范围平衡发展。"②

最后,正确处理点和面、破和立、当前和长远的关系。"在新时代深化科技体制改革,既要在重要领域和关键环节精准发力、重点突破,更要从改革的全局性和系统性出发,综合配套施策,全面协同推进;既要在微观运行机制上深化改革,更要在宏观管理体制上推动根本性、系统性变革;既要破字当头、大刀阔斧革除弊端,更要立字为先、坚持科技创新和制度创新双轮驱动;既要立足当前、解燃眉之急,更要着眼长远、抓好前瞻谋划和顶层设计。要始终保持战略定力和改革韧性,循序渐进、注重实效、狠抓落实。"③

---

① 习近平:《在中国科学院第十九次院士大会、中国工程院第十四次院士大会上的讲话》,人民出版社,2018年,第15页。

② 同上,第17~18页。

③ 北京市习近平新时代中国特色社会主义思想研究中心:《我国科技体制改革的经验与启示(纪念改革开放四十周年)》,《人民日报》,2018年10月25日。

四、树立创新自信

坚定不移走中国特色自主创新道路，需要树立创新自信。在经济全球化深入发展的大背景下，创新资源在世界范围内加快流动，各国经济科技联系更加紧密，任何一个国家都不能只依靠自己的力量解决所有创新难题。因此，强调自主创新，绝不是关起门来搞创新。要以充分的创新自信，将"引进来"和"走出去"结合起来，积极融入全球创新网络。

创新自信，意味着不能妄自菲薄，不能对自身的自主创新能力没信心，轻视我国的自主创新成果。经过科技创新事业的持续推进，我国在一些领域已经接近甚至达到了世界先进水平，某些领域正由"跟跑者"向"并行者""领跑者"转变；与此同时，创新自信也意味着不能妄自尊大，缺少向其他国家虚心学习的态度，满足于当前所取得的进步成绩，要以正确的态度勇于、善于向世界先进国家学习，深化国际交流合作，充分利用全球创新资源，在更高的起点上、更大的平台上推进我国自主创新事业。

树立创新自信，源自理念自信。在中国特色自主创新的道路上，我们的创新自信来自十八届五中全会提出的创新、协调、绿色、开放、共享的新发展理念。新发展理念是方向、是钥匙。理念是行动的先导，新发展理念是引领中国实现更高质量、更有效率、更加公平、更可持续发展的理论先导，以创新为首的新发展理念将在新的起点上将中国引上全面创新的舞台。

树立创新自信，源自基因自信。在中国特色自主创新的道路上，我们的创新自信来自中华民族世代相传的创新基因。创新是中华民族的优良传统，我国古代在天文历法、数学、农学、医学、地理学等众多科技领域取得举世瞩目的成就，印刷术、火药、指南针这 3 种发明更是改变了整个世界的面貌和状态。资料显示，16 世纪以前世界上最重要的 300 项发明和发现中，我国占173 项，远远超过同时代的欧洲。中华民族在历史上长期处于世界领先地位，如今也完全有信心、有能力再次攀登世界科技高峰，引领世界科技潮流。

树立创新自信，源自制度自信。在中国特色自主创新的道路上，我们的创新自信来自社会主义制度的优越性。制度上的优势让我们可以上下联动、全面动员，形成立体广泛的创新氛围。战略上实施创新驱动发展，战术上推进"大众创业、万众创新"，实现了顶层设计与底部措施的结合。此外，我们的制度优势还能快速集中力量攻克重大科技难题，实施"非对称"赶超策略，"两弹一星"的成功研制、我国在航天深海领域的重大成果正是这一制度优势的突出表现。

拓展阅读

改变中国，让世界感叹的新四大发明

古有造纸术、指南针、火药、印刷术"四大发明"，今有高铁、移动支付、共享单车、网络购物"新四大发明"。中国古代的"四大发明"影响了世界，中国现代的"新四大发明"改变了中国人民的生活方式，也让世界发出感叹。

2017 年 5 月，来自共建"一带一路"国家的 20 国青年评选出了他们心目中的中国"新四大发明"：支付宝、高铁、共享单车和网购。其中，网购成为很多"歪果青年"最羡慕的生活方式，最希望带回自己国家的"中国特产"。

高铁——让世界惊叹的"中国速度"。中国的高铁技术处在世界领先水平，具备高舒适度、运量大、覆盖面广、时速高的优点。高铁不仅给人们带来了生活上的便利、助力中国经济的腾飞，更是作为中国科技实力和经济实力的代表走出了国门，为非洲国家建设高铁，成为当今中国一张亮丽的名片。

移动支付——一部手机走天下。移动支付在中国的普及度是世界上任何一个国家都无法比拟的，如今中国人出门根本不用带现金，一部手机轻松完成任何支付。移动支付的方式也在一直进化，指纹支付、声波支付、刷脸支付等，让移动支付的方式更加多样。这为我们的生活提供了极大的便利，也是中国经济实力和科技力量的生动体现。

共享单车——第三大城市出行方式。从最初的摩拜单车，到后来出现的哈啰单车……共享单车的迅速普及，不仅方便了人们的生活，而且减少了碳排放量，起到了保护环境的作用。这些五颜六色的共享单车反映出人们生活观念的转变和现代社会服务的完善。"共享"理念融入了人们的生活，推动了社会的进步。

网购——动动手指买遍全世界。淘宝、天猫、饿了么……只需坐在家中，动动手指，就可购买世界各地的商品。便捷的网络购物改变了人们的购物方式，也催生了大量电商平台和物流公司。网络购物不仅让消费者的购物体验更加方便快捷，也为国家的经济发展做出了巨大贡献。

在"新四大发明"中，除共享单车以外，支付宝、网购和高铁都算不上中国首创，但中国却率先将这些发明融会贯通并重新创造。"新四大发明"服务于中国人的衣、食、住、行各个方面，这些令外国人美慕不已的"新四大发明"是中国人生活水平提高的体现，是改革开放成果的体现，是中国综合国力提升的体现。新时代，中国将逐步步入世界舞台的中央，实现从落后到赶超再到引领的历史性飞跃。

树立创新自信，源自人才自信。在中国特色自主创新的道路上，我们的创新自信来自我国作为人口大国、人才大国的雄厚支撑。人是科技创新最关键的因素。创新发展的竞争，归根结底是人才竞争。我国是一个人力资源大国,也是一个智力资源大国,我国14亿人口中蕴藏的智慧资源是最宝贵的,并已形成了当前世界上最大规模的研发队伍。与此同时,我国在全球配置人才资源的能力也在不断提高,覆盖不同专业领域、不同年龄段和梯次配置的引才项目陆续出台,带动了新中国成立以来最大规模的海外人才回国潮。

第五章
维护国家核心利益

新时代,国家强大,人民幸福。然而"树大招风",国家和人民面临的考验和威胁越来越多。中国共产党作为执政党,承担着维护国家核心利益的重任。国家核心利益,主要由国家安全和人民利益两部分构成,分别指国家主权与领土的完整、人民的生命与财产的保障。目前,巩固国家安全、建设一流军队已成为执政党的头等大事,保障人民利益、推进祖国统一已成为政府的头等大事。

第一节　巩固国家安全

国家安全是涉及"宗庙社稷"之大事,来不得半点马虎。在古代,宗庙是祭拜祖先的场所,社稷是祈祷丰收的地方,两个地方都由皇帝代表"国家"主持仪式。现代国家的主权属于公民,从人民大会堂前的迎宾礼仪到南极科考站的升旗仪式都是国家大事,列队士兵和科考人员都是国家的代表。无论我们年龄大小、职业如何,只要是国家的公民,我们的安危就寄托于这个国家的存亡,我们每个人就身怀巩固国家安全之责任。

一、坚持总体国家安全观

"总体国家安全观"的思想非常系统，富有创造性，对新时代如何塑造国家安全，作出了坚强有力的回答。

回答之一是安全与发展不矛盾。建立国家只是政权的开始，发展国家才能让政权延续。安全和发展是一体之双翼、驱动之双轮。发展带来安全，是解决安全问题的最终手段，建立在发展基础上的安全才更可靠；安全保证发展顺利进行，使发展成果生根落地，没有安全作保障的发展不能长久。

我们要善于塑造有利于经济社会发展的安全环境，实施安全与发展并重的国家安全战略。然而保障政治安全谈何容易？从"稳定压倒一切"，到现在常抓不懈的"维稳"，稳定一直是保障我国政治安全的大事。维持稳定不是目的，目的是国家安全。如果中国共产党不能坚定地维护国家安全，就好像一艘巨轮，在风浪中一味向前，却不知它所面对的暗礁在哪儿，可能发生侧翻的事故，导致中国共产党不能长期执政。当今世界，局部战争和恐怖袭击此起彼伏，而我们国内环境相对平稳与安全，这是因为我们始终把政治安全放在国家安全的首位。

回答之二是国土安全与国民安全相统一。我们既要保持传统安全观念，保障国土安全；又要具有非传统安全观念，保障越来越多地走出国门的国民的安全。国土始终是国民的家，但国民的家已经不限于本国国土范围之内。我们要拓展"家"的概念，用传统的"保家卫国"的思想，将国土安全与国民安全统一起来。国家安全观的总体性表现在，它超越时空界限，强调"人民"这个总体，坚持以人为本、以民为本，坚持国家安全一切为了人民、一切依靠人民，强调巩固国家安全的群众基础。

中国开放的格局越来越明显，有越来越多的边境城市走向全面开放，既充分利用了国土资源，又增加了国民福利，显示了我们对国家安全工作方面的自信与成熟。我们对少量存在争议的领土率先提出"搁置争议、共同开发"的倡议，说明了我们对国家安全的总体性的把握能力。随着国家的开放，出境人数越来越多，我们对远离国土的国民的领事保护全力以赴、不厌其繁，始终让老百姓真心地感受到身后有强大的祖国，这也是总体国家安全观认识上升华的结果。

领事保护：外交部启动领事保护"12308"热线

回答之三是自身安全与共同安全一同架构。自身安全是一种相对局限的内部安全，而寻求共同安全是一种更加有力的外部安全。内部安全求发展、求变革、求稳定，强调建设"平安中国"；外部安全求和平、求合作、求共赢，强调维护世界和平与发展。

拓展阅读

总体国家安全观深入总结我国历史上治乱兴亡的经验教训，特别是近代史上屡遭侵略、内乱不已、生灵涂炭、民不聊生的惨痛教训，植入了"安而不忘危，存而不忘亡，治而不忘乱"的强烈安全意识；继承发展新中国成立特别是改革开放以来我们党坚决维护国家安全稳定的宝贵经验，把决不牺牲国家核心利益作为国家安全的最高准则；认真研究新形势下保证国家安全的特点和规律，妥善处理好维护国家安全的多种关系，增强了国家安全观的科学性、实践性、指导性。

——颜晓峰《总体国家安全观是维护和平的安全观》，

人民网，2017 年 8 月 14 日。

近年来，由我国首倡成立的一些国际性合作组织（如上海合作组织），既是经济合作的实体，也是军事合作的平台，对我国的国家安全起到巩固和提升的作用。有了这些平台,我们可以在相互信任的基础上,与军事大国特别是与俄罗斯、美国进行联合军演,从而更好地形成自身安全与共同安全相平衡的态势。

资料链接

青岛峰会

安全合作一直是上海合作组织的优先方向。青岛峰会期间,各成员国领导人批准了《上合组织成员国打击恐怖主义、分裂主义、极端主义2019年至2021年合作纲要》,通过了旨在防止青年参与恐怖和极端组织活动的《上合组织成员国元首致青年共同寄语》及其实施纲要,这对地区安全稳定意义重大。

"生于忧患,死于安乐。"虽然我们主张和平,但事实上,国与国之间依然存在着"弱肉强食"的关系,更有一些国家对我们"虎视眈眈"。"总体国家安全观"中的"总体",就是诸多方面的安全"一个也不能少",但并不是平均用力,而是要抓住重点领域、形成最大效应。例如,国家安全中的政治安全是首要任务,国土安全是立国之基,经济安全是国家安全的基础,此外还有社会安全、文化安全、科技安全、网络安全、生态安全、资源安全与核安全也要关注,从而在总体上构建集政治安全、国土安全、军事安全、经济安全、社会安全、网络安全等于一体的国家安全体系。

在国家安全问题上,我们不能大意。间谍与秘密情报机构的活动,在不经意间就会危害到国家安全,影响我们国家的核心利益。总体国家安全观以人民安全为宗旨,以政治安全为根本,以经济安全为基础,坚持人民安全、政治安全、国家利益至上的有机统一,走出了一条中国特色国家安全道路,为实现人民安居乐业、党的长期执政、国家长治久安奠定了基础。

你问我答

1. 什么是危害国家安全罪？

答：危害国家安全罪是一个概括性罪名，是对各种危害国家安全的犯罪行为，例如叛国、分裂国家，以及从事间谍活动等行为的共同特征的概括。

2.《中华人民共和国国家安全法》规定哪天为全民国家安全教育日？

答：每年的 4 月 15 日。

二、建设世界一流军队

党和政府要办好巩固国家安全和保障人民利益两件大事，两件大事的最终落实要靠建立世界一流军队。因此，"强国必须强军，军强才能国安"。人民军队已经在中国特色强军之路上迈出了坚定步伐，开启了新时代强军之路。

新时代强军的第一步是坚定党对军队的绝对领导，解决军队的政治生态问题。服从命令是士兵的天职，听党指挥是军队的灵魂。军队跟党走，强军先铸魂。可以说，党对军队的绝对领导是中国特色社会主义的本质特征，是党和国家的重要政治优势，是人民军队的建军之本、强军之魂。全军始终把听党指挥作为军队建设的首要，把思想政治建设摆在首位，确保官兵在思想上、政治上、行动上同党中央、中央军委和习近平总书记保持高度一致，坚决听从党中央、中央军委和习近平总书记的指挥。

新时代强军的第二步是坚定地走改革之路，加强军队治理，解决军队的组织形态问题。改革是强军的必然路径。近几年来，我军改革大破大立，形成了军委管总、战区主战、军种主建的新格局。我军在裁军和整编的同时，突出海上军事斗争和信息化局部战争的军事准备，着力打造能打胜仗的中国人民解放军精锐之师。这几年,军工制造飞速发展,一些先进的、极具战斗力的装备相继亮相。

新时代强军的第三步是坚定军队反腐败的决心,解决军队的作风问题。作风优良才能塑造英雄部队,作风松散可以搞垮常胜之师。这几年,我军把作风建设引向深入,一严到底,几年如一日抓作风,我军好传统、好作风逐步回归,党心民心极大振奋,军心士气极大提振,集聚起强军兴军的强大正能量。

国虽大,好战必亡;天下虽安,忘战必危。人民军队,是保障人民利益、国家利益的核心力量。今天,我们比历史上任何时期都更接近中华民族伟大复兴的目标,比历史上任何时期都更需要建设一支强大的人民军队。我们力争到 2035 年基本实现国防和军队现代化, 到 21 世纪中叶把人民军队全面建成世界一流军队,中国的明天必将辉煌。

强军之路是一场伟大的实践, 和我们每个人都息息相关。只有国家稳定、繁荣、走向昌盛,每个生活在这个国家中的人,才会有安全感,进而才会有获得感和幸福感。国家安全和军队建设工作,归根结底是保障人民利益,为老百姓安定地生活提供基本条件。因此,巩固国家安全,防范各类风险,提高国家安全能力,帮助建设一流军队,是我们每个人应有的意识和责任。

你问我答

士官究竟有多重要?

未来战争很可能是"士官的战争"。"士官太重要了!"习近平总书记的一句感慨,既是对士官队伍作用的高度评价,也是强军兴军的时代要求。作为"兵头将尾"的士官究竟有多重要? 看看这些比例:我军士官编制数量占到士兵总数的"半壁江山",建制班班长、武器装备重要操作岗位和各专业组训骨干基本上都由士官担任。可以说,士官作为基本战斗单元中的中坚力量,已成为生成、储备和提高战斗力的主体,成为深化和拓展军事斗争准备的基石。

第二节　推进祖国统一

　　近代以来，中国经历了长达百余年的国破山河碎、同胞受欺凌的悲惨历史，所有中华儿女都对此刻骨铭心。如今，中华民族在中国共产党的领导下建立了新中国，实现了祖国大陆的完全统一、确立了社会主义制度，开启了中华民族伟大复兴的新征程。在这一征程中，完成祖国统一、维护国家主权和领土完整，是全体中国人民坚如磐石的共同追求。

一、世界上只有一个中国

　　中华文明探源工程的研究成果证明：统一的多民族的现代中国格局，根基深植于遥远的史前时期。早在新石器时期，中国这片土地上就已经形成一个以中原为核心，囊括不同经济文化类型的多元一体格局。这些不同类型的文化和人群之所以能相处融洽，是因为他们形成了共同的民族意象，即"龙"的意象；打造了一个民族共同体，即我们通常所谓的"炎黄子孙"和"华夏民族"。

图说

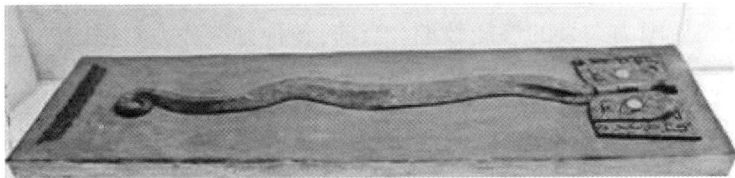

　　在中华文明探源工程中新挖掘出来的文物有河南偃师二里头遗址出土的绿松石"中国龙"，它被学者认为是一条真正的"中国龙"，为中华民族的龙图腾找到了最直接、最正统的根源。

好歌代代传

龙的传人

遥远的东方有一条江，	古老的东方有一条龙，	百年前宁静的一个夜，
它的名字就叫长江。	它的名字就叫中国。	巨变前夕的深夜里，
遥远的东方有一条河，	古老的东方有一群人，	枪炮声敲碎了宁静夜。
它的名字就叫黄河。	他们全都是龙的传人。	四面楚歌是姑息的剑。
虽不曾看见长江美，	巨龙脚底下我成长，	多少年炮声仍隆隆，
梦里常神游长江水。	长成以后是龙的传人。	多少年又是多少年，
虽不曾听过黄河壮，	黑眼睛黑头发黄皮肤，	巨龙巨龙你擦亮眼，
澎湃汹涌在梦里。	永永远远是龙的传人。	永永远远地擦亮眼。

　　如果说中国统一是建立在民族大团结的基础上，那么民族团结就是各族人民的生命线。加强民族团结，基础在于搞好民族团结进步教育，建设各民族共有精神家园。要深入践行守望相助理念，深化民族团结进步教育，铸牢中华民族共同体意识，促进各民族像石榴籽一样紧紧抱在一起，共同守卫祖国边疆、共同创造美好生活。

　　然而美好生活来之不易，祖国统一大业需要维护，也有待完成。中华民族历来是一个"分久必合"的民族，但也经常面临"合久必分"的威胁，曾有过祖国分裂后国力大衰的惨痛教训。当前，各种分裂势力对祖国的统一构成巨大威胁。我们要把推进祖国统一当成一项艰巨、光荣、长久的事业。

　　维护国家主权和领土完整，实现祖国完全统一，是全体中华儿女共同愿望，是中华民族根本利益所在。在这个民族大义和历史潮流面前，一切分裂祖国的行径和伎俩都是注定要失败的，都会受到人民的谴责和历史的惩罚！中国人民有坚定的意志、充分的信心、足够的能力挫败一切分裂国家的活动！中国人民和中华民族有一个共同信念，这就是：我们伟大祖国的每一寸领土都绝对不能也绝对不可能从中国分割出去！

资料链接

奋进新时代，扬帆新航程

2018 年 4 月 12 日上午，中央军委在南海海域隆重举行海上阅兵，展示人民海军崭新面貌，激发强国强军坚定信念。习近平总书记检阅部队并发表重要讲话。他强调：在新时代的征程上，在实现中华民族伟大复兴的奋斗中，建设强大的人民海军的任务从来没有像今天这样紧迫。要深入贯彻新时代党的强军思想，坚持政治建军、改革强军、科技兴军、依法治军，坚定不移加快海军现代化进程，善于创新，勇于超越，努力把人民海军全面建成世界一流海军。

二、"和平统一、一国两制"

我们应该坚定不移走和平发展道路，坚定不移坚持共同政治基础，坚定不移为两岸同胞谋福祉，坚定不移携手实现民族复兴。确保国家完整不被分裂，维护中华民族根本利益，实现民族复兴大业，是全体中华儿女的共同意志，是不可阻挡的历史潮流。

2012 年 11 月 19 日，2012 海峡两岸桥隧通道工程学术研讨会在台北开幕，当时 86 岁的中国科学院院士、上海同济大学教授孙钧（右）在发表演讲时称，希望有生之年能看到台海隧道或桥梁开工。

因为历史原因，当前祖国统一大业中存留着台海问题。所谓"和平统一"，是在肯定"台湾是中华人民共和国的神圣领土的一部分。完成统一祖国的大业是包括台湾同胞在内的全中国人民的神圣职责"的宪法依据的情形下，在历史证据、领土归属、宪法法理等方面没有疑义的情况下，依然不希望通过武力解决台海问题，而是希望参照多种可能的方案来实现祖国两岸的和平统一。当然，在两岸统一的进程中，我们始终对台湾方面走上"台独"或"一中一台"的道路的可能性要进行坚决抵制与反击。

"和平统一"是大的方向，"一国两制"是总的方针。所谓"一国两制"，是指在承认"世界上只有一个中国"的前提下，我们允许两种社会制度，即社会主义制度和资本主义制度在一个国家中同时存在。在《中华人民共和国宪法》框架内制定的"一国两制"方针及基本法，为祖国和平统一提供了路径。

你问我答

什么是《中华人民共和国香港特别行政区基本法》？

《中华人民共和国宪法》是特别行政区制度的法律渊源。《中华人民共和国香港特别行政区基本法》是根据《中华人民共和国宪法》制定的基本法律，规定了在特别行政区实行的制度和政策，是"一国两制"方针的法律化、制度化，为"一国两制"在特别行政区的实践提供了法律保障。《中华人民共和国宪法》和《中华人民共和国香港特别行政区基本法》共同构成了特别行政区的宪制基础。

党的十八大以来，"和平统一、一国两制"事业开创了崭新的局面。两岸政治关系实现历史性突破，两岸领导人实现1949年以来首次会晤，两岸经济社会融合发展有力推进，各领域民间交流持续热络，国际社会中"一个中国"格局更为稳固。

图说

两岸一家亲，同宗同源。2018年6月23日，在中国台北市基隆河上，来自两岸4座城市的11支龙舟队展开激烈角逐。这是两岸城市龙舟文化交流赛继2017年在上海首次举办之后，移师中国台北举办的第二届赛事。

　　党的十八大以来,在党中央的坚定支持下,特别行政区政府和行政长官依法行政,积极发展经济、改善民生、维护法治、推进民主、促进和谐,推动港澳各项事业取得了新进展新成效。

图说

　　港珠澳大桥贯通。一桥飞跃伶仃洋,珠海、香港、澳门间的行程将只有短短30分钟。

　　当前,中国的发展进入新时代。在"和平统一"的框架下,推进"一国两制"实践,把中央依法行使权力和特别行政区履行主体责任有机结合起来,明确中央履行维护国家主权、安全、发展利益的宪制责任,支持特别行政区融入国家发展大局;特别行政区积极参与国家改革开放和现代化建设,同祖国人民共担民族复兴的历史责任、共享祖国繁荣富强的伟大荣光。我们相信,祖国的和平统一必将实现,"一国两制"将为中国带来更加美好的未来。

第六章
建设更加美好的世界

中国梦从来都不是封闭的一国之梦，它与世界各国人民的美好梦想相连相通。我们需要好梦同圆，构建人类命运共同体，同世界各国人民一起共筑最大"朋友圈"。

第一节　世界人民命运与共

宇宙只有一个地球，人类面临着共同的重大抉择：是重走封闭僵化的回头路，还是开创经济全球化更加包容普惠的新时代？是固守冷战思维的旧理念，还是合力构建相互尊重、公平正义、合作共赢的新型国际关系？是执着于文明冲突的旧唱本，还是谱写不同文明和谐共处、真诚对话、互学互鉴的新篇章？破解这一系列难题，需要各国特别是大国发挥领导力、塑造力和影响力。中国作为负责任的大国，为世界各国携手发展、共促繁荣注入了坚定力量。

一、同住地球村

当今世界，开放融通的潮流滚滚向前，世界已经成为你中有我、我中有你的"地球村"。"地球村"又被称作"世界村"，这么大的地球怎么会是一个

"村子"呢？这是因为飞机、高铁、大轮船等现代交通工具的出现,让我们可以日行万里、跨越整个地球;广播、电视、互联网等电子媒介的发展,让地球上每个角落的人们都可以相互了解和联系。人与人之间的时空距离被骤然缩短,世界各国人民之间的交流非常方便快捷,就像住在同一个村子里一样。

人类一起住在这个地球村,肤色、种族、相貌、语言、文化等都大不相同,就像不同的兄弟姐妹一样,构成了一个多姿多彩的大家庭。在这个家庭里,每个人都是平等的,每个人都是地球村的普通村民,这里的人们拥有同一个梦想:和平与发展。我们要抓住历史机遇,开创人类更加光明的未来。

二、中国是负责任大国

人类共有一个家园,我国作为地球村里的一员,承担起了维护世界和平、促进世界共同发展的重任,是一个"负责任的大国"。

根据时代发展潮流和国家根本利益,我国作出了坚持走和平发展道路的战略选择。因为实现我国的奋斗目标,除了需要和谐的国内环境,也必须有和平的国际环境。没有和平,中国和世界都不可能顺利发展;没有发展,中国和世界也不可能有持久的和平。"和合"理念一直是中华民族的文化追求。"和合"文化,就是要通过各国之间的互信互利、平等协商、尊重多样文明、谋求共同发展,不断实现"协和万邦""和衷共济""四海一家"的理想。

在历史上，中华民族曾屡遭外族列强的侵略与欺凌，但我们从中学到的不是弱肉强食的强盗逻辑，而是更加坚定了维护世界和平的决心。我们愿意同各国人民和睦相处、和谐发展、共谋和平、共护和平、共享和平。

如今，站起来、强起来的中国担起了大国责任，积极推动构建人类命运共同体，这就需要我国积极参与全球治理体系的改革和建设。我们认为：全球治理体系应更好地反映国际格局的变化，更加平衡地反映大多数国家，特别是新兴市场国家和发展中国家的意见和利益。

中国秉持共商共建共享的全球治理观，倡导国际关系民主化，坚持国家不分大小、强弱、贫富，一律平等，支持联合国发挥积极作用，支持扩大发展中国家在国际事务中的代表性和发言权。中国将继续发挥负责任大国的作用，积极参与全球治理体系改革和建设，不断贡献中国智慧和力量。

什么样的国际秩序和全球治理体系对世界好、对世界各国人民好，要由各国人民商量，不能由一家说了算，不能由少数人说了算。我国是现行国际体系的参与者、建设者和贡献者，是国际合作的倡导者以及国际多边主义的积极参与者，我们坚持从我国国情出发，既积极参与全球治理，主动承担国际责任，也要尽力而为，量力而行，提高我国参与全球治理的能力，着力增强规则制定能力、议程设置能力、舆论宣传能力、统筹协调能力。只有具备足够的能力，才能充分尽到大国责任。

第二节　构建人类命运共同体

当今世界，和平受阻、发展失衡、治理困境，是摆在全人类面前的严峻挑战。我们看到叙利亚人民在饱受战火的摧残，非洲儿童还在经历饥饿的煎熬，全球环境问题也在威胁着人类的生存与发展。可以说，面对动荡不定的大世界，面对百年不遇的大变局，没有哪个国家能够独自应对这些挑战，也没有哪个国家能够退回到自我封闭的孤岛。只有坚持和平发展、携手合作，才能实现共赢、多赢。因此，我国提出了维护和推动世界和平发展的中国方案、中国智慧——构建人类命运共同体，这一重要战略思想已经被多次写入联合国文件,产生了广泛而深远的国际影响,成为中国引领时代潮流和人类文明进步方向的鲜明旗帜。

一、共绘美好世界新蓝图

人类命运共同体的理念主张共同推进构建人类命运共同体的伟大进程,坚持对话协商、共建共享、合作共赢、交流互鉴、绿色低碳,建设一个持久和平、普遍安全、共同繁荣、开放包容、清洁美丽的世界。如今,人类命运共同体的理念日益深入人心,这反映了人类社会共同的价值追求,汇聚了世界各国人民对和平、发展、繁荣向往的最大期望。

理念引领行动,方向决定出路。大道至简,实干为要。构建人类命运共同体,关键在于行动。国际社会要从伙伴关系、安全格局、经济发展、文明交流、生态建设等方面作出努力。我国为人类社会实现共同发展、持续繁荣、长治久安绘制了这样一幅美丽的新蓝图:

我们坚持对话协商,建设一个持久和平的世界。国家和睦,则世界安;国家争斗,则世界乱。相互尊重、平等协商,国与国的交往要对话而不对抗、结伴而不结盟。

我们坚持共建共享,建设一个普遍安全的世界。世上没有绝对安全的世外桃源,一国的安全不能建立在别国的动荡之上,他国的威胁也可能成为本国的挑战。"单则易折,众则难摧。"各方应该树立共同、综合、合作、可持续的安全观。我们要恪守尊重主权、独立和领土完整,互不干涉内政等国际关系基本准则,要加强协调,建立全球反恐统一战线,为世界撑起安全伞。

我们坚持合作共赢,建设一个共同繁荣的世界。发展是第一要务,适用于各国。各国要同舟共济,而不是以邻为壑。经济全球化是历史大势所趋,要加强协调、完善治理,引导经济全球化健康发展。

我们坚持交流互鉴,建设一个开放包容的世界。"和羹之美,在于合异。"文明的多样性带来了文明的交流,交流孕育融合,融合产生进步,尊重世界文明多样性,以文明交流超越文明隔阂、文明互鉴超越文明冲突、文明共存超越文明优越。促进和而不同、兼收并蓄的文明交流对话,在竞争比较中取长补短,在交流互鉴中共同发展,使文明交流互鉴成为增进各国人民友谊的桥梁、推动人类社会进步的动力、维护世界和平的纽带。

我们坚持绿色低碳,建设一个清洁美丽的世界。我们应该遵循天人合一、道法自然的理念,寻求永续发展之路。我们倡导绿色、低碳循环、可持续的生产生活方式,不断开拓生产发展、生活富裕、生态良好的文明发展道路,构筑尊崇自然,绿色发展的全球生态体系。

然而构建人类命运共同体、实现这样一幅美好世界新蓝图需要一个历史过程,不可能一挥而就,也不可能一帆风顺,需要一步一步沿着正确的道路前进。

拓展阅读

"和羹之美,在于合异;上下之益,在能相济"

出处:(晋)陈寿《三国志·魏书九·夏侯玄传》

译文:美味佳肴,在于能够调和各种不同的滋味;良好的上下级关系,在于彼此互相学习、取长补短。

故事:春秋时期,齐侯打猎回来,梁丘据驱车赶到。齐侯说:"只有梁丘据与我相处和谐!"晏子说:"梁丘据只不过是和你相同而已,哪里能够称得上是和谐呢?"齐侯问:"'和'与'同'有什么不一样吗?"晏子回:"不一样。'和'就好像做羹汤,用水、火、醋、酱、盐、梅来烹调鱼和肉,味道太淡了就加些调料来调浓一下,味道太浓了就加水来冲淡一下,这样的羹汤才美味,弹琴也是如此,只有不同的音合起来,才好听。君臣之间也是如此,要互相启发、互相补充,国家的政治才能平和。现在,您和丘据的关系就不是这样。您认为行的,梁丘据也认为行,您认为不行的,梁丘据也认为不行,就好像用清水调剂清水,谁能喜欢呢?如同弹琴一样,老弹一个音调,有谁爱听呢?讲'和'而不讲'同'的道理就在这里。"

中国特色大国外交要推动构建相互尊重、公平正义与合作共赢的新型国际关系，推动构建人类命运共同体。其中，"相互尊重"是建设新型国际关系的前提和基础。新型国际关系是一种平等而相互尊重、互不干涉内政、相互寻求共同政治经济利益、保持并推进双方关系发展的良好状态。

"公平正义"是建设新型国际关系的价值和标准，它强调国家无论大小都要公道处事，恪守国际法和国际关系准则，坚决反对一切形式的霸权主义和强权政治。"合作共赢"强调共同发展、利益共享，合作是方法和途径，而共赢则是目标和结果。

推动构建人类命运共同体，必须积极地发展全球伙伴关系，扩大同世界各国的利益交汇点，以周边和大国为重点，以发展中国家为基础，以多边为舞台，以深化务实合作、加强政治互信、夯实社会基础、完善机制建设为渠道，全面发展同各国的友好合作，不断完善我国全方位、多层次、立体化的外交布局，打造覆盖全球的"朋友圈"。

推动构建人类命运共同体，需要我们推进大国协调与合作，构建总体稳定、均衡发展的大国关系框架，大国之间相处，要做到不冲突、不对抗、相互尊重、合作共赢；需要我们按照亲诚惠容的理念以及与邻为善、以邻为伴的周边外交方针深化同周边国家的关系；需要我们秉持正确义利观和"真、实、亲、诚"理念加强同发展中国家的团结与合作。

二、"一带一路"倡议搭平台

陆上丝绸之路，是中国历史上最负盛名的一条路。它经过中亚，穿越帕米尔高原，到达西亚，为世界文明的交流做出了巨大贡献。除了陆路贸易之外，在汉代之后，海上贸易也时有发生，海上丝绸之路也就出现了。所以从线路上看，丝绸之路分为陆上丝绸之路和海上丝绸之路。海上丝绸之路不仅增加了我国对外贸易的途径，也给中西方包括非洲、亚洲在内各国的政治文化交流提供了又一个通道。

2013年9月，习近平总书记在哈萨克斯坦的纳扎尔巴耶夫大学发表演讲时，首次提出了共同建设"丝绸之路经济带"的构想；同年10月，他在印度尼西亚国会发表演讲时,又首次提出共同建设"21世纪海上丝绸之路"的倡议。至此,"一带一路"的倡议构想得以完整呈现与从容铺展,它旨在借用古代丝绸之路的历史符号,高举和平发展的旗帜,积极发展与共建国家的经济合作伙伴关系,共同打造政治互信、经济融合、文化包容的利益共同体、命运共同体和责任共同体,为亚洲的腾飞、中国的发展插上翅膀并疏通血脉。

"一带一路"倡议是基于"公共性"理念的,跨越不同地域、不同发展阶段、不同文明的一个开放包容的合作平台,是各方共同打造发展的公共性存在。即"一带一路"倡议是作为"我们"的存在,而不是作为"我"的存在,倡议国家是作为本国利益的"主人"的存在而非"客人"的存在。因此,"一带一路"倡议追求的是百花齐放的大利,不是一枝独秀的小利。这条路不是某一方的私家小路,而是大家携手前进的阳光大道。谋求共享共赢,是"一带一路"倡议的本质。

2016年8月17日,习近平总书记在推进"一带一路"建设工作座谈会上提出了三方面"聚焦"和八项"切实"的要求。

第一方面"聚焦"是"五通":"政策沟通、设施联通、贸易畅通、资金融通、民心相通。""通"则"顺","顺"则"成"。

第二方面"聚焦"是"三合作":构建"互利合作网络、新型合作模式、多元合作平台"。合作产生合力,合力铸造辉煌。

第三方面"聚焦"是"四路":携手打造"绿色丝绸之路、健康丝绸之路、智力丝绸之路、和平丝绸之路"。绿色、健康、智力、和平,这条路是一条真正的阳光大道。

八项"切实"包括:切实推进思想统一、切实推进规划落实、切实推进统筹协调、切实推进关键项目落地、切实推进金融创新、切实推进民心相通、切实推进舆论宣传、切实推进安全保障,这八项要求巨细无遗,项项"切实"。

2018年是"一带一路"倡议提出5周年。5年来,我们不忘共赢共享的初心,"以钉钉子精神抓下去","脚踏实地,一步一步干起来";5年来,"一带一路"倡议筚路蓝缕、以启山林,从无到有、由点成线、由线及面,改变了全球经济合作的方式,开拓了国际合作的新空间。

截至2018年7月,全球已有一百多个国家和国际组织同中国签署共建"一带一路"合作文件。

5年来,"一带一路"倡议遵循共商共建共享原则,打造了一条繁荣发展之路。

"一带一路"倡议促进政策沟通。截至2018年9月,中国与共建"一带一路"的105个国家和29个国际组织签署了149份政府间合作文件。

"一带一路"倡议推进设施联通。截至2017年5月,中国与共建"一带一路"国家签署了一百三十多个涉及铁路、公路、水运、民航、邮政领域的双边和区域运输协定。中欧班列作为"一带一路"设施联通的一张"金名片",截至2018年8月底已开行突破10000列。

"一带一路"倡议加速贸易畅通。2013年至2017年,中国与共建"一带一路"国家进出口总额达到33.2万亿元人民币,年均增长4%。截至2018年6月,中国已成为25个共建"一带一路"国家的最大贸易伙伴。在投资方面,2013年中国对共建"一带一路"国家的直接投资额达134亿美元,此后基本呈现不断上升的趋势,2018年1月至8月达到95.8亿美元。

"一带一路"倡议助力资金融通。目前,中国已在7个共建"一带一路"国家和地区建立了人民币清算安排,人民币跨境支付系统覆盖41个沿线国家和地区。截至2017年末,也有来自21个"一带一路"相关国家的55家银行在华设立了机构。截至2018年8月,亚投行成员数由成立之初的57个增至87个,已批准项目投资超过53亿美元。

"一带一路"倡议打造民心相通。截至目前,共建"一带一路"国家中已有超过20个国家对中国实现了免签和落地签,还有近十个国家出台了有条件免签、电子签证等优惠政策,极大便利了民众的相互往来。中国在沿线国家举办境外办学机构和项目81个;2018年上半年"丝绸之路"奖学金出资超2.7亿元人民币;沿线建成35个文化中心。

一串串数据昭示着"一带一路"倡议5年来的丰硕成果,体现着为共建国家带来的巨大发展机遇。我们相信,在"一带一路"倡议中,这样的"化学反应"在未来会越来越多,带给世界的惊喜也会越来越多。

2016年11月,联合国大会在决议中首次写入"一带一路"倡议;2017年10月24日,党的十九大将推进"一带一路"建设等内容正式写入党章。

你问我答

丝绸之路精神的时代内涵是什么？

　　丝绸之路是友谊之路、交流之路、共荣之路，繁荣了东西方贸易，促进了沿线各民族之间的交流。它不仅仅是一条经贸之路，还是一条文化之路，搭起了世界文化沟通交流的平台。

　　习近平总书记指出：我们需要弘扬"和平合作、开放包容、互学互鉴、互利共赢"的丝绸之路精神。这一论述为丝绸之路精神赋予了新的时代内涵。

　　和平合作，是指通过坦诚对话、深入沟通进行平等交流，深化不同国家和地区间的交流合作；开放包容，是指以世界眼光和战略思维博采众长；互学互鉴，是指在尊重文明多样性、道路多样化和发展水平不平衡的基础上相互学习和借鉴；互利共赢，是指不同种族、信仰、文化的国家和地区通过互惠合作，共同谋求利益和福祉。

第七章
党和人民心连心

在解放战争期间,流传着这样一首民谣:"最后一碗米饭用来做军粮,最后一尺布用来缝制军装,最后的老棉被盖在了担架上,最后的亲骨肉送到战场上。"这首民谣说明了人民是如何一心跟党走,进而夺取战争胜利的史实。如今,保持党同人民群众的血肉联系,依然是历久弥新的永恒课题。建设中国特色社会主义,一定要深深扎根人民、紧紧依靠人民,与人民心连心、同呼吸、共命运,始终依靠人民推动历史前进,党才能坚如磐石,中国梦才能实现。

第一节　勇于自我革命是最大优势

中国特色社会主义最本质的特征是中国共产党领导,中国特色社会主义制度的最大优势是中国共产党领导。坚持党的领导是当代中国的最高政治原则,是实现中华民族伟大复兴的关键所在。没有中国共产党坚强有力的领导,中华民族将是一盘散沙。实践证明,中国共产党能够带领人民进行伟大的社会革命,也能够进行伟大的自我革命。

一、党是领导一切的

回首中华人民共和国成立的七十多年，中国奇迹的背后，是中国共产党领导亿万人民一路跋山涉水、一路砥砺奋进，是无数中国共产党人不忘初心、牢记使命的奉献与担当。在中国共产党领导下，我们选择和确立了社会主义制度，中国特色社会主义道路、理论、制度、文化形成并不断完善和发展。七十多年来，中华民族面貌的巨大变化、中国人民面貌的巨大变化、中国社会面貌的巨大变化充分说明，历史和人民选择中国共产党领导实现中华民族伟大复兴的事业是正确的，只有共产党，才能救中国；只有共产党，才能发展中国。

"办好中国的事情，关键在党。"对于后发现代化国家而言，强有力的政治领导是制胜的决定性因素。更何况，我们正在进行的是人类历史上规模最浩大、气势最雄伟的现代化事业。七十多年来，我们曾遭遇封锁与遏制，曾有过急躁与冒进，曾经历洪水、地震、"非典"疫情的考验，也曾面对金融危机、贸易摩擦的挑战，然而"中国号"巨轮劈波斩浪、一往无前，"根本的一条就是我们始终坚持共产党领导"。指明前进的方向与道路，谋划发展的蓝图和方式，集中力量办大事……有了党的坚强领导，国家治理就有了坐镇中军帐的"帅"，现代化建设就有了坚强的"领航者"，亿万人民就有了共谋复兴的"主心骨"。可以说，党的领导是新中国七十多年巨变的根本原因、最大逻辑。

回望七十多年，中国共产党为什么能？因为我们是马克思主义政党，我们的信仰是真理。多少年来，对于志在挽救民族危亡、志在实现民族复兴的革命者、建设者、改革者来说，马克思主义是"中国的导星"。完成新民主主义革命，完成社会主义革命，进行改革开放新的伟大革命，开创中国特色社会主义新时代……以马克思主义为指导，共产党人推动了中国历史上最广泛最深刻的社会变革，让中国巍然屹立于世界东方。我们以马克思主义中国化为主题，以解决中国实际问题为主线，不断推进实践基础上的理论创新，指引中华民族迎来从站起来、富起来到强起来的伟大飞跃，走出一条中国特色社会主义道路。正是沿着这条真理之路，积贫积弱的中国走向繁荣昌盛，历经磨难的中华民族迎来复兴的曙光。

回望七十多年,中国共产党为什么能? 因为我们是人民的政党,我们的靠山是人民。新中国的七十多年,也是党与人民心心相印、同甘共苦、团结奋斗的七十多年。当一些国家的政党忙着为吸引选票而编造竞选口号时,中国共产党却坚信,"人民群众是我们力量的源泉",人民"是决定党和国家前途命运的根本力量"。从太行绝壁上的红旗渠到小岗村大包干契约上的红手印,从植树造林的"绿色奇迹"到人类历史上最成功的"脱贫故事",人民的力量一旦被激发出来,就有着改天换地的伟力。"人民对美好生活的向往,就是我们的奋斗目标。"你把人民放在心上,人民就会把你放在心上。光荣归于人民、感情系于人民、力量源于人民,这样的执政党无愧于人民的政党,这样的百年大党永葆着赤子之心。

今天,我们豪情满怀、壮志在胸,但更要看到,船到中流、人到半山,尤需勇立潮头、奋勇博击。七十多年来,我们党开新局于伟大的社会革命、强体魄于伟大的自我革命,让社会主义中国巍然屹立于世界东方,也在革故鼎新、守正创新中实现自身跨越。①

新时代,新征程,我们必须继续坚持党对一切工作的领导。

"党政军民学,东西南北中,党是领导一切的",中国共产党是中国特色社会主义事业的坚强领导核心,是最高政治领导力量,各个领域、各个方面都必须坚定自觉坚持党的领导。

坚持党对一切工作的领导是由我们党的性质决定的。中国共产党是中国工人阶级的先锋队,同时是中国人民和中华民族的先锋队,是中国特色社会主义事业的坚强领导核心。我们党历经革命、建设和改革的锤炼,已经锻造为成熟的马克思主义政党。如果弱化党的领导,甚至放弃党的领导,党的执政地位就会丢失,中国特色社会主义性质就会改变,中国人民接续奋斗取得的伟大成就也会毁于一旦。

坚持党对一切工作的领导是历史的选择、人民的选择。20 世纪 20 年代初,中国外有列强环列、虎视眈眈,内有军阀混战、剥削压迫,在内忧外患中诞生的中国共产党力挽狂澜,坚定地捍卫了国家民族利益。历史深重的轨迹

① 《人民日报》评论部:《办好中国的事情,关键在党》,《人民日报》,2019 年 7 月 17 日。

清晰表明：没有共产党，就没有新中国；没有共产党，就没有中华民族从站起来到富起来再到强起来的伟大飞跃。

坚持党对一切工作的领导是实现中华民族伟大复兴的根本保证。在实现民族复兴的伟大征程上，不知道还要爬多少坡、过多少坎，经历多少风风雨雨、克服多少艰难险阻。完成艰巨光荣的历史使命，战胜前进道路上的这些风险挑战，从根本上需要靠党的全面领导。在国家治理体系的大棋局中，党中央是坐镇中军帐的"帅"，车马炮各展其长，一盘棋大局分明，治国理政才有方向、有章法、有力量。

好歌代代传

共 产 党 好　共 产 党 亲

共产党和人民心连心	雨露滋润满园春	来来来
共产党好共产党亲	来来来 雨露滋润满园春	党和人民心相连 哟
共产党是咱的带路人	共产党好共产党亲	鱼水相依不离分
领咱走上富裕路	共产党和人民情意深	来来来 鱼水相依不离分
帮咱扎下幸福根	共产党好共产党亲	党和人民心相连 哟
党是雨露咱是花	共产党处处为人民	鱼水相依不离分
雨露滋润满园春	四化建设最和咱的意	来来来 鱼水相依不离分
来来来	社会主义最称咱的心	不离分
来来来	党和人民心相连	
党是雨露咱是花 哟	鱼水相依不离分	

当前，面对纷繁复杂的国内外形势，我们党所肩负任务的艰巨性和繁重性世所罕见，遇到矛盾和问题的复杂性世所罕见，在前进中所面对的困难和风险也世所罕见。在这种情况下，我们党要领导14亿人的社会主义大国，驾驭新时代中国特色社会主义这艘巨轮劈波斩浪、行稳致远，既要政治过硬，也要本领高强。要着力提高党把方向、谋大局、定政策、促改革的能力和定

力,善于处理各种复杂矛盾,把党总揽全局、协调各方落到实处。

为此,党的十九大明确提出了党员所需掌握的"八个本领":要适应党和国家工作的新进展,以时不我待的精神,一刻不停地增强学习本领、政治领导本领、改革创新本领、科学发展本领、依法执政本领、群众工作本领、狠抓落实本领、驾驭风险本领。以钉钉子精神做实做细做好各项工作,勇于战胜各种艰难险阻。

二、自我革命强筋骨

在中国的传统文化中,自我革命是指个人在成长过程中,针对自身问题,用"刮骨疗毒""壮士断臂"的勇气和精神提高修养,以至于脱胎换骨、除旧革新。勇于自我革命是我们党最鲜明的品格,也是我们党最大的优势,要兴党强党,就必须以勇于自我革命的精神,打造和锤炼自己。

"知人者智,自知者明。胜人者有力,自胜者强。"中国共产党的伟大不在于不犯错误,而在于敢于直面问题,勇于自我革命,具有很强的自我修复能力。我们党拥有承认并改正错误的勇气,始终保持着自我革命的精神,一次次拿起手术刀割除自身的顽瘴痼疾,一次次靠自己的力量解决了自身的问题。革命精神已经深深熔铸于中国共产党的基因之中。

"无私者,可置以为政。"中国共产党之所以拥有自我革命的勇气,是因为除了国家、民族、人民的利益,没有任何自己的特殊利益。不谋私才能谋大利、谋全局、谋根本,才能从党的性质和根本宗旨出发,从人民的根本利益出发,检视自己;才能不掩饰缺点和问题,有问题解决问题,有错误则纠正错误。"以补过为心,以求过为急,以能改其过为善,以得闻其过为明",这就是中国共产党革故鼎新、守正出新,实现自身跨越、永葆生机活力的力量所在,也是党能够始终走在时代前列、成为中华民族主心骨的重要原因。

"打铁还需自身硬"①,"硬"包含着锤炼自身、降解杂质、提高纯度硬度的

---

① 中共中央宣传部:《习近平总书记系列重要讲话读本》(2016 年版),人民出版社,2016 年,第101 页。

必然要求。党的十八大以来,党中央提出全面从严治党,以一抓到底的钉钉子精神把管党治党要求落实、落细。一系列抓铁有痕、踏石留印的举措,无不贯穿着中国共产党强烈的自我革命精神、体现着党自我革命的决心和意志。

在党在十八大以来进行伟大自我革命的实践中,以习近平同志为核心的党中央制定修订《中国共产党廉洁自律准则》《关于新形势下党内政治生活的若干准则》《中共中央关于加强党的政治建设的意见》《中国共产党重大事项请示报告条例》等党内法规文件,持之以恒严肃党内政治生活、强化政治监督政治巡视、加强思想教育和正风肃纪,党的政治建设取得显著成效。各级党组织和广大党员"四个意识"明显增强、"四个自信"更加坚定、"两个维护"更加自觉,党在革命性锻造中更加坚强有力,为党和国家事业取得历史性成就、发生历史性变革提供了坚强保证。①

与此同时,我们也要看到,世情国情党情发生了深刻地变化,我们党面临的挑战和风险更大也更复杂,面临的"执政考验、改革开放考验、市场经济考验、外部环境考验"以及"精神懈怠的危险、能力不足的危险、脱离群众的危险、消极腐败的危险"也更加严峻,在这种情况下,有没有强烈的自我革命精神就成为决定党兴衰成败的关键因素。保持党的纯洁性和先进性以履行崇高使命,就需要党不断自我净化、自我完善、自我革命、自我提高。

党要管党,首先要从党内政治生活管起;从严治党,首先要从党内政治生活严起。严肃认真的党内政治生活,是我们党坚持党的性质和宗旨、保持先进性和纯洁性的重要法宝。

中央"不忘初心、牢记使命"主题教育领导小组印发《关于在"不忘初心、牢记使命"主题教育中对照党章党规找差距的工作方案》,要求各地区各部门各单位在主题教育中对照党章党规,逐一对照、全面查找各种违背初心和使命的问题。其中一项重要任务,就是对照《关于新形势下党内政治生活的若干准则》进行自我检查,找差距、明不足,自觉做政治上的明白人、遵规守纪的老实人。

有什么样的党内政治生活,就有什么样的党员和党风。开展严肃认真的

---

① 《求是》编辑部:《以党的政治建设为统领　把我们党建设得更加坚强有力》,《求是》,2019 年第 14 期。

党内政治生活,是我们党的优良传统和政治优势。从90年前的古田会议首次提出"使党员的思想和党内的生活都政治化,科学化",到七十多年前的延安整风建立党内政治生活的制度基础,再到改革开放之初制定《关于党内政治生活的若干准则》,正是在坚守和传承中,一代代共产党人在党内政治生活的"大熔炉"中淬火成钢,推动我们党历经风雨洗礼依然朝气蓬勃、意气风发。

　　"法与时转则治,治与世宜则有功。"为解决党内存在的突出矛盾和问题,党的十八届六中全会审议通过了《关于新形势下党内政治生活的若干准则》。准则直击党内政治生活存在的顽症痼疾,既有刚性的规定也有精要的道理,既指出了病症也开出了药方,既有治标举措也提出治本方略,为新形势下加强和规范党内政治生活提供了行动纲领。党员就得有党员的样子。无论职务高低、权力大小、从事什么工作,我们都应该时刻牢记自己第一身份是党员,始终以准则为镜子、以准则为准绳,摆问题、找差距、明方向,始终保持共产党人的政治本色。①

　　习近平总书记指出:做到不忘初心、牢记使命,并不是一件容易的事情,必须有强烈的自我革命精神。在新的征程上,我们要把党建设成为始终走在时代前列、人民衷心拥护、勇于自我革命、经得起各种风浪考验、朝气蓬勃的马克思主义执政党,就必须牢记初心和使命,在新时代把党的自我革命推向深入。牢记初心和使命,推进党的自我革命,要注意处理好以下关系。一是要坚持加强党的集中统一领导和解决党内问题相统一,广大党员、干部特别是领导干部要敢于同一切弱化党的领导、动摇党的执政基础、违反党的政治纪律和政治规矩的行为作斗争,坚决克服党内存在的突出问题,拿出壮士断腕、刮骨疗毒的勇气,但不能因为党内存在问题就削弱甚至否认党的领导,走到自断股肱、自毁长城的歪路上去。二是要坚持守正和创新相统一,坚守党的性质宗旨、理想信念、初心使命不动摇,同时要以新的理念、思路、办法、手段解决好党内存在的各种矛盾和问题,不断提高自我革命实效。三是要坚持严管和厚爱相统一,完善监督管理机制,捆住一些人乱作为的手脚,放开广大党员、干部担当作为、干事创业的手脚,把广大党员、干部的积极性、主动性、创造性充分激发出来,形成建功新时代、争创新业绩的浓厚氛围和生

---

　　① 陈凌:《营造风清气正的政治生态》,《人民日报》,2019年7月26日。

动局面。四是要坚持组织推动和个人主动相统一,既要靠各级党组织严格要求、严格教育、严格管理、严格监督,又要靠广大党员、干部自觉行动,主动检视自我,打扫身上的政治灰尘,不断增强政治免疫力。①

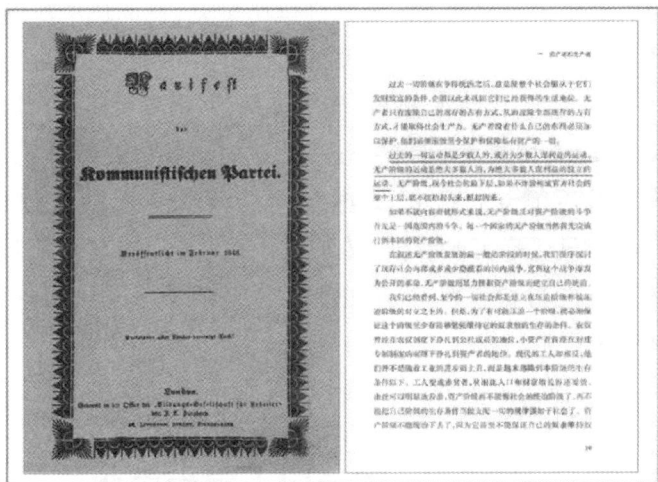

　　马克思、恩格斯在《共产党宣言》中庄严宣告:"过去的一切运动都是少数人的,或者为少数人谋利益的运动。无产阶级的运动是绝大多数人的,为绝大多数人谋利益的独立的运动。"我们党是用马克思主义武装起来的政党,始终把为中国人民谋幸福、为中华民族谋复兴作为自己的初心和使命,并一以贯之体现到党的全部奋斗之中。左图为《共产党宣言》1848 年德文第 1 版封面;右图为马克思、恩格斯关于无产阶级运动的重要论述。

三、提高党治国理政水平

　　党是领导一切的核心力量。如果把中国特色社会主义比作一艘乘风破

---

① 习近平:《牢记初心使命,推进自我革命》,《求是》,2019 年第 15 期。

浪的巨轮,中国共产党就是掌舵人。在我们的前方,风高浪急、暗礁密布,一路由党来领航,就需要我们党不断提高治国理政的水平,不断提高驾驭复杂局面的能力,定准向、掌好舵。

当前,面对纷繁复杂的国内外形势,我们党所肩负任务的艰巨性和繁重性世所罕见,遇到矛盾和问题的复杂性世所罕见,在前进中所面对的困难和风险也世所罕见。在这种情况下,我们党要领导14亿人的社会主义大国,驾驭新时代中国特色社会主义这艘巨轮劈波斩浪、行稳致远,必须本领高强。

我们要适应党和国家工作的新进展,以时不我待的精神,一刻不停地增强学习本领、政治领导本领、改革创新本领、科学发展本领、依法执政本领、群众工作本领、狠抓落实本领、驾驭风险本领。着力提高把方向、谋大局、定政策、促改革的能力和定力,善于处理各种复杂矛盾,勇于战胜各种艰难险阻,牢牢把握工作主动权。

第二节　坚持以人民为中心

人民群众是党的力量源泉和胜利之本。[1]人民立场是党的根本政治立场。[2]必须牢记我们的共和国是中华人民共和国,始终要把人民放在心中最高的位置,始终全心全意为人民服务,始终为人民利益和幸福而努力工作。党与人民风雨同舟、生死与共,始终保持血肉联系,这是党战胜一切困难和风险的根本保证,正所谓"得众则得国,失众则失国"。"以人民为中心"的论断,为我国的发展路径建立了新的航标灯塔和价值遵循。

---

[1]　《胡锦涛文选》(第三卷),人民出版社,2016年,第159页。

[2]　中共中央宣传部:《习近平新时代中国特色社会主义思想三十讲》,学习出版社,2018年,第318页。

一、全心全意为人民服务

不忘初心,方得始终。为人民谋幸福是中国共产党人的初心。我们要时刻不忘这个初心,永远把人民对美好生活的向往作为奋斗目标。实现好、维护好、发展好最广大人民的根本利益,把人民拥护不拥护、赞成不赞成、高兴不高兴、答应不答应作为衡量一切工作得失的根本标准。人民群众"不仅要看我们是怎么说的,更要看我们是怎么做的"。解决好人民群众最关心最直接最现实的利益问题,人民才会真心实意地信任党、拥护党、跟党走。满足人民日益增长的美好生活需要,离不开执政为民的情怀,离不开真抓实干的行动,任何不思进取、明哲保身、得过且过的思想和行为都是要不得的,都是与党的初心使命根本不相容的。加强党的政治建设,就要对那种满足于"只要不出事,宁愿不做事","不怕群众不满意,就怕领导不注意"的尸位素餐、光说不练的行为坚决说"不",为那些敢抓敢管、真抓实干、勇于担当的干部加油鼓劲、撑腰壮胆,在全党形成以担当作为为荣、以消极无为为耻的浓厚氛围。要从为身边群众服务做起,从本职岗位做起,把为人民服务、接受人民监督体现在具体行动中。①

"以人民为中心"是习近平总书记反复强调的话语;鲜明的人民立场、深厚的人民情怀、深刻的人民哲学,贯穿在以习近平同志为核心的党中央治国理政的全过程。考察调研、行程万里,他要求"把人民放在心中最高位置";风雨兼程、访贫问苦,他自陈"我是人民的勤务员";举旗定向、问政施策,他强调"以造福人民为最大政绩"。从黄土高坡到青藏高原,从太行山区到乌蒙山区,从零下几十度到海拔数千米,从"贫瘠甲天下"的甘肃定西到"隔山走一天"的四川大凉山,足迹遍布大江南北、遍布全国 14 个集中连片特困地区,听民声、察民情、思对策,身体力行、率先垂范,模范践行了人民至上的价值理念。

---

① 《求是》编辑部:《以党的政治建设为统领　把我们党建设得更加坚强有力》,《求是》,2019 年第 14 期。

二、依靠人民创造历史伟业

人民是真正的英雄,人民是决定党和国家前途命运的根本力量,要依靠人民创造历史伟业。波澜壮阔的中华民族发展史是中国人民书写的,博大精深的中华文明是中国人民创造的,历久弥新的中华民族精神是中国人民培育的,中华民族从站起来富起来到强起来的伟大飞跃是中国人民奋斗出来的。

依靠人民群众创造伟业,关键是在思想上牢固树立人民群众的主体地位。老百姓是天,老百姓是地,忘记了人民,脱离了人民,我们就会成为无源之水、无本之木,就会一事无成。基层是最大的课堂,群众是最好的老师。生活最深刻,群众最智慧。在人民面前,我们永远是小学生,必须自觉拜人民为师,向能者求教,向智者问策。

依靠人民群众创造伟业,就要尊重人民群众的首创精神,最大限度地激发人民的创造热情,只有这样,我们的工作才能获得最广泛的支持,才有强大的生命力。尊重人民主体地位,紧紧依靠人民推动改革是改革开放的一条宝贵经验。改革开放在认识和实践上的每一次突破和发展,改革开放中每一个新生事物的产生和发展,改革开放每一个方面经验的创造和积累,无不来自亿万人民的实践和智慧。

依靠人民群众创造伟业,就要坚持由人民群众评判,把人民群众满意作为检验工作的第一标准。群众意见是一把最好的尺子。"时代是出卷人,我们是答卷人,人民是阅卷人。"[①]这是强调以人民为中心,把人民群众对美好生活的向往作为执政党奋斗目标的精彩表达。如果说"以经济建设为中心"是发展动力和根本任务,那么"以人民为中心"则是发展目的和价值指引。

坚持群众标准、由群众来评判,不能走过场,必须具有约束力,群众拥护什么就鼓励什么,群众期盼什么就做好什么,群众反对什么就纠正什么。让

---

① 　中共中央宣传部:《习近平新时代中国特色社会主义思想三十讲》,学习出版社,2018 年,第90 页。

群众真满意而不是"被满意",使党和人民事业始终体现群众意愿,经得起实践、人民和历史的检验。

三、群众路线是党的生命线

我们党的群众路线既包括群众观点,又包括群众路线的工作方法。延安整风运动采取了上下结合、领导蹲点、深入群众、调查研究、总结经验等一整套有效的群众路线的工作方法。总结这些工作方法,1943 年 6 月,毛泽东在《关于领导方法的若干问题》中指出:在运用领导和群众相结合、一般和个别相结合这些原则时,必须注意领导方法,而"从群众中集中起来又到群众中坚持下去,以形成正确的领导意见,这是基本的领导方法。在集中和坚持过程中,必须采取一般号召和个别指导相结合的方法,这是前一个方法的组成部分"[①]。正是在这篇文献中,毛泽东提出了一个今天大家已经耳熟能详的观点——"从群众中来,到群众中去"。这个观点的提出和阐发,表明党对群众路线的认识达到了一个新的高度。

党的群众路线的理论和原则在延安整风运动中得到系统建构与充分实践。"到群众中去,到实践中去"成为当时响亮的口号,造就了鱼水之情般的党群干群关系。1942 年 10 月至 1943 年 1 月召开的西北局高干会议,对时任关中分区特委书记习仲勋作了一份组织鉴定。鉴定写到:"平时在办公的地方,每天都挤满了群众,当他和他们在一起的时候,总是极其自然和融洽。也许有时他正忙着,然而他宁愿放下正在做的事情,和蔼地和他们交谈,没有一点架子,没有一点官僚主义。"习仲勋关心群众,群众也深深地热爱着习仲勋。还是在那份鉴定上写了这样一个感人的故事:"在一个夏天,仲勋走得疲倦了,就随便睡到一家老乡的炕上,那位年老的主人就蹲在他的身旁,亲切地看着他,替他驱着苍蝇。这时忽然跑来一个找他的乡民,老汉马上低声说:轻一点,仲勋同志困了,让他好好地睡一会儿。"[②]习仲勋密切联系群众的形

---

① 《毛泽东选集》(第三卷),人民出版社,1991 年,第 900 页。

② 黄一兵:《从延安整风运动说起》,《求是》,2019 年第 14 期。

象,正是当时党群关系的生动写照。

群众路线始终是党的生命线和根本工作路线,是我们党永葆青春活力和战斗力的重要传家宝。坚持以人民为中心的根本立场,必须把群众路线贯彻到治国理政全部活动之中。我们要把群众路线融入经济社会发展全过程。紧紧抓住人民最关心、最直接、最现实的利益问题,从人民群众关心的事情做起,从让人民群众满意的事情做起,使人民获得感、幸福感、安全感更加充实、更有保障、更可持续。

听民意,解难题

资料链接

夏衍在散文名篇《野草》中,赞叹植物的种子是世界上力气最大的。种子的力量来源于向往阳光的"向上",更来源于扎根沃土的"向下"。没有土地作根基,没有雨露的滋润,再好的种子也难以发芽生根,更遑论长成参天大树。同样,没有一种根基,比扎根于人民更坚实;没有一种力量,比从群众中汲取更强大。只要我们像种子那样,把根深扎于群众之中,不断从人民群众中汲取智慧和力量,就能永葆生机与活力,永远立于不败之地。

——向贤彪:《选择做一粒种子》,《人民日报》,2018 年 6 月 28 日。

我们还要把群众路线贯穿到党的全部工作之中。是否重视做群众工作,是否善于做群众工作,是衡量领导干部政治上是否合格、工作上是否称职、领导能力强不强的一个基本标准。在党的群众路线教育实践活动中,"照镜子、正衣冠、洗洗澡、治治病"的总要求概括起来就是要自我净化、自我完善、自我革新、自我提高。

第三节　把党建设得更加坚强有力

党的十八大以来,党中央以坚定决心、顽强意志、空前力度推进全面从严治党,推动党和国家事业发生历史性变革、取得历史性成就。党的十九大站在新的历史起点上,号召全党必须毫不动摇坚持和完善党的领导,毫不动摇把党建设得更加坚强有力。

一、作风建设永远在路上

社会在发展,时代在变化,但党的性质、理想、宗旨不会变。党作为"工人阶级的先锋队、中国人民和中华民族的先锋队"的性质决定了党必须永远走在时代前列;党的共产主义的远大理想和中国特色社会主义共同理想决定了党必须锲而不舍,不断攻坚克难;党"全心全意为人民服务"的根本宗旨决定了党必须永远和人民群众心连着心。而要做到这一切,就必须依靠持之以恒的党性修养和过硬的作风来保持"初心",就必须坚持党要管党、全面从严治党,加强作风建设、不断改进作风。①

党的作风就是党的形象,关系人心向背,关系党的生死存亡。如果不坚

---

① 黄一兵:《从延安整风运动说起》,《求是》,2019 年第 14 期。

决纠正不良风气,任其发展下去,就会像一座无形的墙把我们党和人民群众隔开,我们党就会失去根基、失去血脉、失去力量。

作风建设一定要从为政者抓起,"'关键少数'先把自己摆进去,方能'上行之,下效之'"①。作风建设的核心问题是保持党同人民群众的血肉联系。加强作风建设,必须坚持马克思主义群众观点、贯彻党的群众路线,把出发点和落脚点归结到为民务实清廉上来。

作风建设关键在于解决问题、务求实效。党的十八大以来,党中央把加强党的作风建设紧紧抓在手上,以踏石留印、抓铁有痕的劲头狠抓作风建设,推动党风政风为之一新,党心民心为之大振。实践证明,只要真管真严、敢管敢严,党风建设就没有什么解决不了的问题。

作风建设永远在路上,没有休止符。作风问题具有顽固性和反复性,形成优良作风不可能一劳永逸,克服不良作风也不可能一蹴而就。作风建设是攻坚战、持久战,既要以滚石上山的劲头、爬坡过坎的勇气,深化整治、见底见效,又要坚持抓常、抓细、抓长,锲而不舍、持之以恒。

二、用铁的纪律管党治党

党要管党、从严治党,靠什么管,凭什么治? 就要靠严明纪律。1964 年 10 月,周恩来在音乐舞蹈史诗《东方红》演出人员大会上作报告时说,毛泽东说我们党是"一个有纪律的,有马克思列宁主义的理论武装的,采取自我批评方法的,联系人民群众的党","毛泽东同志特别把有纪律放在最前面,这不是偶然的。因为这是决定党能否坚持革命、战胜敌人、争取胜利的首要条件"。干部出问题,都是因为纪律的突破。必须严明党的纪律,党的各项纪律都要严。遵守党的纪律是无条件的,要说到做到,有纪必执,有违必查,而不能合意的就执行,不合意的就不执行,不能把纪律作为一个软约束或是束之高阁的一纸空文。毛泽东、周恩来等老一辈无产阶级革命家无不重视纪律,不仅留下了丰富的论述,而且身体力行维护纪律权威。1927 年秋天,在上井

---

① 《人民日报》评论部:《习近平讲故事》,人民出版社,2017 年,第 25 页。

冈山途中,有些战士拔了百姓地里的红薯,引起了毛泽东的思考。不久,他向部队宣布了三项纪律,其中一项就是"不拿农民一个红薯","三大纪律六项注意"就是由这个红薯引发而来的。周恩来同样也以纪律严格要求自己和身边人。延安整风期间,南方局机关每周安排一天作为党日,某部门主要负责同志是大革命时期入党的老党员,开会听报告时总爱搬把藤椅,跷起二郎腿。周恩来看见了,就把他叫起来语重心长地说:"你这是遵守学习纪律吗?""党龄越长越要自觉遵守纪律啊!"①

加强纪律建设是全面从严治党的治本之策。党的十九大把纪律建设纳入党的建设总体布局,在党章中充实完善了纪律建设相关内容,推动实现了党建理论、实践和制度的重大创新。

我们党是靠革命理想和铁的纪律组织起来的马克思主义政党,纪律严明是党的光荣传统和独特优势。只有把纪律挺在前面,坚持纪严于法、纪在法前,才能用纪律管住全体党员,激发出全党步调一致向前进的气势。

严明党的纪律,首先要严格遵守党章。党章是党的根本大法,是全党必须遵循的总规矩。每一个共产党员都要牢固树立党章意识,自觉用党章规范自己的一言一行。

严明党的纪律,要增强纪律教育针对性,开展经常性纪律教育。做到真管真严、敢管敢严、长管长严,使纪律始终成为带电的高压线。

三、把权力关进制度的笼子里

制度事关根本,制度关乎长远。推进全面从严治党,既要解决思想问题,也要解决制度问题,全面推进党的各项建设必须让思想建党和制度治党同向发力,把制度建设贯穿其中,加快形成覆盖党的领导和党的建设各方面的党内法规制度体系,全方位扎牢制度的笼子。把权力关进制度的笼子里,首先要扎牢笼子。"纸笼子"关不住"大老虎",即使被勉强关进去,也会一碰就倒,一咬就碎。而牛栏看似结实,实则漏洞百出,关不住狡猾的狐狸。因此,把

---

① 《人民日报》评论部:《习近平讲故事》,人民出版社,2017 年,第 160~162 页。

权力关进制度的笼子里,必须扎紧笼子,尽可能弥补笼子的漏洞。党的十八大以来,党中央坚持依法依规治党,先后组织制定修改九十多部党内法规,我们党已初步形成了以党章为根本,以民主集中制为核心,以准则、条例等党内法规为主干的党内法规制度体系,制度的笼子越扎越牢、越扎越紧。

制度的生命力在于执行。贯彻执行法规制度关键在真抓,靠的是严管。要坚持制度面前人人平等,真正让铁规发力、让禁令生威,确保各项法规制度落地生根。

腐败是社会毒瘤,腐败与党的性质宗旨格格不入,与国家和人民的利益背道而驰,是党执政面临的最大威胁。党风廉政建设和反腐败斗争是一场输不起的斗争,不得罪成百上千的腐败分子,就要得罪 14 亿人民,这是一笔再明白不过的政治账、人心向背的账!

党的十八大以来,习近平总书记带领全党以猛药去疴、重典治乱的决心,以刮骨疗毒、壮士断腕的勇气,坚持有腐必反、有贪必肃,持续保持遏制腐败高压态势,不断取得新的重大成就。从腐败和反腐败两军对垒呈"胶着状态",到"反腐败斗争压倒性态势正在形成",到"压倒性态势已经形成",再到"反腐败斗争取得压倒性胜利",我们党坚定不移惩治腐败、决战决胜的信心勇气,在全面从严治党实践中得到充分展现,短短几年时间就取得了多少人不敢想象的巨大胜利,极大地赢得了人民群众对党的信心、信任和信赖。

正义是最强的力量。反腐败是我们党一贯的鲜明立场,顺乎党心、合乎民意,绝不是什么看人下菜的"势利店",不是争权夺利的"纸牌屋",也不是有头无尾的"烂尾楼",一定要理直气壮、大张旗鼓地把反腐败斗争进行到底,绝不让腐败分子在党内有任何容身之处,坚决防止党内形成利益集团,坚决防范各种利益集团"围猎"和绑架领导干部。要深化标本兼治,夯实治本基础,一体推进不敢腐、不能腐、不想腐,让人民群众真正感受到清正干部、清廉政府、清明政治就在身边、就在眼前。①

---

① 《求是》编辑部:《以党的政治建设为统领　把我们党建设得更加坚强有力》,《求是》,2019 年第 14 期。

拓展阅读

三命而俯

春秋时期有一个《三命而俯》的故事。这是一个有关宋国大夫正考父的故事。正考父虽然是几朝元老，但他对自己要求很严，他在家庙的鼎上铸下铭训："一命而偻，再命而伛，三命而俯。循墙而走，亦莫余敢侮。饘于是，鬻于是，以糊余口。"意思是说，每逢有任命提拔时都越来越谨慎，一次提拔要低着头，再次提拔要曲背，三次提拔要弯腰，连走路都靠墙走。生活中只要有这只鼎煮粥糊口就可以了。

这个故事提醒广大党员领导干部，要像正考父一样严以修身、严以用权、严以律己，把自己的位置放低一点。因为干部的权力都是党和人民赋予的，更应该在工作中敢作敢为、锐意进取，在做人上谦虚谨慎、戒骄戒躁。

第八章
运用辩证唯物主义和历史唯物主义

　　如果把在新的时代条件下，围绕坚持和发展中国特色社会主义这一主题进行伟大斗争、建设伟大工程、推进伟大事业、实现伟大梦想，比喻成"过河"，那么历史唯物主义和辩证唯物主义的方法论，就是实现"过河"所必需的"桥"或"船"。只有运用好方法论这座"桥"、这条"船"，我们才能最终完成"过河"的任务，到达光辉的胜利彼岸。

第一节　实践为本：坚持实事求是，注重调查研究

　　实践是马克思主义哲学的核心概念。马克思在《关于费尔巴哈的提纲》中写道："全部社会生活在本质上是实践的。"①作为人能动地改造客观世界的物质活动，实践既是人与世界关系的最基本形式，又是全部人与世界关系的最本质基础。因此，新时代中国特色社会主义的领导方法，要做到坚持马克思主义的基本原理，运用辩证唯物主义和历史唯物主义的科学方法，最重要的就是以实践为本。

---

　　①　《马克思恩格斯文集》（第 1 卷），人民出版社，2009 年，第 501 页。

一、坚持实事求是

实事求是是马克思主义实践观的核心体现，是对辩证唯物主义和历史唯物主义世界观和方法论的高度概括。实事求是以唯物论为前提，肯定了"实事"存在的客观实在性；"求是"的过程是以辩证唯物主义为指导，在实践中发挥主观能动性去认识和把握事物发展规律的过程，也是以历史唯物主义为指导，坚持从群众中来、到群众中去的工作路线的过程。

实事求是作为党始终坚持的思想路线，是马克思主义中国化理论成果的精髓和灵魂。坚持实事求是，基础在于面向事实本身，一切从客观实际出发，搞清楚何为"实情"。新时代我国社会主义最大的实情，就是社会主要矛盾已经转化为人民日益增长的美好生活需要和不平衡不充分的发展之间的矛盾。这一表述是党深刻把握我国现阶段的客观实际所作出的科学论断，有着充分的现实依据：在社会生产方面，经过改革开放四十多年的快速发展，我国社会生产力水平总体上显著提高，长期存在的短缺经济和供给不足状况已经发生了根本性变化，"落后的社会生产"已经不符合实际；在社会需求方面，随着生活水平显著提高，人民群众的需要呈现出多样化多层次的特点，并在需要的领域和重心上超出了物质文化的层次，"日益增长的物质文化需要"已经不能真实反映人民群众的需求。现阶段满足人民日益增长的美好生活需要的主要制约因素是发展不平衡不充分的问题。发展不平衡，主要指各区域各行业发展不够均衡，制约了全国发展水平的总体提升。发展不充分，主要指一些区域、一些方面还有发展不足的问题，发展的质量和效益还不高，发展的任务仍然很重。对我国现阶段发展问题的清醒认识，是党坚持实事求是的思想路线，正视我国仍处于并将长期处于社会主义初级阶段这一基本国情的重要体现。

坚持实事求是，关键在于以辩证唯物主义为指导，充分发挥主观能动性，深入实践探求和把握事物发展的规律。习近平总书记指出："坚持实事求是，就是坚持一切从实际出发来研究和解决问题，坚持理论联系实际来制定和形成指导实践发展的正确路线方针政策，坚持在实践中检验真理和发展真理。"①强调一切从实际出发,就是要反对本本主义。所谓"本本主义",也被称为"教条主义",它是指在处理问题时,不分析事物的变化和发展,不研究事物矛盾的特殊性,只是生搬硬套现成的原则和概念。本本主义是对实际事物研究、抽象的结果,不能适应变化的、具体的实际情况,更不能作为我们研究问题和进行决策的出发点。坚持理论联系实际,就是强调理论与实际不能相互割裂。马克思主义实践观告诉我们,实践是理论的基础,是理论丰富发展的动力,也是检验理论正确与否的标准。理论一旦脱离了实际,就会变成僵化的教条、空洞的说教,无法对实践产生积极、正确的指导作用,甚至会将实践引入歧途。坚持实事求是,在方法上还应该"解放思想",充分发挥人的主观能动性,不断冲破落后的传统观念和主观偏见的束缚,改变因循守旧的精神状态,使我们的思想认识始终符合不断发展变化的客观实际。

坚持实事求是,根本在于坚持群众路线,这是历史唯物主义告诉我们的真理,也是我们党长期坚持的根本工作路线。人民群众是实践的主体,是历史的创造者。一方面,实事求是要求我们在实践中认识世界,这一过程只有通过"从群众中来"才能实现。人民的伟大实践是认识的真正源泉。只有切实尊重人民首创精神,倾听人民呼声,反映人民意愿,及时发现、总结、概括人民创造的新鲜经验,才能获得正确反映客观规律的真理性认识,才能制定出符合客观规律的客观决策;另一方面,实事求是要求我们在实践中改造客观世界,这一过程只有通过"到群众中去"才能实现。作为坚持马克思主义的政党,中国共产党以人民的根本利益为自己的奋斗目标,也只有充分调动和发挥人民的积极性和创造性,才能完成自己的使命,在改造世界的过程中取得胜利。②

二、注重调查研究

调查研究本身是马克思主义实践观的反映。人们在实践中对客观情况进行调查了解和分析研究,就是坚持实践为本的具体体现。调查研究是为

---

① 习近平:《坚持实事求是的思想路线》,《学习时报》,2012 年 5 月 28 日。

② 赵园园:《矢志不移坚持实事求是——深入学习习近平新时代中国特色社会主义思想中的思想方法和工作方法之二》,《中国纪检监察报》,2018 年 8 月 2 日。

了认识客观世界,目的在于得到正确的认识以指导改造客观世界的实践。只有对客观事物进行调查研究,才能使我们的认识符合客观实际,才能把握事物发展的规律。因此,坚持马克思主义的实践观,必然要求我们党注重调查研究。

注重调查研究,是党做好领导工作的重要传家宝。经常开展调查研究,有助于党的领导干部掌握全面、真实、丰富、生动的第一手材料,真正搞清楚本地区本部门本单位的实际情况,真正搞清楚影响改革开放发展稳定的突出问题,真正及时了解人民群众所思所盼。由此可见,注重调查研究是我们党实事求是、科学决策的可靠前提和基础。

注重调查研究,在方法上要深入群众、找准问题、有的放矢。面对新时代中国特色社会主义的新形式、新变化,做好调查研究工作的目的就是要把事情的真相和全貌调查清楚,把问题的本质和规律把握准确,把解决问题的思路和对策研究透彻。这意味着我们党要将基层、群众、重要典型和困难的地方作为调研重点,花更多的时间去了解和研究基层群众最关心最急切的问题;同时要带着问题意识,围绕问题开展全面翔实的调查研究,尽力掌握调研活动的主动权,对大量零碎的调研材料进行深入把握和系统梳理,透过纷繁复杂的现象抓住事物的本质和内在规律。只有这样,才能够使调查研究工作同党的决策需要紧密结合起来,更好地为党的科学决策服务,提高党的领导水平和执政水平。

注重调查研究,还要实现调查研究的制度化、经常化。在坚持和加强调查研究方面,我们党相继制定了一系列行之有效的制度,在实践中大力弘扬、健全完善、抓好落实,使调查研究真正成为各级领导干部自觉的经常性活动。其中,"先调研后决策"的重要决策调研论证制度,要求领导干部把调查研究贯穿到决策的全过程中,成为决策的必经程序。决策方案在提交讨论之前必须经过深入的调查研究,对于涉及群众切身利益的决策方案在出台之前,要采取听证会等形式广泛听取群众意见。与此同时,还要坚持和完善领导干部的调研工作制度,确保领导干部、特别是重大课题的主要负责人,能够拿出一定时间深入基层、带头开展调查研究。除此之外,当今社会信息网络技术的发展与普及,有助于我们党拓展调研渠道、丰富调研手段、创新调研方式,为实现调查研究的制度化和经常化提供了便利。

第二节　稳中求进：把握战略定力，守住底线思维

党的十八大以来，"稳中求进"一词频现于大众视野，并从党的"工作总基调"上升为"治国理政的重要原则"和"做好经济工作的方法论"。总的来说，稳中求进是马克思主义运动观的体现，是马克思主义唯物辩证法的应用与深化。马克思主义认为，世界上一切事物的存在和发展，都是绝对运动与相对静止的统一。"进"是绝对的运动，是事物发展的向好趋势；"稳"是相对的静止，是事物发展中的平稳状态。"稳"与"进"是辩证统一的关系，两者相互促进，"稳"是为了更好地前进，"进"是为了更好地求稳，两者互为条件，相辅相成，缺一不可，共同构成了我们党治国理政的重要原则。

一、把握战略定力

面对当前风云变幻的国际局势和复杂敏感的国内改革形势，要想做到稳中求进，就必须把握战略定力。所谓战略定力，就是在把握大势的前提下，为实现战略意图和战略目标而应具备的宽阔视野、睿智心态和坚定沉着的行动能力。[①]

把握战略定力，首先要做到一以贯之地坚持和发展中国特色社会主义。这要求我们以"四个自信"坚定对中国特色社会主义的信心：中国特色社会主义道路，是中国共产党和中国人民在历史的实践中艰难探索出来的伟大道路。改革开放以来的发展成就充分证明，这不仅是实现社会主义现代化的必由之路，也是创造人民美好生活的必由之路。中国特色社会主义理论体系，是指导党和人民实现中华民族伟大复兴的正确理论，是经过了中国特色社会主义实践检验，并在实践中不断发展和完善的科学理论。中国特色社会

---

① 曹原、刘慧：《始终保持坚如磐石的战略定力》，《中国纪检监察报》，2018 年 8 月 9 日。

主义制度,是当代中国发展进步的根本制度保障,是符合中国国情、顺应时代潮流,充分发挥社会主义优势并吸收借鉴他国有益成果的先进制度。中国特色社会主义文化,是中国特色社会主义实践的精神支撑,是结合了中华优秀传统文化、革命文化和社会主义先进文化的伟大产物。

把握战略定力,要在政策的制定和实施过程中冷静观察、谋定后动、沉着谨慎。一项政策从制定到实施,总是会遇到很多障碍和难题,将政策制定并贯彻好,不仅需要党员干部的科学决策能力,也要考验党员干部的战略定力。中国是一个大国,决不能在根本性问题上出现颠覆性错误,一旦出现就无法挽回,无法弥补。当前,我国全面深化改革进入攻坚期、深水期,各种矛盾互相交织,各种诉求相互碰撞,治国理政的敏感度和复杂度前所未有。越是如此,就越需要各级领导干部把握战略定力,在坚定中国特色社会主义道路自信的基础上,确保政策的稳定性和延续性,确保改革的正确方向,不为错误观点所左右,不为各种干扰所迷惑,不为一时波折而动摇。面对我国经济发展的新常态,只要我们能够保持战略定力,坚持稳中求进,就必定能走出一条质量更高、效益更好、结构更优的发展道路,推动我国经济向形态更高级、分工更优化、结构更合理的阶段演进。

把握战略定力,要在复杂多变的国际局势中保持战略清醒,审时度势。随着中国越来越走近世界政治舞台的中央,所处的国际局势越发复杂,随之而来的风险和挑战也越发凸显。面对纷繁复杂的国际环境,最重要的就是保持战略清醒、审时度势,意识到和平与发展的时代主题依然没有改变,意识到世界日益成为命运共同体的时代趋势,意识到中国正处在大有可为的历史机遇期。有了这样的战略判断,我们党才能更加坚定走和平发展道路的战略决策,集中精力做好自己的事,继续推动自身持续平稳健康发展,并为推动构建新型国际关系、推动构建人类命运共同体贡献力量。

把握战略定力,还要把握好"度",不仅要有"乱云飞渡仍从容"的战略定力,还要有"不到长城非好汉"的进取精神。保持战略定力,并不意味着一成不变,并不意味着不思进取,而是为了把握时机,更好地发展前进。古人云:"知止而后有定,定而后能静,静而后能安,安而后能虑,虑而后能得。"有定力才能处变不惊,进行全局思考,作出妥善应对,实现平稳发展。①

二、守住底线思维

"底线"一般包括三重含义:人们对于某种事态心理可以承受的最低限度;人们主观设定的不可逾越的某种警戒线;某项行动、任务进行前预定的期望目标的最低要求。因此,守住底线思维,也就是以底线为基本导向调控事物朝着预定目标发展的一种思维方法和领导艺术,它要求凡事从坏处准备,努力争取最好结果,做到有备无患、遇事不慌,牢牢把握主动权。

底线思维是一种居安思危的忧患思维。马克思主义唯物辩证法告诉我们,事物发展的质变和量变是辩证统一的关系,量变积累到一定程度就会引起质变。在国家治理中,微小的社会矛盾、社会问题如果长期得不到有效解决,就会引起负能量的积聚,产生难以预计的灾难性后果。守住底线思维,就体现为警惕矛盾累积的忧患意识,是一种具有自觉性、主动性的忧患思维。它要求党的各级领导干部始终持有谨慎小心、兢兢业业的处世态度,准确把握质变与量变的辩证关系,从最困难的基础上分析问题,根据事物发展的趋势和运行状态及早划定恪守的底线,以防止事态向更糟糕的方向发展。

具有强烈忧患意识的底线思维,是党在革命、建设、改革各个历史时期始终坚持的领导艺术。底线思维是一种未雨绸缪的战略思维。战略思维是一种为实现全局性和长远性目标而制定科学性、前瞻性和创造性决策的思维,具有高瞻远瞩、总揽全局的特征。守住战略思维,不仅要居安思危,在最坏的可能性上考虑和分析问题,更要未雨绸缪,在最坏的可能性上处理和解决问题。作为一种战略思维,守住底线要求我们党在布局谋篇、制定战略规划时,把底线放在战略全局中去思考。辩证唯物主义告诉我们,整体与部分是辩证统一的关系,整体居于主导地位,统率着部分;部分的功能及其变化会影响整体,甚至对整体的功能起决定作用。在全局与底线的关系中,我们一方面必须具有全局意识,将底线放在中国特色社会主义建设的全局中来把握;另

---

① 辛鸣:《着力增强战略思维能力和战略定力》,《人民日报》,2017 年 9 月 13 日。

一方面也要重视具有关键性影响的底线，以避免底线的突破对我国社会主义建设大好局面的破坏。

在我国社会主义建设的总体布局中，在道路方向问题上，我们不能犯颠覆性错误，既不走封闭僵化的老路，也不走改旗易帜的邪路；在经济建设方面，我们要把防控金融风险放到更加重要的位置，坚决守住不发生系统性风险底线；在依法治国方面，我们要牢固树立法律红线不能触碰、法律底线不能逾越的观念，自觉维护法律尊严和权威；在生态环境保护方面，我们要实行最严格的生态环境保护制度，严守生态保护红线；在外交战略方面，我们要坚持走和平发展道路，但决不能放弃我们的正当权益，决不能牺牲国家核心利益，等等。这些都是事关党和国家事业兴衰成败、中国特色社会主义建设前途命运、中华民族伟大复兴的关键领域。因此，在这些领域更要守住底线、牢牢把握领导工作的主动权。①

第三节　统筹发展：突出问题导向，推动全面协调

马克思主义唯物辩证法用普遍联系和永恒发展的观点看待世界，认为物质世界中的一切事物都处在相互作用的普遍联系之中，都处在不断产生、不断消亡的运动、变化和发展的过程当中。将这种普遍联系和永恒发展的观点贯彻于我们认识世界和改造世界的方法论中，就是要充分运用辩证方法观察和处理问题，坚持矛盾分析和全面协调的科学思维方式。我们党坚持统筹发展，正是马克思主义唯物辩证法的具体贯彻和生动体现。

一、突出问题导向

事物的发展总是在矛盾运动中不断推进的。问题是事物内在矛盾运动

---

① 刘建伟、张静：《习近平国家治理的底线思维》，《广州大学学报》（社会科学版），2015 年第 8 期。

的外在表现形式,人类认识世界和改造世界的过程也就是发现问题、解决问题的过程。只有树立问题意识、突出问题导向,才能真正抓住推动事物不断发展前进的动力所在,开创新时代党和国家事业发展的新局面。每个时代总有属于它自己的问题,只要科学地认识、准确地把握、正确地解决这些问题,就能够把我们的社会不断推向前进。

突出问题导向,首先要敢于正视问题、善于发现问题,从而掌握解决问题的主动权。问题在本质上是实践中应当解决的,但现实中暂无条件或因疏忽尚未解决的矛盾。因此,问题是客观存在的,不因任何人的意志为转移。对待问题,不能掩盖、不能回避、不能推脱,只能勇敢地面对。

当前,我国全面深化改革进入攻坚期,经济社会发展中蕴含潜藏着各种难题。在这种情况下突出问题导向,就意味着勇于面对改革发展中存在的问题、善于发现问题背后潜藏的矛盾冲突。只有这样,才能够抓住化解矛盾的着力点,抓住推动改革进程、度过攻坚期的关键点。

突出问题导向,要能够正确认识并分析问题。马克思主义的唯物辩证法是我们分析研究问题的基本方法,要想正确认识并分析问题,就必须透过现象看本质,把握事物发展的内在矛盾及其运动规律,从苗头问题中发现事物的倾向性,从偶然问题中揭示事物的必然性;就必须善于抓主要矛盾和矛盾的主要方面,抓住发展进程中的关键问题、难点问题、牵一发而动全身的问题;就必须重视矛盾的特殊性、具体问题具体分析,弄清楚哪些是体制机制弊端造成的问题,哪些是工作责任不落实造成的问题,哪些是条件不具备一时难以解决的问题。只有这样,才能够明确有效解决问题的主攻方向,为推动党和国家事业全面发展提供决策支持。

突出问题导向,要落实到敢于触及矛盾、善于解决问题,确保能够通过有效破解问题进而推动事业的全面发展。突出问题导向,发现问题是前提、分析问题是关键,解决问题才是目的。这就要求党的各级领导干部坚持以解决问题为工作导向,把化解矛盾、破解难题作为履职尽责的第一要务。问题在实践中产生,也应当在实践中加以解决。领导干部要想找到解决问题的方法,不能闭门造车,也不能坐而论道,而应当深入到群众中去,从人民群众的实践经验获得思想启迪、汲取丰厚营养,在深入人民群众、深入基层一线中破解改革发展稳定遇到的难题。①

二、推动全面协调

全面协调是党的十八大以来以习近平同志为核心的党中央所秉持的重要思想方法和工作方法，是在对唯物辩证法深刻理解和准确把握基础上的自觉运用，具有鲜明的马克思主义方法论特征。推动全面协调，就是要重视事物普遍联系的特性，妥善处理局部与全局、当前和长远、重点和非重点的关系，统筹把握、协调推进，实现最为有利的战略部署。面对当前发展不平衡、不协调、不可持续的问题，推动全面协调，就是要坚持协调发展的理念，坚持统筹兼顾、综合平衡，正确处理发展中的重大关系，补齐短板、缩小差距，努力推动形成各区域各领域全面发展的良好局面。

推动全面协调，首先要牢固树立大局意识，全局观念。不谋全局者，不足谋一域。这就要求党的各级领导干部必须牢牢把握和平发展合作共赢的国际大局，统筹推进"五位一体"总体布局和"四个全面"战略布局，坚定维护党中央权威和集中统一领导的工作大局。只有站在时代前沿和战略全局的高度观察、思考和处理问题，从政治上认识和判断形势，透过纷繁复杂的表面现象把握事物的本质和发展的内在规律，才能在解决突出问题中实现战略突破，在把握战略全局中推进各项工作。

推动全面协调，关键在于做到两点论与重点论的辩证统一。在任何工作中，我们既要讲两点论，又要讲重点论，没有主次，不加区别，眉毛胡子一把抓，是做不好工作的。我们要辩证地全面地对待问题，在认识和解决问题的过程中要区别并抓住事物的主要矛盾和矛盾的主要方面，以重点突破带动全面发展。这在党的"四个全面"战略布局中表现得尤为明显，它是我们党在着眼全局的基础上，从中抓住最关键最急迫的问题加以解决而形成的战略部署。其中，党所着眼的全局，既包括中华民族伟大复兴的这一历史性战略

① 陈彬:《坚持问题导向　善于认识和化解矛盾——深入学习习近平新时代中国特色社会主义思想中的思想方法和工作方法之四》,《中国纪检监察报》,2018 年 8 月 16 日。

大局,也包括全面建成小康社会的这一阶段性战略大局;与此同时,我们党又注重从改革、法治、从严治党等影响中国发展大局的重点领域入手,研究制定具体的目标、标准、措施,使"四个全面"既有全局战略高度,又有重点抓手,明确了新形势下党和国家各项工作的战略方向、重点领域、主攻目标及实施路径。①

第四节 笃行务实:强调抓铁有痕,肩负历史担当

马克思主义在哲学史上的伟大意义,在于它超越了以往哲学家"解释世界"的传统路径,提出了哲学的任务在于"改造世界"。马克思主义的精神实质就在于实践,正是通过确立实践的本体价值和地位,马克思主义才有了改造主观世界和客观世界的价值取向和行动能力。因此,坚持马克思主义的关键在笃行务实,在笃行务实中坚持理论与实践、知与行的统一,用马克思主义的方法论指导当代中国特色社会主义的新实践。

一、强调抓铁有痕

笃行,是身体力行,勇于实践;务实,是从实际出发,真抓实干。反对空谈阔论强调真抓实干,始终是中国共产党的优良传统。空谈误国,实干兴邦,要以踏石留印、抓铁有痕的劲头切实干出成效来,做到言必信、行必果。

强调抓铁有痕,就是要发扬钉钉子精神。干事业好比钉钉子,钉钉子是要一锤一锤接着敲,才能把钉子钉实钉牢。钉牢一颗再钉下一颗,不断钉下去,必然大有成效。我们以钉钉子精神干事业,首先要端正态度、力戒浮躁,一步一个脚印去推进各项工作,就要像钉钉子一样,一锤一锤往下砸,不能

---

① 赵晋泰:《坚持全面协调 妥善处理各种关系——深入学习习近平新时代中国特色社会主义思想中的思想方法和工作方法之五》,《中国纪检监察报》,2018 年 8 月 23 日。

操之过急，要稳固踏实地带领中国人民继续走在实现中华民族复兴的伟大道路上。其次要方法正确，找好国家发展的着力点。钉钉子都是着力在一个点上，劲往一处使，才能更好地把钉子钉上，才能更好地把事情办成。最后要意志坚定，持之以恒。钉钉子往往不是一锤子就能搞定，需要足够的耐心去一步步实现。我们要实现中华民族伟大复兴的百年大计，更要有"咬定青山不放松"的韧劲。

强调抓铁有痕，就是要"一张蓝图绘到底"。坚持"一张蓝图绘到底"，首先要对蓝图有比较清醒明确的认识，做到心中有数、目标明确。只要这张蓝图是科学的、切合实际的、符合人民愿望的，领导干部就应该紧紧围绕这张蓝图，制定切实可行的落实方案，确保蓝图在执行过程中不走样、不变通。其次要树立正确的政绩观，有"功成不必在我"的思想境界。领导干部要多做打基础、立长远的好事，不搞脱离实际的盲目攀比，也不做劳民伤财的"形象工程"。最后还要做到真抓实干，一分部署、九分落实。蓝图是绘出来的，事业是干出来的，只有始终坚持"实"字打头、"干"字为先，才能不让蓝图沦为一纸空文。①

二、肩负历史担当

肩负历史担当，就是把历史、现实和未来贯通起来，在对党的历史方位的正确把握中明确历史使命，担当历史责任。中国共产党人的初心和使命，就是为中国人民谋幸福，为中华民族谋复兴。

肩负历史担当，首先要提高历史思维能力，能够准确对历史方位作出判断，对历史使命进行把握。习近平总书记指出，"历史是最好的教科书"，"中国革命历史是最好的营养剂"。②这实际上要求我们要善于运用历史眼光认识发展规律、把握前进方向、指导现实工作。中国共产党自成立以来，遵循着

---

① 李梦云、毛奕峰：《让抓铁有痕成为工作常态》，《中国纪检监察报》，2018 年 9 月 13 日。

② 中共中央宣传部：《习近平总书记系列重要讲话读本》(2016 年版)，学习出版社、人民出版社，2016 年，第 287 页。

"站起来""富起来""强起来"的轨迹带领中国人民取得了一项又一项历史性成就。当前,中国特色社会主义已经进入新时代,有着崭新的时代高度、世界广度和变革深度,它要求共产党人能够立足历史大视野和发展大趋势,以史为鉴,对进入新时代后中国共产党要承担的历史责任进行准确把握,对承担历史责任的基本战略部署进行合理安排。

肩负历史担当,就要增强责任意识、率先垂范、敢于担当。敢于担当是中国共产党人始终不移的政治本质和优秀品格。自中国共产党成立以来,领导中国人民走过了革命、改革和建设的伟大征程。在不同的历史时期,中国共产党人的历史担当虽然因时代背景和历史任务的变化而有所不同,但贯穿始终的都是无私无畏、敢于担当的政治品格。当前,中国社会主义建设进入新时代,全面深化改革进入攻坚期,经济发展进入新常态,这是最需要担当的时候,也是最考验担当的时候。对于广大领导干部来说,肩负历史担当就意味着要时刻牢记对民族、对人民、对党的责任,面对大是大非问题敢于亮剑、面对矛盾敢于迎难而上、面对危机敢于挺身而出、面对失误敢于承担责任、面对歪风邪气敢于坚决斗争,率先垂范、以身作则。只有这样,才能凝聚起全体人民的智慧力量,把社会主义伟大事业继续推向前进。①

资料链接

就当下我国的具体情况而言,坚持辩证唯物主义和历史唯物主义,就要增强战略思维、历史思维、辩证思维、创新思维、法治思维、底线思维,从客观实际出发制定政策、推动工作,提高驾驭复杂局面、处理复杂问题的本领。一方面,坚持加强党的领导和尊重人民首创精神相结合,坚持"摸着石头过河"和顶层设计相结合,坚持问题导向和目标导向相统一,坚持试点先行和全面推进相促进,既鼓励大胆试、大胆闯,又坚持实事求是、善作善成。另一方面,坚持问题导向,聚焦我国发展面临的突出矛盾和问题,拿出抓铁有痕、

---

① 辛晓霞:《干事创业要坚持历史担当》,《中国纪检监察报》,2018 年 9 月 20 日。

踏石留印的韧劲,以钉钉子精神抓好落实,确保各项重大改革举措落到实处。既要敢为天下先、敢闯敢试,又要积极稳妥、蹄疾步稳,把改革发展稳定统一起来,坚持方向不变、道路不偏、力度不减,才能推动新时代改革开放走得更稳、走得更远。

——欧阳康:《必须坚持辩证唯物主义和历史唯物主义世界观和
方法论》,《人民日报》,2019 年 2 月 20 日。

问题篇

马克思主义为什么行？①

马克思主义为什么行，在于其科学性和真理性。我们党之所以能够完成近代以来各种政治力量不可能完成的艰巨任务，就在于始终把马克思主义这一科学理论作为自己的行动指南，并坚持在实践中不断丰富和发展马克思主义。这使我们党得以摆脱以往一切政治力量追求自身特殊利益的局限，以唯物辩证的科学精神、无私无畏的博大胸怀领导和推动中国革命、建设、改革，不断坚持真理、修正错误。可以说，马克思主义的力量，就在于它是科学的理论，为我们提供了正确的世界观和方法论。

马克思主义为什么行，在于其人民性和实践性。马克思主义的诞生，就是为人民大众谋幸福。马克思、恩格斯创立他们的学说，不是个人兴趣爱好，而是为了无产阶级和全人类的解放。从长征路上的红军鞋，到淮海战役的小推车；从小岗村村民的红手印，到"最成功的脱贫故事"，正是因为我们始终坚持了为了人民、依靠人民，才激发出亿万人民改天换地的伟力。坚持马克思主义，就要求我们真正同人民结合起来，确保我们党始终同人民想在一起、干在一起。

马克思主义为什么行，在于其开放性和时代性。马克思主义并没有结束真理，而是开辟了通向真理的道路。我们坚持马克思主义不是要刻舟求剑，而是要聆听时代声音，不断把马克思主义中国化推向前进。习近平新时代中国特色社会主义思想，是马克思主义中国化最新成果，我们要在新的历史起点理清走过的路、辨明脚下的路、认准前行的路，就要真正用习近平新时代中国特色社会主义思想武装头脑、指导实践、推动工作，筑牢思想建党、理论

① 参见李君如：《巩固永葆先进性的思想基础》，《人民日报》，2019 年 7 月 4 日。

强党的基石。

　　我们走得再远,也不能忘记为什么出发,不能忘记走过的过去。"不忘初心、牢记使命",就要懂得马克思主义是怎么指导我们风雨兼程、披荆斩棘、一往无前的。在马克思主义的引领下,我们走过辉煌的昨天,走到灿烂的今天,也必将走向光辉的明天。

中国特色社会主义为什么好？①

新中国成立七十多年来，中国共产党带领中国人民在社会主义道路上砥砺奋进，书写了中华民族走向伟大复兴的壮丽史诗。改革开放以来，中国特色社会主义的开创、发展和日益完善，使具有一百七十多年历史的科学社会主义在 14 亿人口的东方大国找到了切实可行的实现路径，使古老的中国焕发出蓬勃的生机活力，并蹄疾步稳向着社会主义现代化强国的目标迈进。中国特色社会主义以其独特优势成为当代中国发展进步的根本方向，成为实现中华民族伟大复兴的必由之路。

中国特色社会主义好在"主义真"

这个主义，就是马克思主义，就是科学社会主义。恩格斯说过："我们党有个很大的优点，就是有一个新的科学的世界观作为理论的基础。"中国共产党一经成立，就把马克思主义写在自己的旗帜上，为振兴中华、建设社会主义中国而奋斗，领导中国人民成功进行新民主主义革命、社会主义革命、改革开放新的伟大革命。中国特色社会主义的辉煌成就，深刻诠释了主义"因为真、所以好"的道理。

因为"主义真"，所以这个主义能够解决我们面临的历史性课题。在中华民族积贫积弱的年代，为了站起来，许多主义都进行过尝试。改良主义不行，资本主义也不行，最终只有马克思主义能指导中国革命，只有社会主义才能

---

① 参见姜辉：《当代中国发展进步的根本方向》，《人民日报》，2019 年 6 月 6 日。

救中国,解决中华民族"站起来"的历史性课题。改革开放以来,中国共产党坚持把马克思主义基本原理与中国具体实际相结合,走自己的路,建设中国特色社会主义,创造了中国社会发展奇迹。事实证明,只有中国特色社会主义才能发展中国,解决中华民族"富起来"的历史性课题。中国特色社会主义进入新时代,我们要全面建设社会主义现代化强国,只有继续推进马克思主义中国化,坚持和发展新时代中国特色社会主义,才能实现中华民族伟大复兴,解决中华民族"强起来"的历史性课题。正是在这个主义指导下,我们比历史上任何时期都更接近中华民族伟大复兴的目标,比历史上任何时期都更有能力、有信心实现这一目标。

因为"主义真",所以这个主义能够同我国国情和时代特征紧密结合。习近平同志指出:"中国特色社会主义,既坚持了科学社会主义基本原则,又根据时代条件赋予其鲜明的中国特色。"中国特色社会主义是科学社会主义理论逻辑和中国社会发展历史逻辑的辩证统一,是植根于中国大地、反映中国人民意愿、适应中国和时代发展进步要求的科学社会主义。中国特色社会主义的鲜亮底色是科学社会主义,中国特色社会主义的胜利就是科学社会主义的胜利。

中国特色社会主义好在"道路新"

这条道路,就是中国特色社会主义道路。这是一条中国共产党带领中国人民经过长期艰苦奋斗才开辟出来的道路,是一条让当代中国大踏步赶上时代、引领时代发展的康庄大道。

中国特色社会主义道路是独立自主的创新之路。中国是有着五千多年文明史、九百六十多万平方公里国土、14亿人口的大国,没有哪个国家具有中国这样的国情。在这样一个大国进行革命、建设、改革,我们只能走自己的路。过去,我们也曾照搬过本本、模仿过别人,结果吃了苦头、走了弯路。事实一再证明,我们不可能依赖外部力量、跟在他人后面亦步亦趋实现强大和振兴;只有我们自己开辟的中国特色社会主义道路,才能引领中国进步、增进人民福祉。这一崭新的道路,不是简单延续我国历史文化的母版,不是简单套用马克思主义经典作家设想的模板,不是其他国家社会主义实践的再版,也不是国外现代化发展的翻版,而是中国人民独立自主创造的新版。

中国特色社会主义道路是实现全面发展之路。马克思主义坚持人民立场,以实现人的自由而全面的发展和全人类解放为己任。中国特色社会主义贯彻这一基本要求,努力实现人的全面发展、社会全面进步。走中国特色社会主义道路,就是在中国共产党领导下,立足基本国情,以经济建设为中心,坚持四项基本原则,坚持改革开放,解放和发展社会生产力,统筹推进经济建设、政治建设、文化建设、社会建设、生态文明建设,促进人的全面发展,逐步实现全体人民共同富裕,建设富强民主文明和谐美丽的社会主义现代化强国。正是走中国特色社会主义道路,让中国人民共享经济、政治、文化、社会、生态等各方面发展成果,有更多、更直接、更实在的获得感、幸福感、安全感。

中国特色社会主义好在"制度优"

这个制度,就是中国特色社会主义制度。从社会主义制度基本确立,到改革开放以来中国特色社会主义制度不断完善和发展,我国制度优势不断彰显、不断增强,为解放和发展社会生产力、解放和增强社会活力、永葆党和国家生机活力提供了有力保证。

改革开放以来尤其是党的十八大以来,我们通过全面深化改革,使中国特色社会主义各方面制度更加成熟更加定型,推动制度优势转化为治理效能。具体地讲,我国经济制度有效促进生产力发展、促进效率与公平统一,政治制度充分保障人民当家作主,文化制度推动社会主义先进文化繁荣兴盛,社会制度不断保障和改善民生,生态文明制度推动人与自然和谐共生与可持续发展。这是一套日趋系统完备、科学规范、运行有效的成功制度体系,具有独特优势,如中国共产党领导的优势,团结一切可以团结的力量的优势,强大组织动员能力和集中力量办大事的优势,促进社会公平正义的优势,有效应对重大挑战、抵御重大风险、克服重大阻力、解决重大矛盾的优势,等等。这些优势的发挥,使中国特色社会主义展现出旺盛的生机活力。

即使最苛刻的观察者也不得不承认,在中国共产党领导下,中国综合国力不断增强,人民生活水平稳步提升,在持续推进重大改革的同时实现了社会和谐稳定。改革开放之初,邓小平同志曾说:"我们的制度将一天天完善起来,它将吸收我们可以从世界各国吸收的进步因素,成为世界上最好的制度。"今天,中国特色社会主义的制度优越性在实现国家富强、民族振兴、人民幸福的历史进程中获得了新的令人信服的证明。按照习近平同志的要求,我们还要"通过不断改革创新,使中国特色社会主义在解放和发展社会生产力、解放和增强社会活力、促进人的全面发展上比资本主义制度更有效率,更能激发全体人民的积极性、主动性、创造性,更能为社会发展提供有利条件,更能在竞争中赢得比较优势,把中国特色社会主义制度的优越性充分体现出来"。中国共产党和中国人民完全有信心为人类对更好社会制度的探索提供中国方案。

中国特色社会主义好在"贡献大"

这个贡献,就是不断为人类作出新的更大的贡献。这也是我们党的一贯追求。早在 20 世纪 50 年代,毛泽东同志就提出,中国应当对于人类有较大的贡献。改革开放初期,邓小平同志反复谈到中国能对人类作出贡献。中国特色社会主义进入新时代,习近平同志指出:"中国共产党始终把为人类作出新的更大的贡献作为自己的使命。"

中国的发展为世界和平发展作出巨大贡献。中国走独立自主的和平发展道路,坚定不移在和平共处五项原则基础上发展同各国的友好关系,推动建设相互尊重、公平正义、合作共赢的新型国际关系,推动构建人类命运共同体;推动各国以文明交流超越文明隔阂、以文明互鉴超越文明冲突、以文明共存超越文明优越;推动经济全球化健康发展,扎实推进"一带一路"建设,努力让"一带一路"参与国人民获得实实在在的发展红利。中国特色社会主义的成功,壮大了维护持久和平与促进繁荣发展的力量。

中国特色社会主义拓展了发展中国家走向现代化的途径,给世界上那些既希望加快发展又希望保持自身独立性的国家和民族提供了全新选择,为解决人类问题贡献了中国智慧和中国方案。中国特色社会主义以巨大的成功显示出科学社会主义的蓬勃生机活力，也使中国在世界和平发展和人类进步事业中发挥出更加积极的作用。无论国际风云如何变幻，中国维护国家主权和安全的信心和决心不会变，中国维护世界和平、促进共同发展的诚意和善意不会变。正在走向复兴的中国，继续敞开胸怀、造福世界，为世界贡献更多中国智慧、中国方案、中国力量。

中国共产党为什么能？①

中国共产党成立97年来，推动中华民族实现了从东亚病夫到站起来、从站起来到富起来的伟大飞跃，迎来了从富起来到强起来的伟大飞跃。我们党之所以能作出如此巨大的历史贡献，就在于党能够在不同历史时期解决重大时代课题。把握重大时代课题，解决重大时代课题，才能找到引领时代进步的路标，才能创造一个新的伟大时代。97年来，我们党在不同历史时期依据社会主要矛盾的变化，提出、回答和解决重大时代课题，从而准确把握中国社会发展大势，顺应广大人民群众意愿，与时俱进推动中华民族伟大复兴。

善于在把握社会主要矛盾中解决重大时代课题

每个时代都有属于自己的问题，每个时代的主要问题构成重大时代课题。时代的主要问题就是多样问题中的总问题、多层问题中的元问题。时代的主要问题是社会主要矛盾的集中体现，每一时代都有与社会基本矛盾性质和状况相对应的社会主要矛盾。准确把握和正确处理社会主要矛盾，就能促进生产关系和生产力、上层建筑和经济基础的关系从不相适应走向相适应，从而解决重大时代课题，推动社会发展进步。

我们党在97年的历史进程中，坚持以马克思主义为指导，运用辩证唯物主义和历史唯物主义准确把握中国社会主要矛盾，解决重大时代课题，不

---

① 参见颜晓峰：《中国共产党能够解决重大时代课题》，《人民日报》，2018年11月2日。

断推进伟大社会革命。新民主主义革命时期,以毛泽东同志为主要代表的中国共产党人,正确认识和把握当时中国社会的主要矛盾和矛盾的主要方面,制定了党的新民主主义革命总路线,取得了新民主主义革命的胜利。新中国成立后特别是我国社会主义基本制度建立后,人民开始当家作主,党的八大作出了我们国内的主要矛盾已经发生重大变化的正确判断。改革开放后,党的十一届六中全会在党的八大正确判断的基础上,将我国社会主要矛盾进一步表述为"人民日益增长的物质文化需要同落后的社会生产之间的矛盾"。中华民族之所以能站起来,就是因为我们党能正确把握新民主主义革命时期的社会主要矛盾;中华民族之所以能富起来,就是因为我们党能正确把握社会主义制度建立后的我国社会主要矛盾。

党的十九大报告指出,中国特色社会主义进入新时代,我国社会主要矛盾已经转化为人民日益增长的美好生活需要和不平衡不充分的发展之间的矛盾。我国社会主要矛盾的变化是关系全局的历史性变化,是中国特色社会主义进入新时代的基本依据。准确把握新时代我国社会主要矛盾,是以习近平同志为核心的党中央从理论和实践结合上系统回答新时代坚持和发展什么样的中国特色社会主义、怎样坚持和发展中国特色社会主义这一重大时代课题的立足点。在解决新时代社会主要矛盾的基础上解决新的重大时代课题,就能全面建成社会主义现代化强国。

善于通过提高党的领导能力解决重大时代课题

把握重大时代课题、解决重大时代课题绝非易事,需要政党具有强大的领导能力。中国共产党之所以能,根本一点就在于具有强大的领导能力。党的领导能力不是与生俱来的,而是在长期奋斗中砥砺磨炼、增强提高的。解决重大时代课题需要各个方面的领导能力,重中之重是理论创新能力和实践创新能力,并以此为基础不断增强党的政治领导力、思想引领力、群众组织力、社会号召力。

我们党具有强大的理论创新能力。一个政党如果没有理论创新能力,就不可能有强大的领导能力。理论发展的动力是回答问题,理论创新的逻辑是解决问题。解决重大时代课题需要重大理论创新，同时又催生重大理论创新。97 年来，我们党在敏锐把握、深入解决重大时代课题中，把马克思主义基本原理同中国具体实际相结合，不断推进马克思主义中国化时代化，形成了毛泽东思想、邓小平理论、"三个代表"重要思想、科学发展观、习近平新时代中国特色社会主义思想。这些马克思主义中国化的重大成果，都是正确提出和回答重大时代课题的理论结晶，为解决重大时代课题提供了科学指引。

我们党具有强大的实践创新能力。重大时代课题都是以一种集中、凝练、深刻的形式反映了人心所向、体现了实践要求。一个政党只有善于推进实践创新、解决实际问题，才能最终解决重大时代课题。我们党不断推进理论创新，最终的落脚点也是为了有效解决实践中的重大问题。实践创新并不仅仅是认识问题，更重要的是要有实践的勇气、魄力和担当。一步行动胜过一打纲领。我们党一直强调"空谈误国，实干兴邦"。97 年来，中国共产党人在实现中华民族伟大复兴的征程中前赴后继、接续奋斗，发扬斗争精神、提高斗争本领，推动矛盾转化、解决实际问题，体现出强大的战斗力。而且，我们党始终坚持以人民为中心，使党的思想和人民的愿望高度统一、党的战略和人民的利益高度统一，不断引领人民为解决重大时代课题而奋斗，体现出强大的领导能力。

在解决新的重大时代课题中诠释中国共产党为什么能

党的十八大以来，国内外形势变化和我国各项事业发展都给我们提出了一个新的重大时代课题：新时代坚持和发展什么样的中国特色社会主义、怎样坚持和发展中国特色社会主义。以习近平同志为核心的党中央正在带领全党全国人民为解决这一重大时代课题而奋斗。只要始终坚持和加强党的全面领导，我们党必定能在解决新的重大时代课题中完成新的历史使命。

习近平新时代中国特色社会主义思想，明确坚持和发展中国特色社会主义，总任务是实现社会主义现代化和中华民族伟大复兴，在全面建成小康社会的基础上，分两步走在 21 世纪中叶建成富强民主文明和谐美丽的社会主义现代化强国。这是系统回答新的重大时代课题得出的根本结论。从全面建成小康社会到基本实现现代化,再到全面建成社会主义现代化强国,是新时代中国特色社会主义发展的战略安排,是从历史使命、主要任务、发展战略等方面对新的重大时代课题的回答。历史已经证明,我们党能够带领人民在解决重大时代课题中站起来、富起来;历史正在证明,我们党能够带领人民在解决新的重大时代课题中强起来。

解决新的重大时代课题,需要深刻认识新时代坚持和发展中国特色社会主义与全面建设社会主义现代化国家是一体化的过程。新时代坚持和发展中国特色社会主义,就是要全面建设社会主义现代化国家;全面建设社会主义现代化国家,就是新时代坚持和发展中国特色社会主义的主要内涵。统筹推进"五位一体"总体布局、协调推进"四个全面"战略布局,既是新时代坚持和发展中国特色社会主义的基本内容,也是全面建设社会主义现代化国家的重大任务。党的十八大以来,着眼于解决新的重大时代课题的伟大实践不断向前推进。

解决新的重大时代课题的过程,也是我们党推进自我革命的过程。党的十八大以来,党的自我革命使党在革命性锻造中更加坚强,有效应对各种考验、防范各种风险、战胜各种困难,在解决新的重大时代课题中开拓进取、奋发有为、焕发生机。只要始终发扬勇于自我革命精神,我们党就能在解决新的重大时代课题中变得更加强大、更有能力、更加卓越,进一步诠释"中国共产党为什么能"。

中国特色社会主义有哪些鲜明特色？①

　　改革开放以来，我们党全部理论和实践的主题就是坚持和发展中国特色社会主义。在庆祝改革开放 40 周年大会上，习近平同志指出："我们始终坚持解放思想、实事求是、与时俱进、求真务实，坚持马克思主义指导地位不动摇，坚持科学社会主义基本原则不动摇，勇敢推进理论创新、实践创新、制度创新、文化创新以及各方面创新，不断赋予中国特色社会主义以鲜明的实践特色、理论特色、民族特色、时代特色，形成了中国特色社会主义道路、理论、制度、文化，以不可辩驳的事实彰显了科学社会主义的鲜活生命力，社会主义的伟大旗帜始终在中国大地上高高飘扬！"在新的时代条件下，不断丰富和发展实践特色、理论特色、民族特色、时代特色是推进中国特色社会主义事业的重要任务。

实践特色：社会主义是干出来的

　　实践的观点是马克思主义认识论的基本观点，实践性是马克思主义理论区别于其他理论的显著特征。把握马克思主义理论的实践性，首先要尊重实践，尊重现实具体国情和历史文化传统。正因为我们党勇于解放思想，破除对马克思主义僵化、教条的理解，重新确立了实事求是的思想路线，改革开放的大幕才得以拉开，中国特色社会主义的探索才得以开启。可见，中国特色社会主义从一开始就打上了鲜明的实践烙印。

---

　　① 参见辛鸣：《中国特色社会主义的鲜明特色》，《人民日报》，2019 年 3 月 8 日。

　　毛泽东同志说过，"草鞋没样，边打边像"。邓小平同志提出，"摸着石头过河"。中国特色社会主义是前无古人的伟大事业，是在实践中不断探索前进的伟大事业。中国特色社会主义事业取得的辉煌成就不是从天上掉下来的，也不是别人恩赐施舍的，而是来自亿万人民的实践和创造，是全党全国各族人民用勤劳、智慧、勇气干出来的。习近平同志强调"社会主义是干出来的"，讲的就是中国特色社会主义的实践特色。

　　中国特色社会主义的实践是有原则、有方向、有定力的实践。中国特色社会主义坚持马克思主义指导地位不动摇，坚持科学社会主义基本原则不动摇，坚持对外开放的基本国策，敞开胸怀学习借鉴人类文明一切优秀成果，既不走封闭僵化的老路，也不走改旗易帜的邪路，而是在实践中走出一条奔向民族复兴伟大梦想的正路。

理论特色：从实践中得来又指导实践发展

　　毛泽东同志指出，实践中是要出道理的。走中国道路，当然要有中国道理。用中国人民喜闻乐见的形式、世界人民容易接受的方式把我们所走道路背后的理论依据、理论意蕴、理论逻辑、理论追求讲清楚、说明白，这样就能更好地把全国人民团结凝聚在中国特色社会主义的旗帜下，也能更好地赢得世界的理解与尊重，彰显出中国特色社会主义的理论特色。

　　中国特色社会主义理论不是简单地从马克思主义本本里抄来的，而是在坚持马克思主义基本原理、坚持科学社会主义基本原则的基础上，在对中国特色社会主义实践提出的现实问题进行理性认识与战略应对中形成、丰富、发展的。中国共产党人通过科学回答什么是社会主义、怎样建设社会主义，建设什么样的党、怎样建设党，实现什么样的发展、怎样发展，新时代坚持和发展什么样的中国特色社会主义、怎样坚持和发展中国特色社会主义等重大问题，先后形成了邓小平理论、"三个代表"重要思想、科学发展观、习近平新时代中国特色社会主义思想重大理论成果。中国特色社会主义理论体系既一脉相承、一以贯之，又与时俱进、发展创新。在这个过程中，中国共产党人创造性地解决了许多前人没有遇到过的新问题、新挑战，提出了许多马克思主义经典作家不曾涉及的新思想、新论断，中国特色社会主义的理论依据越发充分、思想逻辑愈益清晰，我们走中国特色社会主义道路更加自信、更加理直气壮。

理论从实践中得来，又指导实践走深走实。中国特色社会主义实践始终是在科学理论指导下进行的。比如，提出社会主义初级阶段理论，明确了中国特色社会主义的历史方位，建设中国特色社会主义的路线方针政策有了总依据；创立社会主义市场经济理论，把社会主义与市场经济有机结合起来，实现了对市场经济的创造性发展，社会生产力在社会主义市场经济体制下得到极大解放和发展；明确提出中国特色社会主义最本质的特征是中国共产党领导、中国特色社会主义制度的最大优势是中国共产党领导，坚持和发展中国特色社会主义的政治保证更加坚强有力；等等。可见，中国特色社会主义理论的每一步深化和突破，都推动着中国特色社会主义实践的深化和突破。

民族特色：继承和弘扬中华民族精神

社会主义是随着人类社会发展而出现的社会形态，具有普遍性。同时，在不同国家和民族，社会主义表现为不同的形式，具有不同的民族特色。由于人口、地域、文化等方面的差异，不同民族有不同的思维理念、行为方式、价值追求等，民族特色具有十分丰富的内涵。

中华民族五千多年灿烂文明在中国特色社会主义建设实践中得到发扬光大。中华优秀传统文化是中华民族的根与魂，也是中国特色社会主义的文化之根、文明之源。中国特色社会主义是在中华文化背景下形成和发展起来的，必然要有民族的表达方式。像实事求是、与时俱进、和谐社会、小康社会等具有浓郁民族文化特色的词语，已经融入中国特色社会主义理论与实践中，成为与现代文明相承接、与社会进步相适应的重要理念。不断丰富中国特色社会主义的民族特色，需要进一步继承和弘扬中华民族精神，进一步发展具有民族风格、民族气派的话语体系。

面向世界，和平与发展是中国特色社会主义的必然选择，这也与中国特色社会主义的民族特色密切相关。中华民族历来讲求天下一家，主张民胞物与、协和万邦、天下大同，爱好和平的思想深深嵌入中华民族的精神世界。历史上如此，今天、未来依然如此。

时代特色：在解决新问题中与时俱进

恩格斯指出，所谓"社会主义社会"不是一种一成不变的东西，而应当和任何其他社会制度一样，把它看成是经常变化和改革的社会。随着科技进步、生产力水平提高、经济基础和社会结构变化，社会主义形态在不同时代具有不同的时代特色，人们对社会主义的规律性认识也会随着时代发展而不断深化、提高。中国特色社会主义就是在直面新情况、解决新问题中与时俱进的。

每个时代有每个时代的重要关切、主要任务和工作着力点。建设中国特色社会主义，首要任务是解决发展的问题。贫穷不是社会主义，发展太慢也不是社会主义。坚持以经济建设为中心，加快发展步伐，是时代对中国特色社会主义提出的要求。改革开放40年来，我们始终坚持以经济建设为中心，不断解放和发展生产力，国内生产总值保持年均9.5%的增速，远高于同期世界经济年均2.9%左右的增速。我国已成为世界第二大经济体、制造业第一大国、货物贸易第一大国、商品消费第二大国、外资流入第二大国，中国人民在富起来、强起来的征程上迈出了决定性的步伐。

随着中国特色社会主义进入新时代，我国社会主要矛盾发生转化，解决发展起来后的问题、决胜全面建成小康社会、开启全面建设社会主义现代化强国新征程成为时代最强音。新时代坚持和发展中国特色社会主义，必须以新发展理念引领高质量发展，致力于满足人民日益增长的美好生活需要，不断促进人的全面发展、社会全面进步；必须构建全面开放新格局，顺应世界各国人民要发展、要合作、要和平的时代潮流，推动经济全球化向着更加开放、包容、普惠、平衡、共赢的方向发展，推动共建人类命运共同体。在以习近平同志为核心的党中央坚强领导下，中国人民正在新时代中国特色社会主义征程上迎来强起来的伟大飞跃，迈向实现中华民族伟大复兴的光明前景。

如何理解中国特色社会主义进入了新时代？①

　　习近平总书记在党的十九大报告中作出了"经过长期努力，中国特色社会主义进入了新时代，这是我国发展新的历史方位"这一重大政治判断。这对我们准确认识和把握中国特色社会主义发展阶段、发展现状、发展方向、发展要求具有十分重要的意义，也为我们党制定大政方针和行动纲领提供了根本依据。

　　理解中国特色社会主义进入新时代的深刻含义和重大意义要抓住四个方面。

　　第一，什么是新时代。"时代"这个词含义很丰富，有广义和狭义之分，有长期和短期之别。有的从社会制度来划分，比如原始时代、奴隶时代、封建时代、资本主义时代、社会主义时代；有的从生产力发展水平来划分，比如石器时代、农耕时代、工业时代、信息化时代、全球化时代等；还有的从对一个时期社会运动主题的认识来划分，比如大革命时代、大建设时代、改革开放时代等。时代发展有一个从量变到质变的过程，在量变中蕴含和孕育着质变，质变是量变积累的结果，同时又开启新的量变。回顾党领导人民的奋斗历程，革命也好，建设也好，改革也好，都经历了从量的积累到质的飞跃的不同发展阶段。党的十九大报告作出"经过长期努力，中国特色社会主义进入了新时代，这是我国发展新的历史方位"这一重大政治判断，主要是从党和国家事业发展的角度来判断的，不是历史学上时代划分的概念。

　　第二，进入新时代的依据是什么。作出这样一个重大政治判断，是改革

---

　　①　参见《党的十九大报告学习辅导百问》编写组：《党的十九大报告学习辅导百问》，党建读物出版社、学习出版社，2017年，第15~17页。

开放以来我国经济社会发展进步的必然结果，是我国社会矛盾运动的必然结果，是世情国情党情变化的必然结果，是我们党团结带领人民开创光明未来的必然要求。这"四个必然"表明，我们党作出的这一重大政治判断是有着充分的理论、实践和历史依据的。一是党的十八大以来党和国家事业发生了历史性变革，我国发展站到了新的历史起点上，中国特色社会主义进入了新时代。这个阶段既同改革开放近40年来的发展一脉相承，又有很大的不同，党的执政方式和方略有重大创新，发展理念和发展方式有重大转变，发展环境和发展条件发生深刻变化，发展水平和要求更高。二是党的理论创新实现了新飞跃，形成了习近平新时代中国特色社会主义思想，在马克思主义中国化进程中具有开创性意义和鲜明时代特色，开辟了马克思主义中国化新境界。三是从党的十九大到二十大，是"两个一百年"奋斗目标的历史交汇期，中国特色社会主义要从第一个百年迈向第二个百年。四是我国社会主要矛盾发生了变化，已经转化为人民日益增长的美好生活需要和不平衡不充分的发展之间的矛盾，经济建设依然是党和国家的中心工作，但要更加注重抓全面协调可持续发展，着力解决发展不平衡不充分问题。

第三，新时代的本质内涵是什么。习近平总书记在党的十九大报告中对中国特色社会主义新时代的本质内涵作了高度凝练和科学概括："这个新时代，是承前启后、继往开来、在新的历史条件下继续夺取中国特色社会主义伟大胜利的时代，是决胜全面建成小康社会、进而全面建设社会主义现代化强国的时代，是全国各族人民团结奋斗、不断创造美好生活、逐步实现全体人民共同富裕的时代，是全体中华儿女勠力同心、奋力实现中华民族伟大复兴中国梦的时代，是我国日益走近世界舞台中央、不断为人类作出更大贡献的时代。"这一科学概括，从几个维度上揭示了中国特色社会主义新时代的本质内涵："承前启后、继往开来、在新的历史条件下继续夺取中国特色社会主义伟大胜利"，讲的是新时代的历史脉络；"决胜全面建成小康社会、进而全面建设社会主义现代化强国"，讲的是新时代的实践主题；"全国各族人民团结奋斗不断创造美好生活、逐步实现全体人民共同富裕"，讲的是新时代的人民性；"全体中华儿女勠力同心、奋力实现中华民族伟大复兴中国梦"，讲的是新时代的民族性；"我国日益走近世界舞台中央、不断为人类作出更大贡献"，讲的是新时代的世界性。简言之，中国特色社会主义新时代，本质上就是中华民族实现强起来的时代,我们要在全面建成小康社会基础上,分两步走在 21 世纪中叶把我国建成富强民主文明和谐美丽的社会主义现代化强国,实现中华民族伟大复兴的中国梦。

　　第四,进入新时代的意义是什么。这就是党的十九大报告阐述的"三个意味着":一是意味着近代以来久经磨难的中华民族迎来了从站起来、富起来到强起来的伟大飞跃,迎来了实现中华民族伟大复兴的光明前景;二是意味着科学社会主义在 21 世纪的中国焕发出强大生机活力,在世界上高高举起了中国特色社会主义伟大旗帜;三是意味着中国特色社会主义道路、理论、制度、文化不断发展,拓展了发展中国家走向现代化的途径,给世界上那些既希望加快发展又希望保持自身独立性的国家和民族提供了全新选择,为解决人类问题贡献了中国智慧和中国方案。这"三个意味着",深刻阐明了中国特色社会主义进入新时代的历史意义、政治意义、世界意义。

第二个百年的两个阶段目标具有哪些特点？①

　　党的十九大报告中指出："从十九大到二十大，是'两个一百年'奋斗目标的历史交汇期。我们既要全面建成小康社会、实现第一个百年奋斗目标，又要乘势而上开启全面建设社会主义现代化国家新征程，向第二个百年奋斗目标进军。"鉴于这个时期将持续到 21 世纪中叶，历时 30 年时间，综合考虑各方面因素，党的十九大提出，将全面建设社会主义现代化国家的进程分为 2020 年到 2035 年、2035 年到 2050 年两个阶段，并分别提出了明确的目标要求。这是我们党第一次对第二个百年奋斗目标描绘出宏伟蓝图，使未来的发展目标和发展路径更加明晰，这也是新时代中国特色社会主义发展的战略安排，是贯彻习近平新时代中国特色社会主义思想的行动纲领，有利于保持"四个全面"战略布局的连续性，有利于动员和激励全党全国各族人民万众一心，为实现中华民族伟大复兴的中国梦而努力奋斗。党的十九大报告提出的这两个阶段目标具有以下五个鲜明特点。

　　第一，紧扣我国社会主要矛盾变化。党的十九大指出，我国社会主要矛盾已经转化为人民日益增长的美好生活需要和不平衡不充分的发展之间的矛盾。人民日益增长的美好生活需要日益广泛，呈现多样化多层次多方面的特点，不仅对物质文化生活提出了更高要求，而且在民主、法治、公平、正义、安全、环境等方面的要求日益增长，因此在党的十九大报告提出的两个阶段目标中，都针对解决发展不平衡不充分问题明确提出了经济建设、政治建设、文化建设、社会建设、生态文明建设的目标要求。比如，在到 2035 年目标

---

　　①　参见《党的十九大报告学习辅导百问》编写组：《党的十九大报告学习辅导百问》，党建读物出版社、学习出版社，2017 年，第 73~76 页。

中,在经济建设和科技发展方面,提出经济实力、科技实力将大幅跃升,跻身创新型国家前列;在政治建设方面,提出人民平等参与、平等发展权利得到充分保障;在文化建设方面,提出社会文明程度达到新的高度,国家文化软实力显著增强,中华文化影响更加广泛深入;在社会治理方面,提出现代社会治理格局基本形成,社会充满活力又和谐有序;在生态文明建设方面,提出生态环境根本好转,美丽中国目标基本实现。对到 2050 年的目标,明确提出"把我国建成富强民主文明和谐美丽的社会主义现代化强国",在奋斗目标中加上"美丽"二字,全面体现了"五位一体"总体布局的要求。党的十九大报告还提出"到那时,我国物质文明、政治文明、精神文明、社会文明、生态文明将全面提升"的新要求。

第二,突出发展质量要求,不设数量指标要求。党的十九大报告提出的目标要求,与以往不同的一个最大特点是,不提"翻番"类指标,也没有再提对增长速度的数量要求。以往那样提是那个发展阶段的特点所决定的,是必要的。经过长期努力,中国特色社会主义进入了新时代,发展不平衡不充分问题已经成为满足人民美好生活需要的主要制约因素,我国经济已由高速增长阶段转向高质量发展阶段。党的十九大对这两阶段目标没有提增长的数量指标要求,就是为了更好引导各方面贯彻好新发展理念,把发展的注意力放到提升发展质量和效益上来,放到更好解决发展不平衡不充分问题上来,推动党和国家事业全面发展。

第三,更加突出"全面深化改革"和"全面依法治国"的目标要求协调推进四个全面战略布局。在到 2035 年的目标中,明确提出"法治国家、法治政府、法治社会基本建成","各方面制度更加完善,国家治理体系和治理能力现代化基本实现"。在到 2050 年目标中,明确提出"实现国家治理体系和治理能力现代化"。此外,把"全面建成小康社会"变成"全面建成社会主义现代化强国",表明我们党提出的"四个全面"战略布局将持续到 21 世纪中叶。

第四,突出我们要实现的现代化是社会主义的现代化,是以人民为中心的现代化,是全体人民共同富裕的现代化。邓小平同志指出,社会主义的本质,是解放生产力,发展生产力,消灭剥削,消除两极分化,最终达到共同富裕。习近平总书记强调,消除贫困改善民生、逐步实现共同富裕,是社会主义的本质要求,是我们党的重要使命。党的十九大报告提出的无论是到 2035 年的目标,还是到 2050 年的目标,都鲜明地体现了改善人民生活、缩小差距、实现共同富裕的要求。比如,到 2035 年的目标提出,"人民生活更为宽裕,中等收入群体比例明显提高,城乡区域发展差距和居民生活水平差距显著缩小,基本公共服务均等化基本实现,全体人民共同富裕迈出坚实步伐";到 2050 年的目标提出,"全体人民共同富裕基本实现,我国人民将享有更加幸福安康的生活"。

第五,两个阶段目标既是未来全面建设社会主义现代化强国的顶层设计,也分层次,有联系也有区别。从全面建成小康社会到基本实现社会主义现代化,再到全面建成社会主义现代化强国,这是新时代中国特色社会主义发展阶段的战略安排。在全面建成小康社会的基础上,综合考虑国际国内形势和我国发展条件,在提出两个阶段目标要求上,考虑到党的十九大之后的3 年内就要开启向第二个百年奋斗目标进军的新征程,因此对到 2035 年的目标提得相对具体;对到 2050 年的目标,考虑到距离时间比较长、不确定因素比较多,因此目标描绘更具展望性,更宏观些,满怀豪情地提出,到那时,"中华民族将以更加昂扬的姿态屹立于世界民族之林"。

市场经济只有一种模式吗？①

　　人类经济发展史表明,市场是配置资源最有效率的形式,市场经济本质上就是市场决定资源配置的经济。但市场经济并非只有一种模式,而是与各个国家的历史、文化、现实国情等密不可分,不同国家会根据自身历史、文化、现实国情等发展出不同的市场经济模式。我国根据自身具体实际探索建立了社会主义市场经济体制,有力促进了我国社会生产力发展、人民生活水平提高和综合国力增强。

市场经济是不断发展变化的

　　传统意义上的市场经济是以斯密模式为标准的,它有三个基本要素:承认和保护私有产权,市场决定资源配置,政府作为守夜人仅提供社会经济运行最基本的公共产品。其典型代表是 1929 年经济大危机前英、美两国的市场经济模式。随着资本主义的发展,资本主义基本矛盾日益激化,并频繁以经济危机的形式表现出来,不断冲击斯密模式的自由市场经济。特别是 1929 年经济大危机对资本主义世界造成了严重冲击。为应对经济危机,美国推出以需求管理为核心的"罗斯福新政",极大地加强了政府在经济生活中的作用。其主要内容是:第一,成立国家计划署等机构,颁布《美国工业复兴法令》等一系列法令,增强经济生活的计划性。第二,采取整顿金融秩序、重建金融机构、限制农业产量等措施,加强政府对经济运行的管理。第三,扩大政府支

---

① 参见李义平:《市场经济并非只有一种模式》,《人民日报》,2019 年 7 月 9 日。

出,兴办公共工程。第四,建立社会保障制度,强化政府在公共事务方面的责任。第五,实施扩张性财政政策。英国经济学家凯恩斯在这一时期出版的代表作《就业、利息和货币通论》,从理论上阐述了政府干预经济的必要性和方法手段。后来,凯恩斯主义的政策主张长期被西方各国政府奉为应对经济萧条的圭臬。

第二次世界大战后的经济状况和形势对市场经济模式的演变产生了重要影响,各国政府进一步加强经济干预。大多数学者认为,自由放任的经济政策已被抛弃,促进经济增长及充分就业等已经成为政府不可推卸的责任。同时,科技的发展、经济复杂性的提高对政府参与和干预经济生活也提出了强烈要求。比如,重大科技项目需要政府参与和推动,促进经济稳定、可持续发展需要政府积极作为,为经济发展创造稳定社会环境离不开政府的作用,等等。还应看到,市场不是万能的,需要政府解决市场失灵问题。这样,经过长期演变,典型市场经济国家的普遍做法是:通过国家投资的形式直接参与经济活动,通过国家财政对国民收入进行再分配,通过放松、收紧银根或"窗口指导"等落实产业政策、影响经济发展,通过实行各种发展规划、项目等对国民经济进行调节,等等。

在今天的世界上,斯密模式的自由市场经济已不复存在。在各个市场经济国家,市场和政府都在各自具有比较优势的领域发挥着作用,为经济稳定发展提供支持,所不同的只是发挥作用的方式各有侧重、程度大小不一。

市场经济模式是多种多样的

市场经济模式不是一成不变的,也并非只有一种,而是多种多样的。历史、文化、现实国情等因素决定了不同国家的市场经济模式各不相同,即使在发达国家中市场经济模式也不相同。例如,法国、德国、日本和韩国在发展过程中形成了具有自身特点、不同于英、美两国的市场经济模式。

法国的市场经济模式既有坚持私有制、分散决策、市场调节资源配置等自由市场经济的基本特征,同时又具有实行计划指导等特点。究其原因,主要是法国历史上曾长期实行重商主义,主张在国际贸易中多卖少买,推崇国家干预经济生活等。这种传统使法国并不像英、美那样对自由市场充满信心,从而发展出了实行指导性计划的市场经济体制,并强调国家干预和公共所有制对经济发展的重要作用。

德国历史学派经济学家强调国家在经济生活中的地位和作用,认为适当的贸易保护是必要的,进而发展出一种自由市场和政府干预相结合的社会市场经济模式。在这种模式中,市场竞争因为能带来效率和进步而被推崇。也就是说,决定竞争结果的是市场而不是政府。但推崇竞争绝不意味着自由放任,政府需要在具有比较优势的领域发挥积极作用。比如,提出经济发展战略、改革措施,防止私人经济决策与国家发展目标抵触,通过国家调控保持经济稳定发展和社会公平,等等。

日、韩市场经济模式注重产业政策的重要作用。依靠产业政策实现政府预期的经济社会发展目标,是日、韩市场经济模式的显著特征。日本政府根据不同发展阶段的需要出台政策,培育和支持重点产业发展,提升产业国际竞争力,推动经济发展。比如,在二战后的发展初期,其产业政策的重点是化肥、电力、采煤、钢铁和运输等产业;经济发展起来后,产业政策的重点则放在了化学工业、石油工业和其他半成品工业及电子产品上。韩国也是一个依靠计划和产业政策取得成功的市场经济国家。韩国从 1962 年开始持续编制 5 年计划、实施产业政策,确定了以出口带动经济发展的战略,并通过低息贷款、税收优惠等方式对出口能力强的企业进行奖励。实际上,在世界经济发展史上,包括英、美在内的各国都不同程度地实行过产业政策。

各种市场经济模式具有一些共同性,如产权明晰、发展能够充分发挥比较优势的产业和贸易、政府提供公共产品并加强对经济的规划和引导等。但由于历史、文化、现实国情以及形势和任务不同,各国市场经济模式又表现出自身的独特性。总的来看,各种市场经济模式都是在特定条件下探索政府与市场如何有效结合产生的。有效的经济模式都是有具体条件的,在此一条件下有效,在彼一条件下不一定有效。不顾本国条件照搬某一种模式,只能是东施效颦。

社会主义市场经济是一种重要的市场经济模式

改革开放以来,我们党逐步认识到计划与市场都是发展经济的手段,党的十四大明确提出建立社会主义市场经济体制的改革目标。党的十五大将公有制为主体、多种所有制经济共同发展确立为我国社会主义初级阶段的基本经济制度。无论从理论还是从实践看,在社会主义条件下发展市场经济都是我们党的一个伟大创举,是对市场经济模式的重大创新,为我国取得举世瞩目的发展成就提供了基础性制度保障。

社会主义市场经济具有市场经济的普遍特征:具有产权明晰的市场主体,公有制企业与非公有制企业都是社会主义市场经济的重要主体;市场机制在资源配置中起决定性作用;政府提供经济社会运行所必需的公共产品,并对经济发展进行规划和引导。同时,社会主义市场经济又有自己的特殊性,主要是把社会主义制度的优势和市场经济的长处结合起来,把发挥市场在资源配置中的决定性作用和更好发挥政府作用结合起来,达到了"1+1>2"的效果。

当前,国际上有人以中国存在国有企业、政府在经济发展中发挥作用和实施产业政策等为借口,否认中国是市场经济国家,这根本站不住脚。首先,改革开放以来,通过大力推进国有企业改革、建立现代企业制度,我国国有企业已经成为真正意义上的市场主体。当今各市场经济国家普遍存在国有企业,只是数量和所占比重有所不同,而这主要是由各国国情特点和发展阶段决定的。其次,政府干预是市场经济国家的普遍做法,美国等发达国家也会通过立法和行政命令干预经济运行。例如,今年2月初美国政府提出的"美国人工智能倡议",要求"集中联邦政府资源发展人工智能",并提出五个重点领域。还应看到,市场并不是万能的,市场也会失灵,需要政府来弥补市场失灵、规范市场秩序、稳定经济运行。最后,制定和执行产业政策是世界各国的通行做法,如美国提出《美国先进制造业国家战略计划》和《国家制造业创新网络》、德国提出"德国工业4.0"等,都是为了发展本国经济、提升本国产业的国际竞争力。由此可见,借口国有企业、政府干预和产业政策来否认中国是市场经济国家的说辞是荒谬的，本质上是为在国际经贸活动中采取歧视性做法甚至遏制中国发展制造舆论。

实践证明，社会主义市场经济是社会主义与市场经济的有机结合，是行之有效的市场经济模式。党的十八大以来，我国在国有企业改革、营造良好营商环境等方面取得重大进展，有力促进了社会主义市场经济的完善和发展。但也应认识到，根据我国现实国情和发展阶段的变化，全面深化改革、不断完善社会主义市场经济体制，仍然是摆在我们面前的一项重要任务。

建设文化强国需要科学处理哪些关系？ ①

　　建设社会主义文化强国是推动社会主义文化繁荣兴盛的落脚点，是实现中华民族伟大复兴的内在要求。建设社会主义文化强国，在实践中需要处理好三种关系。

　　一是继承与创新的关系。继承中华优秀传统文化是当前社会各界的共识。一个国家或民族的文化如果丢掉了传统，就可能沦为其他文化的附庸，在世界上也不可能有地位。中华优秀传统文化中的许多内容具有很高的科学价值、历史价值和艺术价值，是数千年来中华民族智慧的结晶。当前，继承中华优秀传统文化，关键是继承和弘扬其中丰富、优秀的哲学思想、人文精神、教化思想、道德理念等。这些都是中华优秀传统文化的灵魂和精髓，具有永恒的价值，在历史上代代相传。此外，还应继承各种优秀的文学著作、音乐、舞蹈、戏剧等。

　　在继承中华优秀传统文化的基础上，还要重视文化创新。我们常说"旧邦新命"。所谓"旧邦新命"，主要体现为尊重传统、弘扬传统但不因袭传统，而是适应时代前进的步伐，对传统的东西进行创新。建设社会主义文化强国，也应不断推陈出新，从而丰富中华文化的内容。文化创新的方式多种多样，其中一种重要方式就是对中华优秀传统文化进行创造性转化和创新性发展。比如，儒家思想中蕴含着以人为本的人本精神、自强不息的奋斗精神、精忠报国的爱国精神、知行合一的笃行精神等。对于这些精神，我们应依据时代发展的要求进行创造性转化和创新性发展，丰富当代中国人的精神世界。对于中华优秀传统文化中的伦理道德，也应注入新的因素，使其与现代

---

　　① 　参见何星良：《建设文化强国应科学处理三种关系》，《人民日报》，2018 年 6 月 10 日。

社会相适应。文化创新还应立足于当今现实,适应新时代人民群众更高的精神文化需求,加快文化事业和文化产业发展,为人民群众提供更多优秀文化产品。

二是引进来与走出去的关系。引进来与走出去是相辅相成的关系,两者应该平衡发展。引进来的目的是为了吸纳世界各国的优秀文化成果,更好发展中华文化;走出去的目的是为了让世界各国人民认识和了解中华文化,增强中华文化在世界上的影响力、感召力。习近平同志强调,"文明因交流而多彩,文明因互鉴而丰富",对人类社会创造的各种文明,"我们都应该采取学习借鉴的态度,都应该积极吸纳其中的有益成分"。中华文化讲求兼收并蓄、海纳百川。建设社会主义文化强国,需要引进其他国家和民族的优秀文化成果。需要强调的是,引进优秀文化成果不能囫囵吞枣,更不能盲目照抄照搬,而要根据我国国情进行改造和创新,使其更适合中国社会。

建设社会主义文化强国,既要注重引进来,也要注重走出去。只有让中华文化在世界上具有重要影响力,中国才算文化强国。中华优秀传统文化在历史上曾对许多国家包括西方国家产生过深刻影响。17 世纪至 18 世纪,一些西方传教士把中国古代的一些经典著作翻译介绍到欧洲各国,震动了欧洲许多国家的思想界,形成崇拜中国文化的热潮。中国共产党成立后带领中国人民创造的革命文化和社会主义先进文化,成为中国发展的强大精神动力,中国精神受到世界广泛关注。当今时代,人们越来越认识到,中华文化蕴藏着解决当代人类面临的难题的重要启示。因此,中华文化走出去正面临难得机遇、具有广阔空间。推动中华文化走出去,一是可以加大文化产品的出口;二是可以做大做强主流媒体,拓宽传播途径,提高中华文化的传播力;三是可以加强对外文化交流;四是可以支持国外的中文教育和中华文化教育。

三是统一性与多样性的关系。中华民族在长期的历史发展进程中形成了共同的精神家园,崇奉相同的主流价值观和伦理道德,这使中华文化具有统一性。但中华文化又有多样性的特征。俗话说:"百里不同风,千里不同俗。"我国地域辽阔、民族众多,不同民族、不同地区都有自己的文化特色,这使中华文化表现出多样性。文化的统一性与多样性不是简单的对立关系,而是一般与个别、共性与个性的关系。文化的统一性是各民族、各地区文化普遍具有的属性;文化的多样性体现各民族、各地区文化的独特性。

　　增强文化的统一性，关键是在全社会培育和践行社会主义核心价值观。社会主义核心价值观是当代中国精神的集中体现，凝结着全体人民共同的价值追求。要发挥社会主义核心价值观对国民教育、精神文明创建、精神文化产品创作生产传播的引领作用，把社会主义核心价值观融入社会发展各方面。保护文化的多样性，一项重要工作就是保护和传承各民族、各地区的音乐、舞蹈、戏剧、曲艺、杂技等表演艺术和雕刻、刺绣、编织、染色等手工工艺，还要保护各种人生礼仪、岁时节日、民族医药等。

怎样在外来文化冲击的情况下 保持本民族文化的活力与发展？①

　　人类社会的每一次跃进，人类文明的每一次升华，无不伴随着文化的历史性进步。一个没有精神力量的民族难以自立自强，一项没有文化支撑的事业难以持续长久。现在我们离中华民族伟大复兴的目标越来越近，文化的作用、精神的力量，愈加凸显。文化中国的光彩需要在当今世界鲜亮彰显。

　　那么文化是什么呢？狭义上说，文化是人类的各种精神现象或产物；广义上讲，文化是指凡是打上人的印迹的存在均为文化。在广义文化中除精神文化外，又包含器物文化与制度文化。可以说，文化无处不在、无时不有地渗透、浸润、呈现于物质的、制度的成果于载体之中。文化发乎人心又直指人心，当它和人心紧紧地结合在一起、深入人的习性之后，就成为人们一种深厚的、内在的、不可撼动的精神力量。

　　然而在全球化背景下，当代中国青年对中华民族文化的认知受到了包括外在环境变迁、文化多元并存、世俗文化盛行、实用主义、功利主义等因素影响，导致了本民族文化在青年群体中的疏离，造成了当代青年的文化认知困境。那么如何在外来文化冲击的情况下保持本民族文化的活力与发展，解决青年的文化认知困境问题呢？这里有一些基本的原则。

---

　　①　谭小琴，天津大学马克思主义学院研究生思想政治理论课教研部副教授。

一、要有高度的文化自信

习近平总书记强调:"文化是一个国家、一个民族的灵魂。历史和现实都表明,一个抛弃了或者背叛了自己历史文化的民族,不仅不可能发展起来,而且很可能上演一幕幕历史悲剧。文化自信,是更基础、更广泛、更深厚的自信,是更基本、更深沉、更持久的力量。"①可见,坚定文化自信,是事关国运兴衰、事关文化安全、事关民族精神独立性的大问题。在中华民族的历史上,文化的兴衰也总是与民族的命运紧紧地联系在一起;文化的力量,始终是中华民族克服艰难、生生不息的精神支撑。

长期以来,在历史的进程中我们引领人类文明的潮头,但是在近代以来一连串的重创中,中华民族的文化优势心理受到不断地挑战,进而渐趋失落。在西方文化狂飙的冲击之下,在国运的消沉困厄中,迷于西潮、疑于传统、惑于前路,一度成为国人中广泛存在的文化心态。不少中国人"因惊生惧""因惧生媚",媚于西方、媚于外来也成了一种比较普遍的文化心理,欧化、西化思潮也随之滋漫鼓荡。2015年12月11日,习近平总书记在全国党校工作会议的讲话中,尖锐地批评了文化上不自信的有关现象。他说:"有的人奉西方理论、西方话语为金科玉律,不知不觉成了西方资本主义意识形态的吹鼓手。"②

虽然在当代激烈的国际文化竞争中,我国的文化实力不断提升,但总体而言,西强我弱的文化格局仍未改变。正如沈壮海先生所言:"在思想文化领域,迷眼向洋者有之,泥古不化者有之,自我鄙弃者有之;左摇右摆者有之,耽于鬼神者有之,盲目自大者有之,不知所从者亦有之;一些低俗、媚俗、庸俗的文化现象仍然混迹于世、惑扰人心;一些不良的精神状态、思想观念、文化心理、价值取向,浸渗到人们的生产生活之中,阻碍着社会前进的步伐。"因此,续写好民族复兴的新篇章,必须提振全民族的文化自信,厚植中华民族开创美好未来的文化优势。为此,青年学生更要涵养承于古而强于今的文

---

① 习近平:《在中国文联十大、中国作协九大开幕式上的讲话》,人民出版社,2016年,第6页。

② 习近平:《在全国党校工作会议上的讲话》,人民出版社,2016年,第8页。

化自信,涵养中国特色社会主义文化自信,涵养全面的文化自信,涵养理性的文化自信。

二、努力实现传统文化创造性转化、创新性发展

创造性转化,就是要按照时代的特点和要求,对那些仍有借鉴价值的内涵和陈旧的表现形式加以改造,赋予其新的时代内涵和现代表达形式,激活其生命力。创新性发展,就是要按照时代的新进步新进展,对中华优秀传统文化的内涵加以补充、拓展、完善,增强其影响力和感召力。

(一)处理好继承和发展的关系

文化活动的主体是具有社会现实性的人,而不同民族、国家、地区的人所处的自然环境、社会历史条件以及文明演进的历史传统又大不相同,因而不同民族的文化在外在的表现形式上各具特色,具有鲜明的民族性和区域性特征,成为一个民族发展演进的内在精神基因和精神标志。一个具有鲜明民族特色的文化形态要想在世界文化舞台上占有自己的地位,必须不断增强自己文化的民族性。

世界上一些有识之士也认为,包括儒家思想在内的中国优秀传统文化中蕴藏着解决当代人类面临的难题的重要启示。比如,关于道法自然、天人合一的思想,关于天下为公、大同世界的思想,关于自强不息、厚德载物的思想,关于以民为本、安民富民乐民的思想,关于为政以德、政者正也的思想,关于苟日新日日新又日新、革故鼎新、与时俱进的思想,关于脚踏实地、实事求是的思想,关于经世致用、知行合一、躬行实践的思想,关于集思广益、博施众利、群策群力的思想,关于仁者爱人、以德立人的思想,关于以诚待人、讲信修睦的思想,关于清廉从政、勤勉奉公的思想,关于俭约自守、力戒奢华的思想,关于中和、泰和、求同存异、和而不同、和谐相处的思想,关于安不忘危、存不忘亡、治不忘乱、居安思危的思想,等等。中国优秀传统文化的丰富哲学思想、人文精神、教化思想、道德理念等,可以为人们认识和

改造世界提供有益启迪，可以为治国理政提供有益启示，也可以为道德建设提供有益启发。

不忘历史才能开辟未来，善于继承才能善于创新。要坚持古为今用、以古鉴今，坚持有鉴别的对待、有扬弃的继承，而不能搞厚古薄今、以古非今，要努力实现传统文化的创造性转化、创新性发展。对传统文化中适合于调理社会关系和鼓励人们向上向善的内容，青年学生要结合时代条件加以继承和发扬，赋予其新的含义。

（二）努力展示中华文化独特魅力

在五千多年文明发展进程中，中华民族创造了博大精深的灿烂文化，要使中华民族最基本的文化基因与当代文化相适应、与现代社会相协调，以人们喜闻乐见、具有广泛参与性的方式推广开来，把跨越时空、超越国度、富有永恒魅力、具有当代价值的文化精神弘扬起来，把继承传统优秀文化又弘扬时代精神、立足本国又面向世界的当代中国文化创新成果传播出去。要系统梳理传统文化资源，让收藏在禁宫里的文物、陈列在广阔大地上的遗产、书写在古籍里的文字都活起来。要以理服人，以文服人，以德服人，提高对外文化交流水平，完善人文交流机制，创新人文交流方式，综合运用大众传播、群体传播、人际传播等多种方式展示中华文化魅力。事实上，我们从不缺乏讲好中国故事的题材，问题的关键是我们如何通过总结和提升，以一种外国人听得懂、易于接受的方式真正把中国故事讲得具有亲和力、感染力和影响力，中国文化的民族特质才能被世人所接纳和认同，中华文化的世界影响力才能真正得以显现。

（三）要有体量的增长，更要创造质量的标杆

创新是文化的生命。要把创新精神贯穿文化建设全过程，大胆探索，锐意进取，在提高原创力上下功夫，在拓展题材、内容、形式、手法上下功夫，推动观念和手段相结合、内容和形式相融合、各种艺术要素和技术要素相辉映，让作品更加精彩纷呈、引人入胜。创新贵在独辟蹊径、不拘一格，但一味

标新立异、追求怪诞,不可能成为上品,而很可能流于下品。要克服浮躁这个顽疾,抵制急功近利、粗制滥造,用专注的态度、敬业的精神、踏实的努力创作出更多高质量、高品位的作品。要把提高作品的精神高度、文化内涵、艺术价值作为追求,让目光再广大一些、再深远一些,向着人类最先进的方面注目,向着人类精神世界的最深处探寻,创造出丰富多样的中国故事、中国形象、中国旋律,为世界贡献特殊的声响和色彩、展现特殊的诗情和意境。

当代中国正经历着我国历史上最为广泛而深刻的社会变革,也正在进行着人类历史上最为宏大而独特的实践创新。这种伟大实践必将给文化创新和创造提供强大动力和广阔空间。青年学生是未来的文学家、艺术家、理论家,需要坚定文化自信,坚持以人民为中心的创作导向,把握时代脉搏,聆听时代声音,承担记录新时代、书写新时代、讴歌新时代的使命,勇于回答时代课题,从当代中国的伟大创造中发现创作的主题、捕捉创新的灵感,深刻反映我们这个时代的历史巨变,描绘我们这个时代的精神图谱,为时代画像、为时代立传、为时代明德。

三、自觉践行社会主义核心价值观

能否保持中华民族文化的活力与发展,最重要的是能否保障国家意识形态和价值观的安全。我们必须坚持社会主义的主流意识形态,坚持社会主义核心价值观的正确导向。

核心价值观,承载着民族、国家的精神追求,体现着社会评判是非曲直的价值标准。在当代中国,我们要坚持社会主义核心价值观。富强、民主、文明、和谐,自由、平等、公正、法治,爱国、敬业、诚信、友善,传承着中国优秀传统文化的基因,寄托着近代以来中国人民上下求索、历经千辛万苦确立的理想和信念,也承载着我们每个人的美好愿景。对于青年学生而言,其价值取向决定了未来社会的价值取向。青年学生践行社会主义核心价值观,一是要勤学,下得苦功夫,求得真学问;二是要修德,加强道德修养,注重道德实践;三是要明辨,善于明辨是非,善于决断选择;四是要笃实,扎扎实实干事,踏踏实实做人。

四、走文化与科技双向深度融合的发展之路

在当代文化产业发展中,一方面,传统的文化产业类别正在进行数字化高新科技的改造,如数字电影、3D、数字电视、数字出版等;另一方面,以数字化等高新科技为基础的文化创意产业新业态正在迅速创造、诞生和风靡,如动漫、网游、数字音乐、网络视频、手机增值业务等。因此,许多国家将文化艺术和信息技术紧密结合,文化与科技双向深度融合已成为时代潮流,其中,科技扮演着支撑和驱动的角色,而文化扮演着引导和制约的角色。科技的进步还不断改善文化的表现形式和表达方式,数字技术、网络技术、智能技术和云服务技术让文化的表达更具有张力、传播的范围更加延展。因此,青年学生要学好用好科学技术,为文化与科技融合贡献力量。

如何理解社会和谐
是中国特色社会主义的本质属性？ ①

　　"社会和谐是中国特色社会主义的本质属性"这个重大判断，是我们党总结我国社会主义建设长期历史经验得出的基本结论，是我们党对中国特色社会主义本质的新认识。

　　科学社会主义根据人类社会发展规律，对未来社会进行了科学预测，认为未来社会是实现每个人自由而全面发展的社会，这样的社会自然是高度和谐的社会。我们党把马克思主义基本原理同中国具体实际相结合，不断深化对社会主义本质的认识，开辟了通往高度和谐的未来社会的现实道路。

　　新中国成立以后，我们对社会主义本质的认识逐步深入、逐渐清晰、不断深化。毛泽东同志在领导我国社会主义革命和建设实践中，逐步认识到，社会主义应当是各方面积极性得到充分发挥的社会，提出调动国内外一切积极因素的基本方针，对正确处理我国社会的一系列重大关系作出了深刻论述；提出社会主义基本矛盾的理论，并创立了关于两类不同性质矛盾的学说；提出要把我国建设成为强大而可亲的社会主义国家，对社会主义本质获得了初步认识。

　　改革开放以来，我们党的历代领导集体深刻总结社会主义建设正反两方面经验，提出发展是硬道理，是解决一切问题的关键；改革是社会主义制度的自我完善，是发挥社会主义制度优越性的根本动力；贫穷不是社会主义，社会主义要消灭贫穷，提高人民生活水平；两个文明都搞好才是中国特

---

　　① 参见《科学发展观学习纲要》学习辅导百问编写组：《〈科学发展观学习纲要〉学习辅导百问》，人民出版社，2013 年，第 179~181 页。

色社会主义;社会主义本质是解放生产力,发展生产力,消灭剥削,消除两极分化,最终达到共同富裕;强调社会主义社会是以经济建设为重点的全面发展、全面进步的社会;促进人的全面发展是社会主义的本质要求;发挥社会主义制度优越性,必须落实到发展先进生产力、发展先进文化,实现最广大人民的根本利益上来,把我们党对社会主义本质的认识进一步引向深入。

当前,我们更加深切认识到,中国特色社会主义基本经济制度、基本政治制度的建立和完善,中国共产党作为马克思主义政党的性质和宗旨,决定了我国社会的基本矛盾是非对抗性的,决定了我国最广大人民的根本利益是一致的,决定了我们党有责任、有信心、有能力通过和平的、渐进的方法,通过有领导、有步骤、有秩序的调整和改革,解决各种社会矛盾,决定了社会和谐是我国社会矛盾存在和解决过程的基本形态,也就是说,我国社会的本质是和谐的。

但这种和谐不会自然而然地实现,需要进行长期不懈的艰苦努力。任何社会总是在矛盾运动中发展进步的,这就要求我们科学分析影响我国社会和谐的矛盾和问题及产生的原因,更加积极主动地正视矛盾、化解矛盾,最大限度地增加和谐因素,最大限度地减少不和谐因素,不断促进社会和谐。实现社会和谐,既是中国特色社会主义自觉追求的价值目标,又是持续推进、不断实现的历史过程。

如何理解坚持以人民为中心？ ①

党作为最高政治领导力量，是建立在人民是决定党和国家前途命运的根本力量这个深厚伟力基础之上的。党始终与人民风雨同舟、生死与共，保持血肉联系，是党战胜一切困难和风险的根本保证，正所谓"得众则得国，失众则失国"。回顾我国革命、建设和改革的历史，人民群众创造历史的主体作用、人民群众作为力量的源泉贯穿始终。新民主主义革命时期，正是广大人民群众以奋不顾身的抗争精神，汇成排山倒海的革命洪流，筑成真正的铜墙铁壁，最终推翻了压在中国人民头上的帝国主义、封建主义、官僚资本主义三座大山，实现了民族独立、人民解放、国家统一、社会稳定。社会主义革命和社会主义建设时期，全国各族人民翻身做主人，焕发出冲天干劲，在短时间内实现了社会制度的伟大跨越，在一穷二白的基础上用心血和汗水为经济社会发展打下坚实基桩。改革开放历史新时期，许多推动改革发展进程的新经验新举措，也都是人民群众在实践中摸索创造出来的。可以说，96年来，我们党取得的所有成就都是依靠人民共同奋斗的结果。人民是真正的英雄，这是历史的真谛，永远不能忘记。

第一，坚持以人民为中心，必须坚持人民主体地位。要保证人民当家作主，必须坚持中国特色社会主义政治发展道路，坚持和完善人民代表大会制度、中国共产党领导的多党合作和政治协商制度、民族区域自治制度、基层群众自治制度，巩固和发展最广泛的爱国统一战线，发展社会主义协商民主，扩大人民有序政治参与，把人民当家作主落实到国家政治生活和社会生

---

① 参见《党的十九大报告学习辅导百问》编写组：《党的十九大报告学习辅导百问》，党建读物出版社、学习出版社，2017年，第39~41页。

活之中,保证人民广泛参加国家治理和社会治理,巩固和发展生动活泼、安定团结的政治局面。

第二,坚持以人民为中心,必须坚持立党为公、执政为民。为什么人的问题,是检验一个政党、一个政权性质的试金石。全心全意为人民服务,立党为公、执政为民,是我们党同一切剥削阶级政党的根本区别;一切为了群众、一切依靠群众,是我们党始终坚持的根本观点。让老百姓过上好日子是我们党一切工作的出发点和落脚点。我们党干革命、搞建设、抓改革,都是为了让人民过上幸福生活。党的一切工作必须以最广大人民根本利益为最高标准。要把人民放在心中最高位置,实现好、维护好、发展好最广大人民根本利益,把人民拥护不拥护、赞成不赞成、高兴不高兴、答应不答应作为衡量一切工作得失的根本标准,使我们党始终拥有不竭的力量源泉。

第三,坚持以人民为中心,必须体现在经济社会发展各个环节。要践行全心全意为人民服务的根本宗旨,把党的群众路线贯彻到治国理政全部活动之中,把人民对美好生活的向往作为奋斗目标,依靠人民创造历史伟业。要坚定不移贯彻新发展理念,提高经济发展质量和效益,着力解决发展不平衡不充分问题,努力实现更高质量、更有效率、更加公平、更可持续的发展。坚持和完善我国社会主义基本经济制度和分配制度,促进收入分配更合理、更有序,使发展成果更多更公平惠及全体人民。坚持在发展中保障和改善民生,在发展中补齐民生短板、促进社会公平正义,在幼有所育、学有所教、劳有所得、病有所医、老有所养、住有所居、弱有所扶上不断取得新进展,保证全体人民在共建共享发展中有更多获得感,不断促进人的全面发展、全体人民共同富裕。尊重人民首创精神,自觉拜人民为师,向能者求教,向智者问策,从群众中汲取无穷的智慧和力量。创造各种有利条件,为各行业各方面的劳动者、企业家、创新人才、各级干部创造发挥作用的舞台和环境,广泛动员和组织人民投身到党领导的伟大事业中来。

新时代国家安全工作的基本遵循是什么？①

党的十八大后，我国发展进入由大向强的新跨越，国家安全呈现拓展深化的新需求。习近平总书记深入思考新时代国家安全这一重大战略课题，创造性地提出总体国家安全观。党的十九大明确把坚持总体国家安全观作为新时代坚持和发展中国特色社会主义的基本方略，阐述了完善国家安全制度体系，加强国家安全能力建设的总体部署。《习近平新时代中国特色社会主义思想学习纲要》第十四章，对新时代坚持总体国家安全观作出系统深入阐述，是理解把握总体国家安全观的重要依据。

一、总体国家安全观把我们党对国家安全的认识提升到了新的高度和境界

中国特色社会主义进入新时代，我国越是走向经济富强、政治民主、生活富裕，越是追求和平发展、共同发展、持续发展，就越需要基础稳定、运行有序、安全牢固。统筹发展与安全是我们党治国理政的一个重大原则，国家安全观从本质上反映了国家安全现实需求。2014 年 4 月 15 日，习近平总书记在中央国家安全委员会第一次全体会议上的讲话中，明确提出坚持总体国家安全观，走出一条中国特色国家安全道路。

总体国家安全观建立在清醒认识国家安全环境发生深刻变化、准确把

---

① 参见颜晓峰：《新时代国家安全工作的基本遵循》，http://www.dangjian.com/djw2016sy/djw2016syyw/201907/t20190724_5196891.shtml。

握国家安全面临的机遇和挑战基础上。习近平总书记科学分析我国国家安全的时代特征,深刻揭示总体国家安全观的实践底蕴,显示出坚持总体国家安全观的深谋远虑。新时代我国的国家安全内涵和外延比历史上任何时候都要丰富,国家安全总体更新;新时代国家安全时空领域比历史上任何时候都要宽广,国家安全总体增容;新时代国家安全内外因素比历史上任何时候都要复杂,国家安全不确定性增强。各种威胁和挑战联动效应明显,国家安全各种可以预见和难以预见的风险因素明显增多,安全需求的综合性、全域性、外向性特征更加突出。总体国家安全观正是与时俱进发展国家安全观的深邃思考结晶,是综合国家安全需求与国家安全形势于一体,谋划夯实国家安全基石的战略决策。

总体国家安全观提供了新时代保证国家安全的理论指导。新时代坚持和发展中国特色社会主义,必须为中华民族伟大复兴战略全局筑牢坚强安全保障。要求把握国家安全在世界大势中的总体性,具有谋求国家安全的国际视野。要求把握国家安全在民族复兴中的总体性,具有谋求国家安全的大局意识。要求把握国家安全在各个领域中的总体性,具有谋求国家安全的整体观念。

二、坚持中国特色国家安全道路

国家安全目标的制定,必须遵从国家的基本价值目标;国家安全的战略抉择,必须经过方向选择、重点比较、资源倾斜、利弊轻重的权衡;国家安全道路的确立,必须根据国家的基本制度、基本国情、基本需求。总体国家安全观,是对国家安全的总体筹划,核心之点是中国特色国家安全道路。

以国家利益为至上。党的十九大强调坚持总体国家安全观,必须坚持国家利益至上。国家利益至上,就是要更加自觉地坚持党的领导和我国社会主义制度,在涉及政治安全、制度安全、政权安全问题上,决不能退让;就是要更加自觉地维护我国主权、安全、发展利益,在涉及主权安全、领土安全、经济安全、社会安全问题上,决不能突破底线。

以人民安全为宗旨。以人民安全为宗旨,彰显国家安全本质。我们的国家安全坚持人民主体地位,是为了人民、保护人民、支持人民的国家安全。国家安全保障人民安全,人民安全强化国家安全,这是国家安全的灵魂,是国家安全制度体系的本质属性。

以政治安全为根本。国家安全制度体系以政治安全为根本。政治安全包括制度安全、政权稳固、政局稳定、国家统一、民族团结等。中国特色社会主义制度是政治之本,维护政治安全,最重要的就是坚定不移走中国特色社会主义道路,坚持和完善中国特色社会主义制度。

以总体安全为目的。要求实现外部安全和内部安全的良性互动。外部安全有利于内部安全,和衷共济、合作共赢的世界是我国走和平发展道路的环境条件;内部安全有利于外部安全,我国作为一个新兴大国,国泰民安是世界的福音。要求实现国土安全和国民安全的共同巩固。国土是国民的家园,国民是国土的儿女,二者密不可分。要求实现传统安全和非传统安全的统筹治理。传统安全与非传统安全只有产生先后、形式不同的区分,并没有孰大孰小、孰重孰轻的区分。要求实现自身安全与共同安全的相辅相成。国家之间相互尊重、平等协商,坚决摒弃冷战思维和强权政治,走对话而不对抗、结伴而不结盟的国与国交往新路。

三、统筹推进各重点领域国家安全工作

确保政治安全。政治安全是关系中华民族前途命运、关系中国特色社会主义兴衰成败、关系中国共产党长期执政的根本性安全。在道路问题上,必须坚持走中国特色社会主义道路,既不走封闭僵化的老路,也不走改旗易帜的邪路。在改革开放的方向问题上,要防止落入"西化分化陷阱"。在党的执政地位和领导地位问题上,不管党、不抓党就有可能出现问题甚至是大问题。

确保国土安全。国土安全是立国之基。要提升维护国土安全能力,加强边防、海防、空防建设,坚决捍卫领土主权和海洋权益。我们绝不允许任何人、任何组织、任何政党、在任何时候、以任何形式、把任何一块中国领土从中国分裂出去。

　　确保经济安全。伴随着经济增速下调,各类隐性风险逐步显性化。我们面临的风险总体可控,但以高杠杆和泡沫化为主要特征的各类风险的化解将持续一段时间。坚持稳中求进工作总基调,"稳"的重点要放在稳住经济运行上,确保增长、就业、物价不出现大的波动,确保金融不出现区域性系统性风险。

　　确保社会安全。我国公共安全形势仍然严峻,各种人民内部矛盾和社会矛盾较多,而我们的社会管理工作在很多方面还跟不上。要深入研究人口大规模流动、利益多样化、社会信息化、思想文化多元化形势下的社会管理规律,坚持源头治理、系统治理、综合治理、依法治理,努力解决深层次问题。

　　确保网络安全。网络安全已经成为我国面临的最复杂、最现实、最严峻的非传统安全之一。互联网已经成为舆论斗争的主战场,是我们面临的"最大变量"。要持续巩固壮大主流舆论强势,加大舆论引导力度,加快建立网络综合治理体系。要加强关键信息基础设施网络安全防护,切实维护国家数据安全,切实维护国家网络空间主权安全。

　　确保外部安全。构建人类命运共同体,是外部安全的根本。坚持对话协商、共建共享、合作共赢、交流互鉴、绿色低碳,建设一个持久和平、普遍安全、共同繁荣、开放包容、清洁美丽的世界,是奠定外部安全的基石。要与邻为善、以邻为伴,坚持睦邻、安邻、富邻,努力使周边同我国政治关系更加友好、经济纽带更加牢固、安全合作更加深化、人文联系更加紧密。

四、提高防范和抵御安全风险的能力

　　坚持总体国家安全观,就要防范化解重大风险。我们党在内忧外患中诞生,在磨难挫折中成长,在战胜风险挑战中壮大,防控风险能力在实践过程中不断增强。改革开放以来,党领导人民应变局、平风波、战洪水、防"非典"、抗地震、化危机,成功应对一系列重大风险挑战、克服无数艰难险阻,充分显示了党的强大防控风险能力。

　　既要高度警惕"黑天鹅"事件,也要防范"灰犀牛"事件。新时代已经从"未发展起来"时期进入到"发展起来以后"时期,面对的风险既有因未发展起来而长期积累的问题,也有因发展起来以后而新形成的问题,风险诱因叠加。当前,世界大变局加速深刻演变,全球动荡源和风险点增多,中国日益走近世界舞台中央,在信息网络化、网络全球化、全球一体化的条件下,国际风险有可能迅速传导为国内风险。经济、政治、文化、社会、生态领域联系更加紧密,意味着风险的联动和放大。要以高度的政治责任感、科学理性精神和无私无畏勇气,全力以赴应对重大风险。

既要有防范风险的先手,也要有应对和化解风险挑战的高招。要充分认识到防控风险能力不足的危害后果。一些党员干部,缺乏忧患意识,看不到显性的和隐性的风险;在风险冲击来临时,战略定力不够,手足失措;对各类风险的系统关联、演化规律把握不住,不能有效防控风险,甚至出现风险失控;自觉防控风险的能力不足、水平不够,往往是头痛医头、脚痛医脚;等等。因此,要有防范风险的先手,即"消祸于未萌""治乱于未乱""消未起之患",预防在先。同时,要有应对和化解风险挑战的高招,无论是社会风险还是自然风险、内部风险还是外部风险、多发风险还是偶发风险,都能心中有数、对症下药、综合施策、应对有方。

既要打好防范和抵御风险的有准备之战,也要打好化险为夷、转危为机的战略主动战。这就要求把"抗洪"和"防洪"、"灭火"和"防火"、治标和治本统一起来,努力占据防控重大风险的主动和有利地位。要求深入把握防范化解重大风险的内在规律。要在全面掌握风险成因中防控风险,在有效化解风险振荡中防控风险,在及时中止风险演化中防控风险。通过完善风险防控机制,建立健全风险研判机制、决策风险评估机制、风险防控协同机制、风险防控责任机制,主动作为,中止风险的演化。

为什么要坚持推动构建人类命运共同体？①

　　地球孕育了人类，是人类共同的家园。人类在地球不同地域繁衍发展，创造了不同社会、文明与文化。这种多元性和多样性的共生共处，在给世界、给人类社会带来丰富色彩和活力的同时，也带来种种差异和冲突。长期以来，人类社会因差异而产生的隔阂与疏离，限制了交流与合作；因冲突而产生的战争与杀戮，威胁着生存与发展。然而，随着人类文明进步和发展，人类社会对交流与合作的内心渴望、对和平与发展的理性呼唤越发强烈。在当今世界，交流与合作成为人类社会的时代潮流，和平与发展成为人类社会的时代主题。

　　中华民族有 5000 多年的文明史，创造了灿烂的中华文明，为人类作出了卓越贡献。然而由于历史与社会的原因，近代中国在向世界打开大门、迈向世界的过程中，伴随着帝国主义列强的入侵和压迫，中国人民饱受了战争的深重苦难。新中国成立后，重新站立起来的中国人民追求发展、渴望和平，不久，就把和平共处五项原则确立为中国与世界各国发展友好关系的基本原则。改革开放以来，我们党和国家顺应时代潮流，坚持和平发展、践行合作共赢，始终是维护世界和平的坚定力量，中国人民的梦想同各国人民的梦想息息相通。今天，人类正处在大发展大变革大调整时期，为了让和平的薪火代代相传，让发展的动力源源不断，让文明的光芒熠熠生辉，我们党向世界提出了中国方案：构建人类命运共同体，实现共建共赢共享。这个中国方案，来自贯穿在中华民族 5000 多年文明中的天下一家的和平精神，

---

　　①　参见《党的十九大报告学习辅导百问》编写组：《党的十九大报告学习辅导百问》，党建读物出版社、学习出版社，2017 年，第 62~64 页。

来自近代以来中国人民对和平与发展的渴望与追求,来自中国共产党人带领中国人民为实现中华民族伟大复兴而奋斗、为人类和平发展作出更大贡献的使命担当。

人类社会始终在矛盾运动中前进,每一次进步,在为下一步发展提供基础和条件的同时,也提出一系列新的问题和挑战。今天,构建人类命运共同体,不仅符合当今人类社会发展的内在要求,而且也是解决人类社会面临的问题和挑战的现实需要。习近平总书记深刻指出:"人类正处在大发展大变革大调整时期。世界多极化、经济全球化深入发展,社会信息化、文化多样化持续推进新一轮科技革命和产业革命正在孕育成长,各国相互联系相互依存,全球命运与共、休戚相关,和平力量的上升远远超过战争因素的增长,和平、发展、合作、共赢的时代潮流更加强劲。同时,人类也正处在一个挑战层出不穷、风险日益增多的时代。世界经济增长乏力,金融危机阴云不散,发展鸿沟日益突出,兵戎相见时有发生,冷战思维和强权政治阴魂不散,恐怖主义、难民危机、重大传染性疾病、气候变化等非传统安全威胁持续蔓延。"人类与世界面对的这个现实,决定了构建人类命运共同体,事关人类发展的前途与命运,不仅有基础和条件,而且有迫切的需要。所以,习近平总书记强调,构建人类命运共同体,既是为当代人着想,也是为子孙后代负责。

构建人类命运共同体,关键在于国际社会的共同行动。为此,2017 年 1 月 18 日,习近平总书记在日内瓦联合国总部就"共同构建人类命运共同体"的共同努力方向和行动纲领作了系统阐述。习近平总书记强调,国际社会要从伙伴关系、安全格局、经济发展、文明交流、生态建设等方面作出努力。具体行动是:坚持对话协商,建设一个持久和平的世界;坚持共建共享,建设一个普遍安全的世界;坚持合作共赢,建设一个共同繁荣的世界;坚持交流互鉴,建设一个开放包容的世界;坚持绿色低碳,建设一个清洁美丽的世界。

中国人民始终认为,世界好,中国才能好;中国好,世界才更好。我们将以建设好中国、发挥好负责任大国作用的实际行动,坚定不移推动构建人类命运共同体,始终做世界和平的建设者、全球发展的贡献者、国际秩序的维护者,为人类的持久和平、发展和繁荣不断贡献中国智慧和力量。

中国方案如何让发展中国家
更好地实现现代化发展？①

中国特色社会主义进入新时代，同时，中国特色社会主义理论、制度、文化和道路不断发展，中国发展模式拓展了广大发展中国家走向现代化的途径，提供了全新的选择，为解决世界问题贡献了中国智慧和中国方案。当今世界全人类面对的最大难题便是发展问题，其中问题的核心是如何让发展中国家更好地实现现代化发展。中国发展模式在政治、经济、文化、生态四个层面对发展中国家探寻现代化之路提供重要启示。

经济基础决定上层建筑。世界经济中心东移，国际政治格局也在东移，世界正在还原多样性。顺应人类文明演绎规律及世界经济长周期，作为全球化中坚力量的中国，汲取历史的智慧，把脉全球化未来，提出"一带一路"倡议，推动全球化再平衡。"一带一路"通过鼓励向西开放，带动中国西部开放以及中亚、蒙古等内陆国家的开发，在国际社会推行全球化的包容性发展理念；改变了历史上中亚等丝绸之路沿途地带只是作为东西方贸易、文化交流的过道而成为发展"洼地"的面貌，将欧亚大陆桥的内涵升级为互联互通，并延伸到非洲等地，实现时空超越。"一带一路"倡议的提出，改变了中国改革开放着眼于东南沿海地带、首要向美国开放的逻辑，向西迈进，围绕欧亚大陆同时走向腹地和海洋。更重要的是，"一带一路"旨在扭转不公正、不可持续的全球化趋势。

有专家认为，"丝绸之路之所以改变了历史，很大程度上是因为在丝路上穿行的人们把他们各自的文化像其带往远方的异国香料种子一样沿路撒

---

① 参见梁昊光、张耀军：《"一带一路"：二十四个重大理论问题》，人民出版社，2018年，第249~257页。

播。"作为丝绸之路的复兴,"一带一路"也就可称为新的长征,是中国在沿线国家的宣言书、宣传队、播种机,将中国与有关国家的合作与友谊拓展与深化,极大提升中国制造、中国营造、中国规划的能力与信誉,提升中国威望。就其地缘经济与战略效应而言,堪称"第二次地理大发现",正在重塑人类文明史与全球化话语权,体现中国崛起后的天下担当。"一带一路"倡议的提出,表明中国已走出近代、告别西方——不再在追赶西方中迷失自己,而是在走出一条符合自身国情的发展道路之后,鼓励更多发展中国家走符合自身国情的发展道路,对广大发展中国家走向现代化的拓展更具有非凡的借鉴意义,具体来看,中国发展模式在政治、经济、文化、生态四个层面对发展中国家探寻现代化之路提供重要启示。

一、政治层面:以人民为中心,坚持走符合自身国情的道路

党的十八大以来,以习近平同志为核心的党中央牢牢坚持人民立场,进一步形成和发展了以人民为中心的发展思想,坚持把实现好、维护好、发展好最广大人民根本利益作为发展的根本目的,把增进人民福祉、促进人的全面发展作为发展的出发点和落脚点,维护社会公平正义,保障人民平等参与、平等发展权利,使发展成果更多更公平惠及全体人民,朝着共同富裕方向稳步前进。以人民为中心的发展思想充分体现人民主体地位,充分体现中国共产党坚持人民至上的价值取向,使中国的发展具有高度人民性。中国的现代化是为了人民的现代化,极大激发了全体人民的积极性、主动性和创造性,人民在整个现代化过程中群策群力、共建共享。这是中国现代化道路越走越宽广、越来越成功的根本原因,也是中国现代化经验对发展中国家重要的启示。中国也将民主政治建设作为政治体制改革的重要内容。西方国家的民主是竞选式民主,中国没有直接引进西方模式,而是根据中国的国情,形成了自己独特的民主模式,坚持走选举民主、协商民主和党内民主结合的民主制度的道路,这种中国特色民主制度正在成为世界民主制度的一种新模式。纵观当今世界,对于广大发展中国家来说,如何追求适合自己的民主形式才是关键,不能盲目地一味追求西方民主模式而忽略了本国国情。其中,

协商民主是中国政治模式精华部分之一,在"一带一路"的进程中,我们倡导"共商、共建、共享",这也是中国协商民主模式走出国门的一次试验。"一带一路"沿线涉及的国家众多,各种文化传统之间的关系复杂,各方利益考量更是错综难解,这无疑给多边合作带来种种挑战,但协商民主可以协助解决问题。中国倡导尊重各个国家的主权,主张国家不分大小、强弱、贫富一律平等,加强合作关系,通过"共商、共建、共享",让每一方都出于自己的利益自愿加入"一带一路"中来,并能在"一带一路"中实现合作共赢。

二、经济层面:加快对外开放步伐,推动形成全面开放的新格局

改革开放至今,中国发展给广大发展中国家最多震撼的无疑是经济方面的成就。经过几十年的努力,中国已成为世界第二大经济体。中国经济的成就给全世界,特别是广大发展中国家树立了榜样,为发展中国家摆脱贫困、改善民生、推进创新、走向富裕作出了示范。中国的崛起,让广大发展中国家深切地意识到后发国家实现现代化是必要的,更是可能的。中国几十多年来的发展历程真切地告诉人们:要实现发展唯有主动地融入经济全球化。邓小平认为,中国近代落后于时代的主要原因就是闭关自守。1978年以来中国一改过去的封闭、半封闭状态,主动融入国际市场,参与到国际竞争中来,在竞争中改进自己、发展自己。中国的开放程度与中国经济增长的速度是成正比的,经济开放和加入国际分工体系也意味着一个国家可以发挥自己的比较优势,并借助于国际市场来实现经济增长和社会发展。中国的经验也证明,对于那些劳动力相对丰富、资本又相对稀缺的发展中国家来说,对外开放尤为重要。对于这些国家来说,只有通过国际贸易来获取更高的收入,并逐步进行资本的积累,实现产业结构的升级换代,充分发挥本国的比较优势,在国际分工体系中逐步上升到水平更高的位置。对于发展中国家来说,对外开放"既体现为商品市场上的国际贸易的增加,也体现为资本市场上对国际资本的吸纳"。中国对外开放的成功为发展中国家谋求现代化提供了借鉴。中国政府审时度势,明确向西方学习的首先是西方经济模式。邓小平强调,资本主义可以利用市场,社会主义也可以利用市场,不管黑猫白猫,抓住

老鼠的就是好猫。这就把原先认定是专属于资本主义的市场中立化了,为中国建立市场经济体制奠定了理论基础。中国把市场经济和社会主义的价值目标结合在一起,形成了中国特色社会主义市场经济。中国将市场与计划结合,始终坚持政府对市场的宏观调控,正是这些特点确保了中国在经济发展过程中既能避免"政府失灵"也能避免"市场失灵"。中国非常重视培育和创造新的增长点。"一带一路"通过改善基础设施,推动通关便利,减少供应壁垒,完善行业标准,改善政府服务等,推动跨境商品自由流动,推动国际经济合作发展。以中欧班列为例,中国、俄罗斯、德国、哈萨克斯坦等七国签署了《关于深化中欧班列合作协议》。中欧班列已累计开行6000多列,已成为"一带一路"沿线地区重要的物流通道,为"一带一路"沿线国家的经济注入了新的活力。

三、文化层面:树立文化自信,推动文明交流互鉴

中国不以西方话语马首是瞻,而是创造自己的话语,在这些中国特色的话语背后就是当今中国独特的思想文化。中国独特的话语和支撑这些话语的中国独特的思想文化,同样是中国模式、中国道路、中国经验的有机组成部分。西方主流理论源于发达国家经验,而且经常还是以在发达国家也尚未完全达到的理想条件为前提,拿到发展中国家来运用,必然会有许多局限性。在现代化、全球化大潮中,闭关锁国不行,照搬发达国家的道路、理论、制度、文化亦不可行,学习参考他人要建立在对自己道路、理论、制度、文化具有高度自信的基础上。从文化自我更新的角度来看,中华文化既能适应经济基础不断提升、政治组织与经济组织不断变化,又能保持其精神实质,并以相应形式与变化相呼应。以儒家为例,孔子所以被称为"圣之时者",是因为他总是能够因地制宜、因时制宜;他把过去的经典按照时代需要给予了创新性整理和诠释,正所谓"苟日新,日日新,又日新"。其后儒家文化吸纳了佛教文化的内涵,发展为宋明"理学"和"心学",以儒家文化为重要传承内容的中华文化有能力随着时代而调整、创新。这一点也可以从日本和"亚洲四小龙"有能力在儒家文化基础上实现现代化得到证明。世界上有80%以上的人口

生活在发展中国家,他们和中国一样都有实现国家现代化的梦想和追求,中华民族伟大复兴带来的不仅是中国梦的实现, 还因为发展中国家之间的条件相似,来自中国文化复兴、文化自信经验总结出来的理论,有可能帮助其他发展中国家实现现代化,为人类不断贡献其文化自信的力量。

四、生态层面:建设美丽中国,推动全球可持续发展

党的十九大报告明确指出要"加快生态文明体制改革,建设美丽中国",将坚持人与自然和谐共生作为新时代坚持和发展中国特色社会主义的基本方略之一。中国共产党将生态文明建设提升到人类文明的高度,提出要牢固树立社会主义生态文明观。注重生态文明建设,加快产业转型升级、实现绿色发展已经成为中国社会普遍的共识, 中国不仅找到了自己的生态文明发展道路,而且为全球性的可持续发展找到了一条道路。

"人类只有一个地球, 各国共处一个世界", 建设生态文明关乎人类未来。人与自然是生命共同体,坚持绿色低碳的发展道路,建设一个清洁美丽的世界。构筑尊崇自然、绿色发展的生态体系。国际社会应该携手同行,共谋全球生态文明建设之路,世界休戚与共,需要携手前行,共迎挑战。

中国特色社会主义的辉煌成就, 意味着中国特色社会主义拓展了发展中国家走向现代化的途径,为解决人类问题贡献了中国智慧、提供了中国方案,打破了对西方路径的依赖,克服了后发劣势,破解了许多发展中国家所面临的发展与稳定、对外开放与独立自主不能兼顾的难题,形成了重大的世界性贡献。相信在"一带一路"倡议的带动之下,广大发展中国家在结合自身国情的前提下能够稳步实现现代化发展。

实践篇

现实观点

新时代我国社会主要矛盾变化的主要表现和特征[①]

改革开放以来,我国人民物质文化生活得到极大改善,物质文化生活需要得到充分满足。社会生产的迅速发展为满足人民更高物质文化需要创造了物质条件和社会条件,同时生产也促进消费,供给也创造需求,人民在物质生活方面不再满足于有饭吃、有衣穿、有房住、有车坐等,而是要求吃得健康、穿得得体、住得宽敞、坐得舒适等。人是多重属性的人,人的需要是展开的过程,人的全面发展是人的本质要求。在满足物质文化生活基本需要的基础上,人民要求平等参与、平等发展权利得到充分保障,依法享有广泛权利和自由,如知情权、参与权、表达权、监督权等;要求享有更加完善的社会保障体系、更加高效的社会治理体系、更加可靠的社会安全体系等;要求享有明媚的阳光、新鲜的空气、清洁的水源、健康的食品、绿色的植被等。人民对美好生活的追求无止境,期盼更加有尊严、有品位、有快乐的生活,充分体验美好精神生活,比如心态保持轻松愉悦,内心保持人格统一,心中保持理想激励,一生保持初心不泯,心灵保持美的追求等。人民日益增长的美好生活需要,要求社会不断发展加以满足。新时代的发展不平衡,主要表现在城乡区域发展不平衡、居民生活水平不平衡、基本公共服务提供不平衡上。

从近年来各地房价的差距就可以反映城乡区域发展的差距,从城乡区域之间人口流动的走向就可以看出各地的发展状况。由于人们收入水平、财

产状况存在很大差距,购买力、消费能力、闲暇时间差别很大,即使是在北上广深,不同群体对美好生活的标准、预期也大不相同。基本公共服务的原则是均等化,但基本公共服务与各级政府的财力物力密切相关,与基本公共服务的政策制度密切相关,造成了不同地方人们享用基本公共服务的程度也不尽相同。新时代的发展不充分既表现为发展总体水平的不充分,也表现为以发展不平衡表现出来的部分地区、行业的发展不充分,还表现为发展质量不高、效益不好的发展不充分。

新时代我国社会主要矛盾变化的显著特征主要有三个:

一是新时代社会主要矛盾是历史变革的结果。从 20 世纪 50 年代到 21 世纪第二个 10 年,从改革开放之始"未发展起来"到改革开放 30 多年后"发展起来以后",党带领人民进行社会主义建设和改革开放,持续不断地解决我国落后的社会生产问题,从量变到质变,推动了社会主义初级阶段历史时期的社会主要矛盾转化。

二是新时代社会主要矛盾的变化是事关全局的转变。主要矛盾变了,意味着社会生产力的性质和水平、社会生产关系的内涵和状况、社会上层建筑的特点和任务,都已经发生了相应的变化;意味着人民的需要内容和层次、发展的进展和方向,都已经发生了深刻的变化。

三是新时代社会主要矛盾是关系方向的问题。新时代改革开放不停步,改革往哪里改、开放往哪里开,都要依据社会主要矛盾变化,着眼解决新的社会主要矛盾,作出科学的战略安排,保证新时代中国特色社会主义行稳致远。

四是新时代社会主要矛盾是逐步解决的过程。认识矛盾、判断矛盾只是解决矛盾的开始,历史表明,解决社会主要矛盾不是一蹴而就的事情,需要一个较长的历史时期。而且旧的矛盾解决了,新的矛盾又出现了,即使是解决新的社会主要矛盾,也有一个不断向纵深发展、不断朝向更高标准要求的问题。

实现中华民族伟大复兴是近代以来中华民族最伟大的梦想①

"实现中华民族伟大复兴是近代以来中华民族最伟大的梦想。中国共产党一经成立，就把实现共产主义作为党的最高理想和最终目标，义无反顾肩负起实现中华民族伟大复兴的历史使命，团结带领人民进行了艰苦卓绝的斗争，谱写了气吞山河的壮丽史诗。"这些重要论断深刻揭示了中国近现代社会历史发展规律，指明了当代中国的发展走向，阐明了中国共产党与中国人民、中华民族生死相依、血肉相连，阐明了新时代中国共产党的历史使命。

一、实现中华民族伟大复兴凝聚了几代中国人的夙愿

中国是一个有着 5000 多年文明史的文明大国，在历史上曾长期走在世界前列。只是到了近代，才由于各种原因落伍了。但先进的中国人不甘落后，无数仁人志士"以爱国相砥砺，以救亡为己任"，拯救民族危难，写下了不朽的历史篇章。

中华民族曾为人类作出卓越贡献。在几千年的文明史发展中，中华民族创造了悠久灿烂的中华文明。在世界四大文明古国中，古巴比伦、古埃及、古印度的文明都曾中断过，唯有中华文明有国有史一直传承到今天，这在世界上是独一无二的。中国的四大发明造福了全世界。指南针使远海航行成为可

---

① 参见曲青山：《实现中华民族伟大复兴是近代以来中华民族最伟大的梦想》，载《党的十九大报告辅导读本》编写组：《党的十九大报告辅导读本》，人民出版社，2017 年，第 139~145 页。

能,造纸术促进了人类文明发展,火药改变了战争的面貌和形态,活字印刷使知识和信息得到广泛快速传播。16世纪以前,影响人类生活的重大科技发明约有300项,其中中国人的发明占175项。英国人李约瑟在《中国科学技术史》中写道:"在现代科学技术登场前十多个世纪,中国在科技和知识方面的积累远胜于西方。"中国历史上先后出现的文景之治、贞观之治、康乾盛世等,彰显了经济文化发展的繁荣景象和中国社会治理的博大智慧。据有关研究结论,1750年中国工业产量占世界总产量的32.8%。康熙年间,全世界超出50万人口的10个大城市中,中国占了6个,分别是北京、扬州、苏州、南京、杭州、广州,还有其他4个是伦敦、巴黎、江户、伊斯坦布尔。直到1820年,中国的经济总量仍占世界总量的32.9%。

　　无数仁人志士为了民族复兴不屈不挠前仆后继。近代以后,由于西方列强的入侵和封建统治的腐败,中国逐渐成为半殖民地半封建社会,中华民族遭受了山河破碎、生灵涂炭、积贫积弱的深重苦难。但中国人民没有屈服,而是挺起脊梁、奋起抗争,以百折不挠的精神,进行了一场场气壮山河的斗争,谱写了一曲曲可歌可泣的史诗。1840年英帝国主义发动的鸦片战争,用坚船利炮打开了中国的大门,中国的社会性质开始发生变化。从鸦片战争到五四运动近80年间,中国社会各阶级、各阶层和各种政治力量都曾登上历史舞台,力图挽救中国于危亡之中。但无论是太平天国起义、戊戌变法、辛亥革命,都以失败而告终。孙中山领导的辛亥革命虽然推翻长达2000多年的封建帝制,在中国确立了资产阶级共和制度。但这个革命并没有改变旧中国的社会性质和人民的悲惨命运。此后,政党政治在中国兴起,当时在北京、上海等地曾出现过大大小小300多个政党和政治团体,但大都昙花一现,很快就在中国政治舞台上消失了。近代中国历史表明,农民阶级和资产阶级改良派、革命派都没有能力承担起领导中国民主革命的重任,不可能完成反帝反封建的历史任务。20世纪上半叶先后建立的不同性质的政党、政团也都没有科学的理论作指导,没有先进的阶级作基础,未能提出正确的纲领并发动人民群众,以解决近代以来中国社会所面临的迫切问题,没有得到广大人民群众的拥护和支持。因此,它们的失败就成为历史的必然。

二、中国共产党一经成立就义无反顾肩负起实现中华民族伟大复兴的历史使命

中国共产党至今已走过 96 年光辉历程。96 年来,中国共产党创造了一个又一个彪炳史册的人间奇迹,一次又一次推动中国社会实现伟大飞跃,为国家、为民族、为人民作出了伟大历史贡献。新民主主义革命时期、社会主义革命和建设时期、改革开放和社会主义现代化建设新时期,我们党先后完成和推进了三件大事:一是救国,二是兴国,三是强国,从根本上改变了中华民族和中国人民的前途命运。这三件具有内在必然联系的大事,是中国社会历史发展演进的大逻辑,是一代又一代中国共产党人同人民群众一道顽强拼搏、接续奋斗,为实现中华民族伟大复兴而谱写的光辉篇章。

救国:实现中华民族伟大复兴的根本前提。1921 年 7 月,在中华民族内忧外患、社会危机空前深重的背景下,在近代以后中国社会的剧烈运动中,在中国人民反抗封建统治和外来侵略的激烈斗争中,在马克思列宁主义同中国工人运动的结合过程中,中国共产党诞生了。这一"开天辟地的大事变",深刻改变了近代以后中华民族发展的方向和进程,深刻改变了中国人民和中华民族的前途和命运,深刻改变了世界发展的趋势和格局。中国共产党团结带领人民进行 28 年浴血奋战,打败日本帝国主义,推翻国民党反动统治,完成新民主主义革命,建立了中华人民共和国。这一伟大历史贡献,其意义在于彻底结束了旧中国半殖民地半封建社会的历史,彻底结束了旧中国一盘散沙的局面,彻底废除了列强强加给中国的不平等条约和帝国主义在中国的一切特权,实现了中国从几千年封建专制政治向人民民主的伟大飞跃。

兴国:实现中华民族伟大复兴的重要基础。1949 年 10 月新中国成立以后,中国共产党团结带领人民完成社会主义革命,确立社会主义基本制度,消灭一切剥削制度,推进社会主义建设。这一伟大历史贡献,其意义在于完成了中华民族有史以来最为广泛而深刻的社会变革,为当代中国一切发展进步奠定了根本政治前提和制度基础,为中国发展富强和中国人民富裕起

来奠定了坚实基础,实现了中华民族由近代不断衰落到根本扭转命运、持续走向繁荣富强的伟大飞跃。

强国:实现中华民族伟大复兴迎来光明前景。1978 年 12 月党的十一届三中全会以来,中国共产党团结带领人民进行改革开放新的伟大革命,极大激发广大人民群众的创造性,极大解放和发展社会生产力,极大增强社会发展活力,人民生活显著改善,综合国力显著增强,国际地位显著提高。这一伟大历史贡献,其意义在于开辟了中国特色社会主义道路,形成了中国特色社会主义理论体系,确立了中国特色社会主义制度,发展了中国特色社会主义文化,使中国大踏步赶上时代,实现了中国人民从站起来、富起来到强起来的伟大飞跃。习近平总书记强调指出:"现在,我们比历史上任何时期都更接近中华民族伟大复兴的目标,比历史上任何时期都更有信心、有能力实现这个目标。"中华民族充满自信,日益走近世界舞台中央,迎来了实现伟大复兴的光明前景。

党的伟大历史贡献对中国的意义和世界的影响。中国共产党领导人民取得的一个又一个伟大胜利,使具有 5000 多年文明历史的中华民族全面迈向现代化,让中华文明在现代化进程中焕发出新的蓬勃生机;使具有 500 年历史的社会主义主张在世界上人口最多的国家成功开辟出具有高度现实性和可行性的正确道路,让科学社会主义在 21 世纪焕发出新的蓬勃生机;使具有近 70 年历史的新中国建设取得举世瞩目的成就,中国这个世界上最大的发展中国家在短短 30 多年里摆脱贫困并跃升为世界第二大经济体,彻底摆脱被开除球籍的危险,创造了人类社会发展史上惊天动地的发展奇迹,使中华民族焕发出新的蓬勃生机。中国共产党的伟大历史贡献,对中国和世界都具有重大的现实意义和深远的历史意义。

三、历史的启示

一部中国共产党的历史,就是中国共产党人为实现中华民族伟大复兴而不懈奋斗的历史。中国共产党是中华民族伟大复兴事业的推动者、引领者、实践者。为了实现中华民族伟大复兴的历史使命,无论是弱小还是强大,无论是顺境还是逆境,我们党都初心不改,矢志不渝,团结带领人民历经千难万险,付出巨大牺牲,敢于面对曲折,勇于修正错误,攻克了一个又一个看似不可攻克的难关,从胜利走向胜利。这一切给我们以深刻的历史启示。

中国共产党领导是实现中华民族伟大复兴的根本保证。历史告诉我们,没有先进理论指导,没有用先进理论武装起来的先进政党领导,没有先进政党顺应历史潮流、勇担历史重任、敢于作出巨大牺牲,中国人民就无法打败压在自己头上的各种反动派,中华民族就无法改变被压迫、被奴役的命运,我们的国家就无法团结统一、在社会主义道路上日益走向繁荣富强。历史事实表明,只有中国共产党才能担负起实现中华民族伟大复兴的历史使命。历史和人民选择中国共产党领导中华民族伟大复兴的事业是正确的,必须长期坚持、永不动摇。

中国道路是实现中华民族伟大复兴的必由之路。历史告诉我们,道路关乎党的命脉,关乎国家前途、民族命运、人民幸福。在改革开放历史新时期,中国道路就是中国特色社会主义道路。这条道路是在改革开放近40年伟大实践中走出来的,是在中华人民共和国成立近70年的持续探索中走出来的,是在对近代以来170多年中华民族发展历程的深刻总结中走出来的,是在对中华民族5000多年悠久文明的传承中走出来的,是近代以来中国人民长期奋斗历史逻辑、理论逻辑、实践逻辑的必然结果,具有深厚的历史渊源和广泛的现实基础。历史事实表明,封闭僵化的老路是一条死路,改旗易帜的邪路是一条绝路,唯有中国特色社会主义道路才是一条发展繁荣中国、稳定中国的新路、正路、大路。只有社会主义才能救中国,只有中国特色社会主义才能发展中国。中国共产党领导中国人民开辟的中国特色社会主义道路是正确的,必须长期坚持、永不动摇。

中国力量是实现中华民族伟大复兴的力量源泉。历史告诉我们,人民是历史的创造者,是决定党和国家前途命运的根本力量。中国力量就是全国各族人民的大团结和与港澳同胞、台湾同胞、海外侨胞的大团结,这是我们党克服各种困难、战胜各种风险挑战的力量源泉。实现中华民族伟大复兴是全体中华儿女的共同心愿和共同事业,必须紧紧依靠人民,建立起最广泛的爱国统一战线,聚合起磅礴之力。历史事实表明,中国共产党的群众路线是党的生命线和根本工作路线。中国共产党领导的爱国统一战线是党的事业取得胜利的重要法宝。中国共产党长期实行的群众路线和爱国统一战线是正确的,必须长期坚持、永不动摇。

中国精神是实现中华民族伟大复兴的强大动力。历史告诉我们,在中国这样一个历史悠久、国土广袤、人口众多、经济文化曾经严重落后的国家探索民族复兴道路,是一项极为艰巨的任务。实现中华民族伟大复兴,要求我们不仅在物质上强大起来,而且在精神上也要强大起来。一个民族、一个国家,如果没有文化自觉、文化自信,没有自己的精神支撑,就等于没有灵魂,就会失去生命力、创造力、感召力。历史事实表明,我们党和人民之所以历经磨难而不衰,千锤百炼更坚强,就是因为我们拥有强大的中国精神,这是我们独特的政治优势。中国精神就是以爱国主义为核心的民族精神和以改革创新为核心的时代精神,它是我们凝心聚力的兴国强国之魂,是我们砥砺前行的强大精神动力。中国共产党弘扬践行的中国精神是正确的,必须长期坚持、永不动摇。

让特色小镇更有特色①

投资约 20 亿元的仿古小镇没几年工夫便商铺关门、游客寥寥，一部影视剧"催生"5 家风格类似的小镇，一个"旅游特色小镇"沦为"小吃一条街"……近年来，特色小镇发展取得成绩的同时，也出现了值得关注的问题，部分特色小镇建设名不副实，广受诟病。

2018 年，国家发改委印发了《关于建立特色小镇和特色小城镇高质量发展机制的通知》，明确指出要逐年淘汰住宅用地占比过高、有房地产化倾向的不实小镇，政府综合债务率超过 100% 市县通过国有融资平台公司变相举债建设的风险小镇，以及特色不鲜明、产镇不融合、破坏生态环境的问题小镇。《通知》只是一个统领性文件，特色小镇考评项目与标准是怎样的，什么样的特色小镇应该退出，还需要地方根据各自情况因地制宜，精准施策。近年来，不少省份在建立特色小镇退出机制上已有经验可循，大致可分三类。

第一类是划档淘汰制。作为特色小镇的发源地浙江，在 2017 年率先实行特色小镇淘汰机制。在机制设计上划分阶段，分为警告、降格和淘汰等不同类型。这种动态的分阶段考评与退出机制，给特色小镇的整改留出缓冲空间，避免了一刀切，也利于形成一种容错纠错的机制。令人欣慰的是，浙江有些小镇甚至主动退出，不戴"帽子"按照自己的节奏发展。这种主动退出的觉悟，对特色小镇建设稳步推进诚为可贵。

第二类是积分淘汰制。在特色小镇的评选与考核上，河北省按照不同产业定位，分类设计共性指标和专项指标实行积分制，值得参考。依照方案，创建对象年度考评不合格的退出创建名单，培育对象进度较快的纳入创建名

---

① 参见徐晓明：《让特色小镇更有特色》，《人民日报》，2019 年 3 月 27 日。

单,加大特色小镇谋划储备力度,形成创建一批、培育一批、谋划一批的梯次推进格局。可以说,本着"成熟一个、发展一个"原则的积分制,能够对特色小镇进行有效的动态管理,严管质量、严控数量。

第三类是一票否决制。云南考核特色小镇建设,除了注重规划质量、投资主体、形象进度、取得成效这些常规要素外,还增设了一票否决制度。一票否决的项目包括触碰生态红线、通过政府违规举债来创建、房地产开发建筑面积超过特色小镇总建筑面积 30%等十种事项。去年云南清退的 6 个特色小镇中,有 2 个小镇就是因为触碰生态红线被除名的。

实质上,建立特色小镇的考评与退出机制,本身就是现代公共治理的应有之义。现代公共治理是一种全链条的动态管理,它摒弃"一次审批,终身受益"的传统管理模式,在调研追踪与不断反馈中重新评估标的物,从而确保事业推进的质量与效率。只有建立动态的考核机制,特色小镇才能源源不断地生出内在动力,实现可持续发展。

特色小镇的本质是人的宜居宜业,关键是特色,因而注定用钱砸不出来,靠行政手段也造不出来。唯有久久为功的精耕细作,才能实现根深叶茂的发展。

从"深圳速度"到"中国高度"①

南海之滨,改革创新大潮在这里不断喷涌。

39 年前默默无闻的"小渔村",如今已成为管理人口超 2000 万的现代化国际都市,深圳经济特区的发展崛起,印证改革开放是坚持和发展中国特色社会主义的必由之路,创造了世界工业化、城市化和现代化史上的奇迹。

从"三天一层楼"创造"深圳速度"起步,中国改革开放的信心与决心在这里宣示。

从"1 天 51 件发明专利"勇攀"中国高度"再出发,高质量发展的冲锋号角在这里吹响。

站在全新的时代方位,鹏城深圳高擎全面深化改革开放的伟大旗帜,以更加昂扬的姿态续写改革史诗。

制度创新,激发市场企业"生命力"

70 多岁的梁宪,至今仍清晰记得第一次来蛇口的感受。

1979 年 7 月,30 多岁的梁宪从香港坐船第一次来到蛇口渔民码头,他作为交通部派往香港招商局工作的外派干部, 与袁庚等人共同参与蛇口工业区的建设。"那时候的蛇口真可以说是穷乡僻壤,淡水只有两口井,经济发展硬件、软件的基础都很薄弱。"

就是在这样艰苦的条件下,建港填海的"开山炮"轰鸣炸响,迸发溢出的

---

① 参见孙飞:《从"深圳速度"到"中国高度"——深圳经济特区创新发展纪实》,《中国青年报》,2018 年 10 月 8 日。

改革"营养",将招商银行、平安保险、中集集团等孵化为叱咤风云的中国企业巨头。

在梁宪看来,这些企业之所以比较成功,"关键在于它们从一开始便实行了现代企业制度,实行了股份制"。而在 20 世纪 80 年代初期,当蛇口提出实行股份制,特别是在国有企业搞股份制改革时,"还给人异想天开的感觉,面临很大压力"。

分居深圳南头半岛两侧的蛇口与前海,历史在这里交汇,创新在这里书写。

"特区中的特区"前海,近 5 年每年平均诞生超过 3 万家企业,累计推出制度创新成果超过 300 项,正成为新一轮改革开放的先行先试者。

40 多岁的货车司机徐军,怎么也想不到自己会成为第一个尝试互联网银行贷款的人。当货车司机 20 多年,徐军平常在四川和广东之间"跑车"。

"微众银行的贷款客户中,79%为大专及以下学历,超过 600 万人无人行征信记录,73%的贷款总成本低于 100 元。"站在微众银行控制中心,行长李南青指着屏幕上不断跳动的用户数字,兴奋之情溢于言表。目前,前海微众银行有效用户总数已经超过 8000 万人。

欲引金凤凰,先栽梧桐林

从改革开放初期第一个打破平均主义"大锅饭"工资制度、敲响土地拍卖"第一槌"、第一家外汇调剂中心成立等诸多"第一",到近期的应届毕业生落户"秒批"、商事登记改革"三十证合一"、推进知识产权保护,深圳制度创新、优化营商环境的改革,一直在路上。

数据显示,2017 年深圳 PCT 国际专利申请量突破 2 万件,占全国四成以上。

知识产权申请人好似"赛马",但要想跑出好成绩,离不开好的"赛道"。建立知识产权联盟、成立知识产权服务中心、创新知识产权纠纷解决机制……不断完善的"赛道"正激发"赛马"潜能。

从销售额只有 300 多万元到百亿元数量级,大疆只用了几年时间。这一成绩的背后,是大疆专利申请的爆发,以及对飞行器及部件、云台、数据传输及显示等方面进行的专利布局。

"知识产权是区域创新竞争力的核心要素。"南山区科创局局长刘石明说,"只有不断完善知识产权保护的'赛道',才能创造良好的创新生态。"

科技创新,锻造经济腾飞"核动力"

根据手机提示上下左右转动头部,建立人脸三维模型,实现免接触解锁……近期流行的带有 3D 人脸识别功能的"网红"手机,将背后的深圳企业奥比中光推向台前。"三年磨一剑,我们从 2015 年开始投入研发的 3D 结构光手机方案,终于迎来了成果检验的一刻。"奥比中光创始人黄源浩说。

从"三来一补"的加工制造,到亦步亦趋的跟随式创新,再到"无中生有"的源头创新……"回顾深圳经济特区近 40 年的发展奇迹,创新是第一动力。"深圳综合开发研究院常务副院长郭万达说。

腾讯公司董事会主席兼 CEO 马化腾常回忆起 19 年前那个秋天。彼时,"经济发展越来越需要知识创新驱动"的观点不断深入人心,深圳取消"荔枝节",举办首届中国国际高新技术成果交易会。

在中国国际高新技术成果交易会上,马化腾带着 66 个版本、20 多页的商业计划书跑遍了展馆,推销 QQ 的前身 OICQ。他拿到了腾讯公司发展史上最为关键的第一笔 220 万美元的风险投资。

时光荏苒,一批科技巨子从深圳走向世界,燃起炽热的创新火焰。

一个个科技创新巨头企业在这里成长。上半年,华为实现销售收入 3257 亿元,同比增长 15%。在经济下行压力较大的背景下,科技巨头们依然马力十足,迸发创新能量。

一个个源头创新的种子在这里播撒。从一飞冲天的大疆无人机,到有望颠覆显示技术的光峰光电激光电视,"创客"们在这里挥洒汗水,打破"不可能"。

一个个跨界融合的火花在这里碰撞。"微信+"连接地铁、电影院、医院等线下场景,"无人机+"布局美景航拍、农业植保、快递投送等功能,"机械臂+"

畅想咖啡店、餐馆、客厅等消费级应用……新的经济增长点不断"无中生有",蓬勃生长。

40 载激情岁月,深圳的城市面貌发生了翻天覆地的变化,经济总量从1979 年的 1.97 亿元上升到去年的 2.24 万亿元,仅次于北京、上海,已与曾经差距巨大的香港相当。

深圳市发改委相关负责人介绍,上半年,深圳创新投入保持较快增长,全社会研发投入达 476.3 亿元,增长 15.4%。目前,深圳全社会研发投入占GDP 比重超过 4%,达到国际先进水平。

40 年风云变幻,从老牌"创客"到科技"新军",不变的是创新的勇气。

管理创新,催化社会治理"凝聚力"

从自动化"拉链车"连续"吞吐"形成的潮汐车道,到早晚高峰期间只允许载有 2 人以上车辆驶入的"多乘员车道",再到"人脸识别"查处非机动车闯红灯……一个个深圳"网红"的背后,是城市管理的智慧与创新。

曾几何时,"来了就是深圳人"的口号让人倍觉亲切,鼓励众多年轻人在此扎根拼搏。如今,在一系列举措作用下,经济特区不断孕育更包容更多元、充满凝聚力的城市文化。

协调组织国际植物学大会,参与光明滑坡事故救援,"U 站"提供不间断志愿服务,"志愿者之城"已成为深圳的一张名片。深圳已有超过 155 万名注册志愿者,每年开展的志愿服务活动超过 12 万场次。

更加完善的公共服务,也让人"暖暖的"。为应届毕业生提供 7 天免费住宿和长期就业指导的"青年驿站",成为不少异乡学生"深圳梦"的起点。"像回到了大学岁月,找到了'家'的感觉。"曾入住青年驿站的创客胡贤辉说。

共建共治共享的社会治理格局,正在深圳不断形成。

佩戴红袖章、进行反电信诈骗宣传、及时举报违法线索,快递小哥成为群防群治的重要力量。深圳市公安局副局长李龙文说,深圳目前有快递员 4万余名,积极发动全社会力量,打造群防群治守护网,有利于解决治安防控的基础性、常态性问题。

通过大数据计算，更加智能地实施潮汐车道；交通事故发生后，车子几分钟被拖走、交通秩序很快恢复……"平安与深圳市正在推进的智慧交通系统，形象一点说，相当于为城市增加几百公里道路。"平安集团总经理任汇川说。

经济发展需要创新驱动，城市管理、社会治理同样需要创新驱动。

"不依靠信息技术，不在管理创新上下功夫，很难想象仅靠有限的人力、物力而能高效地管理越来越庞大的城市。"深圳市政府发展研究中心主任吴思康说。

饱经沧桑的深圳河，滚滚汇入伶仃洋，见证改革开放大潮的奔涌，感受粤港澳大湾区的炽热温度。今天的深圳，迈入新时代，蹄疾步稳、扬帆起航。

中国发展带来的几点启示①

改革开放以来,中国经济发展取得巨大成就,从一个贫穷的国家变成世界第二大经济体。中国的发展拓展了发展中国家走向现代化的途径,给世界上那些既希望加快发展又希望保持自身独立性的国家和民族提供了全新选择。总的来说,中国经济发展给贫穷国家实现自身发展带来四个方面的启示。

中国曾是世界上最贫穷的国家之一。1978 年我国人均 GDP 只有 156 美元,80%多的中国人生活在农村。1981 年,84%的中国人生活水平在一天 1.25 美元的国际贫困线之下。但是,经过改革开放以来的快速发展,中国成功迈进中等偏上收入国家行列,2018 年人均 GDP 接近 1 万美元。短短 40 年时间,中国就创造了一个摆脱贫困、走向繁荣的经济奇迹,证明贫穷不是命运,为世界上其他还深陷贫困的国家实现工业化、现代化,走向繁荣富裕带来了信心。这是中国发展带来的第一点启示。

对于广大贫穷国家来讲,如何摆脱贫困、实现自身发展是当务之急。贫穷国家大多以传统农业生产为主且生产力水平很低,要摆脱贫困就必须实现农业农村的改变。首先,要积极引入现代农业生产技术、化肥、良种等,提高农业生产力水平和农民生活水平。其次,要大力加强农田水利建设,改善农业灌溉条件,防止或减少因天有不测风云而带来的不利影响,确保农业生产旱涝保收。再次,要提高农民的生产积极性。这是提高农业生产力水平的关键。中国通过实施家庭联产承包责任制,极大调动了农民的生产积极性,既改变了农村面貌,又拉开了改革开放的大幕。最后,要更好发挥政府作用。

---

① 参见林毅夫:《中国发展带来的几点启示》,《人民日报》,2019 年 8 月 13 日。

一方面,农业现代化离不开良种培育,而良种培育在很大程度上属于公共产品,依靠市场力量很难实现有效供给,需要充分发挥政府作用;另一方面,单纯依靠农户难以解决大规模兴修农田水利、改善农业灌溉条件等问题,要充分发挥政府作用才能做好。摆脱贫困、实现发展需要从推进农业现代化做起,这是中国发展带来的第二点启示。

当然,要摆脱贫困、实现发展,单单靠发展农业是不够的,一定要推进工业化。现代化是农业和农业人口所占比重都不断下降的过程。贫穷国家要摆脱贫困、实现发展,就一定要推进工业化,把农民从农业中转移出来,进入现代化工业体系,并不断提升工业化发展水平、优化产业结构。1978 年以来,中国之所以能够发展起来,一条重要经验就是在农村改革的基础上推进工业化、城镇化,大力发展现代服务业。这是中国发展带来的第三点启示。

事实上,一些国家也都明白先推进农业现代化,进而推进工业化、城镇化这一道理,但为什么鲜有国家成功? 根本原因在于他们在实现自身现代化过程中选错了参照系,将发达国家有什么、做什么作为实现自身现代化的参照目标。在第二次世界大战后,他们按照当时西方主流的结构主义理论,在资本极端短缺的条件下,以进口替代战略去发展和发达国家一样先进的资本密集型大工业。由于违反比较优势,企业在开放竞争的市场中缺乏自生能力,只能靠政府对市场直接干预和扭曲的保护才能勉强把这样的产业建立起来。20 世纪 80 年代以后,一些国家又按照当时西方主流的新自由主义理念,试图以"休克疗法"推行"私有化、市场化、稳定化",建立起和发达国家一样完善的市场经济体制,忽视了政府在经济转型和发展过程中的作用,结果不仅原本已经建立起来的工业体系崩溃了,新的工业体系也没有建立起来,出现了去工业化的现象。这就导致一些国家在向市场经济转型过程中经济停滞、崩溃,危机不断。中国为什么成功了呢? 主要原因在于,中国能够根据自己的要素禀赋条件以及要素禀赋条件所决定的比较优势,发挥政府在市场经济中的因势利导作用,把自己能做好的产业做大做强,将比较优势变成竞争优势,从而推动中国经济长期稳定快速发展。这是中国发展带来的第四点启示。

选举民主实践中的问题①

冷战结束以来,西方国家欢呼人类历史将"终结"于西式民主,并将西式民主拔高到普世价值、普适模式、样板标准的高度。实际上,西式民主不仅在理论上存在明显缺陷,而且在实践中日益暴露出种种问题。

一、票决变钱决

西式民主本质上是金钱政治,这在全世界已经是共识了。资本为维护自身利益,有控制政治的天然倾向,西式选举制度则给资本提供了"合法"的便利渠道。票决选举是花钱游戏,从民意调查、形象包装、广告推广到组织集会、演讲造势,都需要大量的钱。钱从哪里来?主要靠募集政治献金。比如"民主典范"美国,其政治献金分两部分,一部分被称为"硬钱",由选民直接捐献并要求直接为竞选服务;另一部分被称为"软钱",一些大企业、大财团及其支持的"超级政治行动委员会",以政党建设的名义捐款支持某个候选人或攻击其竞争对手。此外,还有"更软的钱",大资本家操纵媒体为某个候选人服务,通过媒体报道的倾向性影响选民判断。事实证明,金钱在选举中具有非常重要的作用,有学者对美国1980—2008年历次总统大选统计发现,竞选经费占优的一方大多都获胜了,这一规律同样适用于国会议员选举。

其实,问题的关键不仅在于搞选举花了多少钱,而在于大资本家花了多少钱,以及其得到了怎样的回报。这种回报主要有以下几种方式:一种是低

---

① 参见张程:《揭穿西式选举民主的"神话"》,《红旗文稿》,2017年第4期。

层次的吃住回馈,比如克林顿、奥巴马等,邀请捐款者到白宫或戴维营公款住两晚。一种是官职回报,小布什为报答帮其大选筹款的"先锋俱乐部",曾先后任命了该俱乐部 43 名成员,包括 2 名部长和 19 名大使。真正的大回报是政策倾斜,当选总统和议员们通过优惠政策、项目外包等方式回馈"金主"。据美国财经博客网披露,2007—2012 年间,在政治上最活跃的 200 家企业,共耗费 58 亿美元用于联邦游说和竞选捐款,而他们从联邦政府的生意和支持中得到了 4.4 万亿美元的回报。票决变钱决,给资本操纵政治留下了"后门",使政治变成金钱游戏,让少数富人获得了谋求不均衡利益的权力,人民作主变成资本家作主,西式选举民主沦为"私人资本的寡头政治"。对此,美国参议员伯尼·桑德斯有切身感受,"有些人认为国会控制着华尔街,然而真相是华尔街控制着国会"。

二、选举变选秀

有人讲,西式选举一靠有钱、二靠脸蛋、三靠会说。"靠脸"主要是指搞形象包装。候选人会根据选民的偏好进行全面包装,从发型选择、衣服搭配、声音语调、讲演发言都请专业人员进行精心设计,以求符合选民期望,与娱乐明星无异。候选人尤其要"会说",不仅要口才好,关键是能搏出位、抓眼球、会煽动。演讲辩论本是候选人向选民阐述政策、表达观点的重要环节,现在却变成了肤浅的政治脱口秀。许多欧美政客为吸引选民,蛊惑煽动、空口许诺,只说选民们想听的,开出一张张空头支票,当选后却不兑现,进一步削弱了选举民主的严肃性。还有一些政客为吸引眼球,或插科打诨,或攻讦谩骂,搞出格的人身攻击,发耸人听闻的言论,拉低了政治竞选的品位。不仅候选人本身,许多媒体也深度参与、助推、包装这种政治秀,刊播各种竞选广告,炒作花边狗血新闻,放大政客奇谈怪论,唯恐天下不乱,唯恐竞选不乐。纵观各类西式选举,最终掌权的是政客和资本家,直接获利的是媒体,娱乐的是大众,伤害的却是政治公信。

三、票决变否决

选票是西式选举民主的指挥棒，各政党和政客们一切以选举获胜本身为最终目的,而忘了胜选的目的是为解决国家现实问题、保障人民权益。要竞选成功,一种办法是壮大自身,另一种是打击搞垮对手。后一种办法在实际政治中被广泛使用,使票决制成为否决制,相互制衡变成彼此掣肘,"谁也别想好",从而陷入政治恶斗,形成政治僵局。在日常政治生活中,各党派常常各执一端,相互否决,导致政党利益整合功能衰减,有效公共政策难以出台。政客们不着眼于解决问题,而着力于否决掉为解决问题所做出的决策,"他们除了相互攻击,什么都不做"。在西式选举民主制下,对手受损才能使己方获利,在野党的重点工作就是和执政党唱反调,让其执不好政、无所作为以至失去选民信任,从而为自己下次竞选获胜争取机会。选举政治衍生出的负面竞选和否决政治,导致政治竞争恶质化、政治决策低效化、社会族群分裂化,使政治机构和政治人物的形象严重受损,引发了西式选举民主的合法性危机。

四、票选变不选

票决选举的正当性基础就在于民众理性、积极、持续参与政治、投票选举。然而现在西方却出现了普遍的政治冷漠,人们不关心政治、不愿去投票,本就不高的投票率近年来持续下降,使西式选举民主出现严重的代表性危机。比如,美国的投票率近年来已降到很低水平,总统选举投票率仅 50% 左右,国会议员选举约 35%,地方选举约 25%。西式民主辩护者称,选民不参与选举只是"投票者冷漠",因为信任本国政治制度以至无需关心具体谁上谁下,或者只是缺乏热情和懒惰。这种说法显得太过一厢情愿,民众不去投票是因为"投票只是一种形式而已""投票改变不了任何事情"。票选变不选,表明选民对此种票决选举制度以及候选精英深深的失望,对金钱政治、选举操弄、舆论控制、抹黑揭丑的无助和愤怒，对自己不过是投票工具的不满和无奈，所以用脚投票，不参与所谓的票决选举把戏了。

中国文字、中国思维、中国文化
阐述马克思主义具有独特优势①

马克思、恩格斯使用的语言属于印欧语系,汉语属于汉藏语系,二者之间的差异确实大于同一语系不同语族、同一语族不同语种之间的差异,在语言的互译方面,确实存在不少理解和解释的障碍。而且马克思主义是在西方文明的土壤中生长出来的, 马克思主义中国化是在中华文明的土壤中生长出来的。但不同的语言、范畴、思维、文化,不构成人类思想交流交融的根本性障碍。

中国共产党人从马克思主义创始人那里, 学习了融汇人类文明全部优秀成果的兼容精神,学习了对资本主义文明继承、批判、超越的科学态度,学习了使用多种文字准确表达思想的传播能力。同时,从语言和文化的角度考量,中国共产党人也形成了阐述马克思主义融汇中西的独特优势。中国语言文字凝练传神,有其丰富的表现力,又有很大的想象空间,如"矛盾";中国概念范畴千锤百炼,言简意赅,不断赋予新的内涵,如"实事求是";中国思维方式注重辩证、善于统一,把握度量、富于智慧,如把改革、发展、稳定统一起来;中国文化品格兼收并蓄、博大精深、开放发展,如不忘本来、吸收外来、面向未来。用中国文字、中国思维、中国文化阐述马克思主义,讲出了新意,讲出了深意,讲出了中国意蕴。马克思主义中国化的理论成果及其实践成果,有力证明了马克思主义是属于世界、属于人类的,证明了马克思主义中国化不仅是中国的,而且是世界的,具有世界意义。中国话语将成为阐述 21 世纪马克思主义的主要话语。

---

① 参见颜晓峰:《用中国话语阐述 21 世纪马克思主义》,《经济日报》,2018 年 11 月 8 日。

　　中国共产党人将高举起当代中国马克思主义、21世纪马克思主义的旗帜，责无旁贷地担当起坚持和发展马克思主义的历史使命，在新时代推动马克思主义不断发展的伟大实践中，继续推进马克思主义中国化，让马克思主义在当代中国和当代世界放射出更加灿烂的真理光芒。

2016,中国文化软实力是怎样影响世界的？ ①

美国学者约瑟夫·奈提出了"软实力"的概念,而文化的吸引力是其中的重要组成部分。让我们来盘点一下 2016 年,看看中国文化的"软实力"在怎样不断地影响着世界。

一、《习近平谈治国理政》在世界范围内受到热捧

2016 年 G20 杭州峰会举行期间, 外国记者在新闻中心最关心的是能否领到《习近平谈治国理政》一书。9 月 1 日新闻中心正式开放后不久,主办方准备的《习近平谈治国理政》被领空。书中传递的中国智慧,深深吸引着前来采访的中外记者们。

自出版以来,《习近平谈治国理政》受到国际社会持续关注,引起热烈反响。截至 2016 年 10 月底,该书已发行超过 620 万册,其中海外发行逾 60 万册,取得近年来我国政治类图书在海外发行量的最高纪录,也创造了中国图书单品种在美国亚马逊网站的销售纪录。

二、曹文轩获国际安徒生奖,中国文学让世人刮目相看

2016 年 4 月,曹文轩获得"国际安徒生奖"这一国际儿童文学领域的最

___

① 参见文汇:《2016,中国文化软实力是怎样影响世界的？》,http://news.youth.cn/gn/201612/t2016 1229_8995034.htm。

高荣誉，实现了中国作家在该奖项上零的突破。获奖后，曹文轩一直在不同场合强调："我不是天才，是中国文学的整体水平不断升高，提供了一个好的平台，才让世界看到我。"

自 2012 年诺贝尔文学奖首次颁给了中国作家莫言后，国际文学类奖项越来越关注中国文学的发展和突破。刘慈欣的《三体》获雨果奖后受到海外读者热捧，连美国总统奥巴马在夏威夷度假时都带了一本。

三、中国当代作品翻译工程在西方出版界刮起旋风

2016 年，中宣部组织实施的中国当代作品翻译工程成效显著。一大批思想精深、艺术精湛、制作精良的文学翻译作品，带着中华民族的诚意大步"走出去"。

作家麦家更是让西方出版界刮起了一阵"麦旋风"。他的小说《解密》在西方国家出版发行后，引起巨大轰动，创下了中国当代文学作品英文翻译销售的纪录。《解密》不仅赢得了市场，也赢得了西方主流媒体的好评。《纽约时报》《华尔街日报》以及 BBC 等 30 多家海外主流媒体对麦家及其小说创作进行了报道，并给予较高评价。麦家说："今天我们是怎么迷恋他们的，明天他们就会怎么迷恋我们。中国作品'走出去'要充满乐观地打持久战。"

四、创新经典戏曲，海外巡演让外国观众如痴如醉

一部什么样的京剧电影，能让日本观众为之疯狂？继 3D 全景声京剧电影《霸王别姬》应邀在美国好莱坞杜比剧院举行了海外首映礼之后，2016 年7 月 5 日，获得"金卢米埃尔"奖的《霸王别姬》在日本东京电影节"中国艺术电影周"连续展映了多天。日本观众对于中国大胆尝试运用 3D 电影技术展示经典京剧艺术赞不绝口。一年来，京剧电影《霸王别姬》在美国、法国、英国等国家的海外巡展之路，让京剧走向了更远的世界。

2016 年 12 月，上海张军昆曲艺术中心创排的《我，哈姆雷特》收到多家

海外演出机构邀请,来到莎翁故乡,用中国标志性的传统戏曲形式昆曲表演英国人最熟悉的哈姆雷特。张军不仅用古汉语文辞以及昆曲严谨的曲牌格律改编莎翁名著,而且一人挑战生旦净丑四个行当,赋予古老昆曲鲜活的生命力,也征服了伦敦观众。

五、中国网络小说引欧美"宅男"疯狂"追更"

这件事儿,很多人都没想到。那就是中国网络文学已成功走出国门,登陆欧美二次元阵地,影响力超出了许多人的想象。在 Wuxia World(武侠世界)、Gravity Tales(引力小说)等以翻译中国当代网络文学为主营内容的网站上,到处可见众多外国读者"追更"仙侠、玄幻、言情等小说的盛况。

众多国外翻译组每天都会上传无数英语文本,而欧美"宅男"们则认真地为自己喜欢或讨厌的书撰写着大段的评论。

六、《海外中文古籍总目》盘点流失海外的中国古籍家底

中国文化源远流长,留下的古籍更是不可胜数,其中有许多珍贵的古籍因各种原因流落海外。中华书局启动的《海外中文古籍总目》出版项目被列入"十三五"古籍整理出版工作五大重点之一,它将使越来越多沉睡在国外图书馆库房里的中文古籍被唤醒,越来越多散落在世界各地的珍贵中文古籍以各种形式得以重新面世,中文古籍的家底将越来越清晰。

2016 年,这一项目已得到了北美地区各馆的积极响应。目前,已有 13 家海外藏书机构加入《海外中文古籍总目》项目。我们为何要倾尽全力编制完备的《海外中文古籍总目》?因为要知道中国古籍与中华传统文化对海外的影响,看看它就全明白了。

七、当汤显祖遇到了莎士比亚，中西文化双星闪耀

400 年前，人类星空有两颗璀璨的巨星陨落。他们分属东西方，但都是文学史上不朽的巨子。穿越数个世纪，人们仍然在剧院和书籍中享受他们的精神创造。2016 年 12 月 6 日，中、英两国专家学者相聚在上海的"跨越时空的对话——中英纪念汤显祖莎士比亚逝世 400 周年研讨会"。汤显祖遇上莎翁，预示着中国传统文化走向世界的广阔前景。

2016 年，为纪念汤显祖逝世 400 周年，上海昆剧团排演了汤显祖的代表作《牡丹亭》《紫钗记》《邯郸梦》《南柯记》4 部大戏，构成了完整版的"临川四梦"。该系列已在海内外举行了 42 场演出，所到之处均一票难求。

八、成龙打出一片天，奥斯卡终身成就奖给了中国人

2016 年 11 月 12 日，成龙荣获奥斯卡终身成就奖，他也是首位获此殊荣的华人。

成龙将中国动作电影在世界范围内发扬光大，是第一个把功夫和喜剧完美结合的演员。更重要的是，成龙让外国人见到了一个不一样的中国、不一样的中国人，打开了一个新的视角。正如成龙本人所言，"中国人说话没人听的时代已经过去了!？"

对广大中国观众而言，缺少成龙电影的童年，当然也是不完整的。

九、中国电影借风组团出海

多年来，走出去一直是中国电影业的目标。但零打碎敲的状态让中国电影在海外的影响力甚微。如今中国电影人终于领悟到，团结就是力量。组团出海，成为大家共同的选择。

2016 年 11 月 30 日,国家新闻出版广电总局电影局召开"中国电影普天同映"海外工作座谈会,探讨在新形势下如何进一步推动中国电影的海外影响力。

华人文化控股集团、华人影业、万达影视、光线影业、华谊影业、乐视影业等 30 多家一线电影制片公司踊跃组团。年末,电影《长城》上映,走出中国电影国际化包装的第一步。

十、纪录片《中国面临的挑战》获第 68 届美国洛杉矶地区艾美奖

2016 年 12 月 16 日,纪录片《中国面临的挑战》第三季启动仪式在北京举行。

《中国面临的挑战》是上海广播电视台外语频道制作的系列专题片,该片由国际知名中国问题专家罗伯特·劳伦斯·库恩主持,是国内首部以西方人视角观察、研究、分析中国现状的社会现实题材纪录片。该片于 2012 年播出第一季,此后登陆美国、德国、澳大利亚等多家海外主流媒体,仅在美国,其第一季、第二季就在 210 个公共电视台播出。截至 2016 年 7 月,累计 4000 余集次,在美国前十大城市覆盖率从第一季的 70% 攀升到第二季的 96%。

"中国已成为世界第二大经济体。我们所拍摄的纪录片是要告诉世界一个真实的中国。"库恩说。节目的采访与拍摄历时超过一年,总行程逾 40000 公里。节目质朴、生动、娓娓道来,向国际社会解释了什么是"中国梦",如何实现"中国梦",实现"中国梦"最大的挑战是什么,"中国梦"对世界意味着什么。

目前,这部纪录片已经获得了国内外大量观众的认可,被誉为"打通了中西方舆论场"。它不仅获得了国内许多奖项,还摘得第 68 届美国洛杉矶地区艾美奖。

"德不孤，必有邻"——《论语》在日本①

　　作为一衣带水的邻邦，中国和日本之间的文化交往源远流长。尤其是以《论语》为代表的儒家思想对日本的国家形成和社会发展均产生了重要影响。据《古事记》《日本书纪》等日本古代文献记载，应神天皇十五年，百济人王仁将《论语》携带至日本。此后，《论语》对日本政治、经济、文化和思想的发展嬗变产生了深远影响。这种影响一直延续至今。

　　"在几十年的教师生涯中，我最喜欢《论语》中的一句话：'德不孤，必有邻'。"日本山梨县立博物院馆长、筑波大学名誉教授守屋正彦是《论语》的忠实读者与研究者。他幼时便跟随父母学习《论语》，虽然不系统，只学习了书中的一些章节和句子，但"温故知新""巧言令色"等名句依然早早镌刻在守屋正彦的脑海中。

　　事实上，在日本的学校教育中，《论语》也经常被提及。圣德太子是日本著名政治家，他在公元 7 世纪初制定的"冠位十二阶"和十七条宪法都借鉴了《论语》中的思想。守屋正彦告诉我，他现在仍然清晰记得，小学和中学老师曾讲过"冠位十二阶"的制定借鉴了《论语》等中国儒家思想中的"仁义礼智信五常"。而十七条宪法第一条"以和为贵，无忤为宗"就引用了《论语·述而篇》中的"以和为贵"。

　　此后，《论语》一直对日本的社会发展发挥着重要作用，很多学者、政治家、企业家都把学习《论语》作为立身之本。在日本家喻户晓、开创了江户时代的德川家康就是《论语》的忠实拥趸。他不光自己反复阅读《论语》，还积极在日本民众中普及《论语》；不仅让武士阶层熟读《论语》，让一般百姓也逐渐

---

① 　参见刘军国：《"德不孤，必有邻——《论语》在日本"》，《人民日报》，2019 年 7 月 14 日。

熟悉《论语》。此外，被誉为"日本企业之父"的涩泽荣一也酷爱《论语》，毕生都将《论语》作为自己安身立命、处世经商的准则。他撰写了多本关于《论语》的著作，《论语与算盘》便是其中的代表作。

在守屋正彦看来，《论语》在东亚地区广泛流传，对各国文化影响深远。用今天的视角来看，《论语》有着贯穿其中的积极思想，即从第三人称这一角度对第一人称，即"自己"的欲望进行规范，使之朝着正确的方向发展。在许多人眼中，这是一种不同于西方的、亚洲式的礼仪。日本舞蹈、茶道、花道、剑道、柔道等均受到以《论语》为代表的儒家思想影响。在这些体育和艺术形式中，老师传授学生礼法之道，以及在待人接物时要尊重彼此的思想。

不仅是政治家、企业家、人文学者，一些日本科学家也非常重视从《论语》中汲取智慧。日本著名化学家、东京理科大学前校长藤岛昭从小学就开始学习《论语》等中国传统典籍，但当时少不更事，对博大精深的中国文化的理解流于浅显。博士毕业后，他在从事科研工作的过程中突然发现中国文化的巨大魅力。藤岛昭认为，中国先贤的智慧哲思对今天的科学研究依然有着巨大的启发意义，他说："阅读《论语》使我受益匪浅。"

如今，《论语》在日本社会依然受到广泛尊重，在小学教材中依然有与之相关的内容。在书店里，有各种版本的《论语》相关图书售卖。守屋正彦认为，《论语》诞生在春秋战国时期，是一部耗费了大量心血、记录孔子哲思的著作。尽管它诞生在 2000 多年前，但其中很多话语依然闪烁着无法磨灭的智慧光芒，对于今天的社会来说，依然具有重要的参考意义。他希望现代日本人能够阅读《论语》，认识到其大有裨益，继而顺其自然地去学习《论语》中的道理。

守屋正彦表示，自古以来日本深受中国思想的影响，日本文化中的一部分也源于中国。位于东亚的朝鲜半岛和日本都从当时最先进的国家——中国学习科学技术和思想文化。在日本古代，孔子是学问之神，人们悬挂孔子的挂像，在天皇宫廷中的大学寮举行孔子的释奠礼。中世纪时，日本进入武士时代，开始学习禅宗。当时从中国来到日本的禅僧修习朱子学，日本禅宗僧侣也随之学习朱子学，并以此作为通往上层阶级的途径。禅宗僧侣向武士传授"中庸"等儒家思想。就这样，儒家思想逐渐融入日本礼仪仪式和审美艺术，并对日本茶道和花道的审美取向产生巨大影响。

作为一名艺术学博士，守屋正彦长期研究日本孔子像礼拜和儒家思想对日本绘画的影响等课题。他认为，以《论语》为代表的儒家思想对日本绘画艺术产生了重要影响，孔子像就是其中最具代表性的例子。此外，例如中国圣贤像、贤儒像，周茂叔爱莲、孙康映雪等与儒家思想密切相关且凝聚了中国传统文化精神的故事，在日本成为广受喜爱的绘画题材，频繁在画作中出现。

文明的交流互鉴从未停止①

　　中国文明的出现和发展并没有孤立于世界其他地区，世界其他文明的一些有益想法、器物和技术都跨越了千山万水，丰富了中国文明的内涵。中国创造的很多文明因子也传播到域外殊方，造福全世界。

　　2019 年 4 月以来，与亚洲文明对话大会相呼应的一系列展览令人应接不暇。中国国家博物馆和中国文物交流中心承办的《大美亚细亚——亚洲文明展》开展之后更是受到观众的追捧。这些展览生动阐释了古代各个文明的精彩，以及世界各地通过丝绸之路和中国文明交流互鉴的生动故事。

　　中国位于欧亚大陆的东端，史前新石器时代的各支文化基本根源于东方本土。公元前第三千纪至公元前第二千纪早期，世界四大文明古国突飞猛进。除此以外，欧亚大陆中、东部靠北，相对比较边缘的区域，也出现了几个社会飞速发展的中心，这些中心都出现一些新的技术、新的思想，社会发展跃上一个新的台阶。比如乌拉尔山东南麓草原上的辛塔什塔文化、南西伯利亚的奥库涅夫文化、甘青地区的四坝文化和齐家文化、陕西北部的石峁文化、山西南部的陶寺遗址、内蒙古东南部的夏家店下层文化等。大量考古发现显示，这些看似彼此遥远的文明古国以及文化中心可能通过欧亚草原存在着直接或间接的互动。我们从这些文化出土的典型文物就能清晰地看到这一点。

　　中国国家博物馆的《殊方共享——丝绸之路国家博物馆文物精品展》展出了两件塞伊玛–图尔宾诺文化的青铜矛，同时还有中国国家博物馆藏的一件有倒刺的矛。在首都博物馆的《山宗·水源·路之冲——"一带一路"中的青

---

　　① 参见郭物：《文明的交流互鉴从未停止》，《人民日报》，2019 年 5 月 25 日。

海展》则展出了一件中国西北地区仿制的同类型铜矛。具有塞伊玛-图尔宾诺文化特点的青铜器包括矛、方銎斧、刀等,广泛分布于从阿尔泰山到西伯利亚腹地沿河流的森林草原地带,时代相当于中国的夏商时期,最有特点的就是这种带倒刺的青铜矛,类似的器物除了在甘青、中国北方有发现外,在中原腹地的河南也有出土,反映了中国同欧亚大陆西部锡青铜技术和相关器物的传播交流的历史。

汉武帝时期,张骞出使西域,穿越塔克拉玛干沙漠南北缘的绿洲之路正式开通,欧亚大陆最后一段自发交通的路线,得到统一国家力量的建设和维护,沟通欧亚大陆的丝绸之路随后正式联网成功。

由于对中国丝绸的刚需以及中国保持对外交流和交往的需求,丝路沿线大国把欧亚大陆东西两边早已建立起来的成熟交通网络,连接成一个有官方提供军事保护和后勤支撑的网络。通过这个有主干和支流的网络,欧亚大陆东西方的人员、信息和物资得以顺畅交流。

在清华大学艺术博物馆的《器服物配好无疆——东西文明交汇的阿富汗国家宝藏展》中,公元一世纪前半期的蒂拉丘地单元展,是了解丝绸之路开辟、民族迁徙、文明交流最生动的见证。6座墓葬中出土了不少跟中国有关系的东西,比如丝绸、覆面、铜镜、琥珀小狮坠饰、铅钡玻璃、中原车和人的形象、熊的形象。这些文物说明墓主们同中国的两汉王朝有各种关系。最重要的是,文物里面有来自中国的“龙”的形象,装饰在四号男主人墓出土的一件小带扣和短剑剑鞘上。以翻唇为特点的龙形神兽的最初原型是中国东北史前文化中的猪形神兽,之后是商周文化中的龙。从战国晚期到汉代都非常流行,从东北亚,经燕山、阴山至天山都有大量类似装饰的文物发现。在俄罗斯阿尔泰出土的中国战国时期丝绸、山字纹铜镜和漆器的巴泽雷克文化中,也有非常相似的艺术形象。以大月氏为代表的游牧民族则把这种神兽发展成为自己的“龙”。这个龙的元素后来在贵霜文化里也出现比较多,而且加入了一些希腊文化因素的影响。就龙形翻唇神兽的起源、发展和传播来看,古代中国的文化因素和艺术原型,通过游牧民族的迁徙传播到了更为广大的中亚、西亚和南亚地区。

“文明因多样而交流,因交流而互鉴,因互鉴而发展。”中国文明的出现和发展并没有孤立于世界其他地区,无论是通过欧亚草原,还是中亚的巨大山脉、沙漠和绿洲,亚洲、非洲和欧洲其他文明的一些有益想法、器物和技术都跨越了千山万水,辗转传入中原,极大推动了中国文明的发展,丰富了中国文明的内涵。中国创造的很多文明因子也传播到域外殊方,造福全世界。我们在博物馆流连,通过一件件文物,就能看到这个历史过程。

让全社会充满道德温度①

在当代中国的文明星空中,处处能看到道德的光亮。他们如同一盏盏明灯,照耀着人们的心灵。点燃自己的善念火种、做身边人的道德光源,社会才能更加充满道德温度,文明才会因每个人的奉献而水涨船高。

日前,第七届全国道德模范评选表彰活动进入候选人集中公示阶段,各媒体集中刊登候选人的事迹。一个个闪耀的名字、一串串感人的事迹,刻写下我们时代的凡人善举,也彰显着推动社会前进的精神力量。

国无德不兴,人无德不立。精神文明是一个国家走向强大的重要支撑,道德模范是一个社会崇德向善的醒目旗帜。这次公布的全国道德模范候选人,是各个行业、各个领域涌现出的先进典型,他们身上生动呈现了当代中国的精神风貌,集中展示着我们时代的道德风尚。广泛深入开展道德模范评选表彰活动,就是通过评选道德模范来弘扬真善美、传播正能量,引导人们崇德向善、见贤思齐,鼓励全社会向道德模范看齐,用榜样的力量激励自己。

一个人追求道德的生活,人生就会更有意义;一个社会尊崇道德的风尚,社会就会更有力量。近年来,中华大地上层出不穷的榜样模范和先进人物,用行动诠释着向上向善的时代品格。誓言"振兴中华,乃我辈之责"的黄大年,诠释了什么是对祖国之爱;志在"让每个孩子都有微笑的权利"的韩凯,展示了什么是医者仁心;"捡"出一座免费图书馆的"中国好人"陈光伟,体现着质朴的助人为乐……在当代中国的文明星空中,处处能看到道德的光亮。他们如同一盏盏明灯,照耀着人们的心灵,也有力证明,道德正能量始终具有凝聚人心的力量。

---

① 参见张贺:《让全社会充满道德温度》,《人民日报》,2019 年 6 月 25 日。

　　我们倡导的社会主义核心价值观,既涵盖了对国家的热爱、对工作的热爱,也涵盖了对人的爱。此次公布的道德模范候选人的事迹中,或敬业奉献,或见义勇为,或诚实守信,或孝老爱亲,这些高尚品质,既是社会主义核心价值观的具体体现,也是中华民族传统美德的具体体现。他们用平凡中的伟大温暖人心,为全社会树立起榜样。在全社会颂扬道德模范,就是要把他们的爱心善举转化为潜移默化的力量,推动全社会形成崇德向善、见贤思齐、德行天下的浓厚氛围。

　　"一朵鲜花打扮不出美丽的春天。"让更多人向上向善,离不开对良好社会氛围的营造。近年来,各地区各部门按照中央的要求,不断推进公民道德建设,弘扬中华传统美德,培育时代新风,中华大地上涌现出一大批道德模范和最美人物。他们的精神给人们以巨大动力。在人们身边,无论是抢险救灾,还是扶危济困,只要社会有需要,就会有一大批人站出来无私奉献,凸显了新时代思想道德建设的丰硕成果,彰显了中华民族昂扬向上的精神风貌,让全社会因道德的追求而充满力量。

智慧城市让生活更美好①

信号灯会思考,按照它的提示你可以一路绿灯;城管有"数据大脑",哪里有问题可以精准定位解决;到医院看病带一部手机,就能全部搞定……这样高效便捷的智慧生活,逐渐成为山东济南的常态。

在济南,大数据、云计算、物联网等新兴前沿技术,为现代城市治理、社会民生服务、经济社会发展赋能,唤醒了"沉睡的数据",架构起"城市大脑",构建起"善感知、会喘气、有温度"的新型智慧城市。

打破数据壁垒

目前,全国约700多个城市正在开展智慧城市建设,济南缘何能脱颖而出?

业内人士认为,这主要得益于济南良好的产业基础和起步早、力度大的推进举措。

济南是中国软件名城、国家软件产业基地、国家集成电路设计产业化基地,是国家智慧城市、电子商务、信息惠民、三网融合试点城市。早在2011年,济南就提出了建设智慧泉城的目标,此后一系列实招硬招相继发力,包括设立智慧城市建设办公室、探索建立"一主体两平台"的体制机制等。

与此同时,基于传统模式的办理流程、生活方式,已不能适应新形势,迫切需要通过变革来提升城市运行效率。在这样的背景下,济南市和拥有技术

---

① 参见赵秋丽、李志臣、冯帆:《智慧城市让生活更美好》,《光明日报》,2019年7月23日。

优势的浪潮集团合作建设政务云,让政府的数据实现共享共用。

打破原有的部门数据和业务壁垒,在现实操作环节并非易事,需要跨部门、跨区域、跨业务协调,烦琐而细致。为此,济南市成立智慧城市建设领导小组,印发《济南市新型智慧城市建设行动计划(2018—2020 年)》,并达成共识:以共享为原则,不共享为例外,除非是特别敏感涉及安全不便公开的数据,其他数据能公开的都应该公开。

在打破数据壁垒成为共识的同时,能否攻克技术难题也是一个考验。比如,浪潮爱城市网 APP 为了建设统一平台,需要完成几百个接口的数据接入转换,而且必须保证绝对安全。浪潮为此成立了专门的技术小组,用 3 个月时间进行封闭攻关。正是由于技术人员不分昼夜地攻关,才一次次攻克技术难题,推出一个个支撑智慧城市建设的应用技术和产品。

智慧赋能城市

前不久,市民李女士前往济南市妇幼保健院做检查,到医院后发现忘带就诊卡。正当她和家人着急时,一旁的医护人员告诉她现在刷身份证就可办理。

李女士在医院的自助设备上刷了身份证,点击电子健康档案,得到一个二维码。关注医院微信公众号、添加就诊人信息,一张电子健康卡便生成了。"这个电子健康卡和医院的信息管理系统对接,以后来医院出示二维码就可以。"济南市妇幼保健院护士长、主管护师杨锐介绍。

这是济南智慧泉城"七通"应用给市民带来的实实在在便利。"七通"应用即"群众办事一站通""市民出行一路通""居民健康一卡通""和谐社区一格通""爱城市网一点通""公共安全一网通""金融服务一贷通"。

"我们要以技术创新为支点,推动新型智慧城市建设,以最小成本、最快速度实现优政、惠民、兴业。"浪潮集团董事长兼 CEO 孙丕恕说,目前,"七通"应用已全部启用,形成了政府大脑、感知大脑、交通大脑 3 个大脑,通过智慧手段的运用让市民生活更加便捷高效。

中小企业贷款难,在济南得到了有效缓解。自去年 6 月 1 号金融服务

"一贷通"上线以来,已为 6248 家小微企业累计授信 7.3 亿元,为 3949 家小微企业提供贷款 4.7 亿元,切实解决了小微企业融资难、融资贵问题,圆了上万人的创业梦。

智慧交通的运行,也让济南人尝到了甜头。驾车行驶在旅游路的市民发现,路口信号灯旁有个电子屏幕,上面写着"绿波速度"。如今,济南已有近 80 条道路拥有绿波带,40 余条道路纳入区域自适应协调控制,全市工作日早晚高峰平均延误时间下降近 11%,交通拥堵指数明显下降。

让城市更有温度

"一个智慧的城市,是个动态的有机生命体。在智能系统的控制下,城市运转更加有序,资源调度更加合理。我们的人民生活更加美好,我们的城市更具智慧、更有人情味。"山东省委常委、济南市委书记王忠林这样描述智慧城市。

智慧泉城建设,在深入影响市民生活的同时,也在推动城市发生着深刻变革。

当前,济南正大力推进"一次办成"改革,在高新区新办企业 20 分钟就能拿到营业执照,不到一个小时公司全部公章刻制完备。这在过去几乎是不可能的,这主要得益于高新区运用区块链技术,建设了智能政务"企业开办一次办成"协同管控平台,打通了市场监管局、公安、人社、税务等部门的业务专网,让各自为政的"沉睡数据"动起来、跑起来,大大减少了群众在多个部门、多个窗口之间来回跑的成本。

目前,济南已实现 76 个部门,2301 个数据集面向社会开放共享;初步整合 1087.6 万人口数据、96.1 万市场主体、564 万条基础地理信息数据、833 万个证照数据;实现城市总规、控规、土地规划"多规合一",并叠加 30 多个委办局 108 个图层,助推"N 张图 N 个管理模式"到"一张图综合治理一座城"的转变。济南市工信局局长汲佩德说,在济南市智慧泉城运行管理中心可以了解道路交通、雨量变化、空气质量等整个城市运行变化的实时数据,可谓"全局在胸"。

　　"城市管理要坚持以人为本,让人民生活更美好。"济南市市长孙述涛表示,大数据的创新融合应用提升了城市治理能力,城市管理迈入数字时代。这既优化政务服务,提高行政效率,又为群众提供了一个舒适、便捷、高效的宜居宜业宜游家园。如今,智慧城市的理念和影响已经渗入泉城这座城市的血脉深处,推动着城市发展深刻变革。尝到甜头的济南,也正以更大的热情投入到新型智慧城市的建设之中。

建设美丽中国①

　　建设美丽中国，是实现中华民族伟大复兴的前提条件和坚实基础。我们要建设的社会主义现代化是人与自然和谐共生的现代化，既要创造更多物质财富和精神财富以满足人民日益增长的美好生活需要，也要提供更多优质生态产品以满足人民日益增长的优美生态环境需要。努力建设望得见山、看得见水、记得住乡愁的美丽中国。

一、大自然也是我们的家园

　　法国昆虫学家、文学家法布尔（Jean-Henri Casimir Fabre，1823 年—1915 年）写了一本叫《昆虫记》的书，该书在 1907 年首次出版。法布尔在书中写到：在我的童年，家旁边有一座池塘。这座池塘带给我许多快乐时光，在它的身边，我从来都不觉得厌倦，因为它是那么的有趣。很多小生物在这个长满绿藻的小池塘里繁衍生息，一片生机盎然的景象。站在池塘的淤泥边上，经常可以看到一群群黑色的小蝌蚪在水里游来游去，它们很喜欢这片温暖的池水。而腹部是橙红色的蝾螈则神定气闲地在水中摇摆着它那长长的宽尾巴，打量着身边的一切。在池塘边上的灯芯草丛中，还可以发现即将孵化成蛾的石蚕的幼虫，它们藏在一个个枯枝做的鞘囊中——这种堡垒可以防御天敌。
　　在池塘的底部，水甲虫在欢快地跳跃着，它的鞘翅末端时不时地冒出一

---

　　①　谭小琴，天津大学马克思主义学院研究生思想政治理论课教研部副教授。

个个小气泡,那是它在呼吸。水甲虫的胸部还有一片护甲,护甲在阳光下闪闪发光,这时的水甲虫看似威风凛凛的古罗马大将军。在池塘的水面上,还可以看到一群闪着亮光的黄足虮虫在悠哉地打着转儿,偶尔顽皮地弄出一个个小漩涡。看,在不远处,有一队水蝇正向这边聚拢过来,它们横向划水时击打水面的动作如同裁缝手中翻飞的针线一般迅捷有力。

在夏天的夜晚,还有可爱的萤火虫为了向大家展示自己的存在,每个小家伙的屁股上都挂着一个小灯笼。小家伙们挂着灯笼,在黑暗的夜幕中四处穿梭游荡,就像夜晚的小精灵。

这是法布尔对童年美好家园的一段描述,在字里行间,我们可以看到那些可爱的小生物就像是他的家人一样,他是那么的喜爱他们,也可以感受到他对自然家园的尊敬与赞美。

是的,我们的家园里除了有爸爸、妈妈、爷爷、奶奶等亲人,也有来自大自然的小精灵。大自然给我们提供了赖以生存的丰富资源。爱护它,它将对我们报以温馨的馈赠;践踏它,它则会对我们施以严酷的惩罚。

在我国,现今植被稀少的黄土高原、渭河流域、太行山脉也曾森林遍布、山清水秀,地宜耕植、水草便畜,由于人类的毁林开荒、滥砍乱伐,这些地方的生态环境遭到了严重破坏,塔克拉玛干沙漠的蔓延最终湮没了盛极一时的丝绸之路,楼兰古城则因屯垦开荒、盲目灌溉导致孔雀河改道,最终也走向了衰落……无数的历史已经证明:人类因自然而生,对自然的伤害最终会伤及人类自身。

我们过去"盼温饱",现在"盼环保";过去"求生存",现在"求生态"。因此,习近平总书记反复强调:"环境就是民生,青山就是美丽,蓝天也是幸福,绿水青山就是金山银山;保护环境就是保护生产力,改善环境就是发展生产力。在生态环境保护上,一定要树立大局观、长远观、整体观,不能因小失大、顾此失彼、寅吃卯粮、急功近利。我们要坚持节约资源和保护环境的基本国策,像保护眼睛一样保护生态环境,像对待生命一样对待生态环境,推动形成绿色发展方式和生活方式,协同推进人民富裕、国家强盛、中国美丽。""坚决摒弃损害甚至破坏生态环境的发展模式和做法,决不能再以牺牲生态环境为代价换取一时一地的经济增长。"①

　　"绿水青山就是金山银山"告诉我们要坚持在发展中保护、在保护中发展,让中华大地的天更蓝,山更绿、水更清、环境更优美。

二、爱护自然家园人人有责

　　在美国,有一位女性海洋生物学家蕾切尔·卡逊(Rachel Carson,1907年—1964年),她在1962年出版了一本书,名为《寂静的春天》。在书中,她描绘了一个美国小镇春天的变化。

　　这个小镇位于美国中心,这里的所有生物看上去都与周围的环境和谐共处。小镇的四周如同棋盘一般分布着繁荣的农场,庄稼连成了一片,山坡上的果树成林,这里的春天很美丽,烂漫山花犹如朵朵白云在绿色的原野上飘荡;这里的秋天,橡树、枫树和白桦树色彩斑斓,透过松林的绿色屏障,如火焰般跳跃着。小山上的狐狸在鸣叫,小鹿则悄悄地穿过田野,在秋天的晨雾中若隐若现。

　　小镇的路边生长着月桂树、菜莲花、赤杨树,还有巨大的蕨类植物和各种各样的野花,在一年的大多数时间里,都能让路人赏心悦目。即使是在冬天,道路两旁的美景都很吸引人,无数的小鸟飞来啄食浆果和露出雪地的干草穗头。

　　突然,一种奇怪的力量悄然侵袭了小镇,一切都开始变了。小镇的每个地方都异常安静。那么多的鸟儿都去哪儿了? 人们纷纷议论着,并且感到困惑不安。小院后边喂食动物的地方也是冷冷清清。零星见到的几只鸟儿也都气息奄奄,身子不停地颤抖,再也飞不起来了。这是一个毫无声息的寂静春天。在往日的清晨,我们能听到知更鸟、猫鹊、鸽子、松鸦、鹪鹩的歌唱声,还有其他各种鸟儿的伴奏,如今却听不到一点声响;田野、林间、沼泽,到处是一片寂静。

　　《寂静的春天》向我们描绘了一个美丽小镇的突变,从陆地到海洋、从海

---

　　① 《习近平谈治国理政》(第二卷),外文出版社,2017年,第209~210页。

洋到天空,全方位地揭示了滥用化学农药的危害,这本不寻常的书,引起了世界人民对野生动物的关注,唤起了人们的环保意识。

如今,人们已经充分认识到形成绿色发展方式和生活方式的重要性、紧迫性和艰巨性。要坚持走绿色发展道路,让资源节约、环境友好成为生产生活的主流方式,这不仅能让我们在良好的生态环境中生产和生活,并且能为后人留下可持续发展的"绿色银行"。

推动形成绿色发展方式和生活方式①

推动形成绿色发展方式和生活方式，是发展理念和实践的一场深刻变革，对于建设美丽中国、实现中华民族永续发展意义重大。中国特色社会主义进入新时代，我国大力推进生态文明建设，解决了长期发展中积累的一系列生态环境难题。但也应看到，当前生态文明建设处于压力叠加、负重前行的关键期。要针对存在的短板采取有效举措，形成内生动力机制，加快形成绿色发展方式和生活方式，为建设美丽中国注入绿色新动能。

一、主要特征

推动形成绿色发展方式和生活方式，体现出既求发展也求绿色、既要增长也要品质的价值追求，呈现出战略地位高、系统性强、变革程度深的主要特征。

战略地位高。推动形成绿色发展方式和生活方式具有重要战略地位，是坚持和贯彻新发展理念的必然要求，是建设美丽中国的重要基石。绿色发展方式倡导构建以产业生态化和生态产业化为主体的生态经济体系，走绿色低碳循环发展之路，提供更多优质生态产品，以满足人民日益增长的优美生态环境需要。绿色生活方式追求资源节约、环境友好的现代文明生活方式，倡导绿色消费、绿色出行、绿色居住。

系统性强。绿色发展方式涵盖生产方式、产业结构、空间格局、能源结构

---

① 参见温宗国:《推动形成绿色发展方式和生活方式》,《人民日报》,2018 年 7 月 29 日。

的绿色化,绿色生活方式则包括文明意识、思维习惯、消费方式、消费结构的绿色化。两者内涵丰富、覆盖广泛,涉及供给侧与需求侧、生产端与消费端,构成相互关联、相互作用、相互影响的有机整体,在推动资源节约和循环利用、生态环境保护和修复等方面共同发挥着重要作用。

变革程度深。推动形成绿色发展方式和生活方式,重点是推进产业结构、空间结构、能源结构和消费方式的绿色转型,这就需要构建约束和激励并举的制度体系、政府企业公众共治的绿色行动体系,开展全方位、全地域、全过程的生态环境保护。这涉及法律制度、价值观念、文化风俗、公民素质等多方面、全方位的绿色化变革和深度绿色化融合,意味着将绿色化贯穿于经济、政治、文化、社会、生态等各领域。

二、突出短板

改革开放40年来,我国经济建设取得巨大成就,但也积累了许多生态环境问题。可以说,生态环境污染已成为民生之患、民心之痛,是推动形成绿色发展方式和生活方式的突出短板。

从发展方式看,过去很长一个时期,我国经济发展主要依靠增加物质资源消耗、规模粗放扩张和高能耗高排放产业,造成资源和环境不堪重负,对美丽中国建设构成严重威胁。近年来,我国不断加大资源环境保护力度,生态环境状况明显改善,但粗放发展方式对生态环境的威胁尚未根本解除,建设美丽中国还有相当长的一段路要走。

从生活方式看,我国人口众多,人均资源禀赋不足,环境承载力有限。近些年,我国居民消费持续扩大升级。2013—2017年社会消费品零售总额年均增长11.3%,网上零售额年均增长30%以上。与此同时,过度包装、浪费性消费等现象还不同程度地存在。生活领域的资源消耗量、污染物排放量、温室气体排放量以及废弃物产生量快速增长,成为建设美丽中国必须破解的瓶颈约束。

从文化角度看,中华民族自古就有尊重自然、顺应自然的传统,绵延5000多年的中华文明孕育出丰富的生态文化,形成了勤俭节约的传统美德。

然而,受西方工业文明和消费主义文化的冲击,过度消耗资源、破坏环境的发展方式逐渐打破人与自然和谐共生的状态,过度和奢侈的消费文化正在销蚀简约、适度的消费文化。推动形成绿色发展方式和生活方式,建设美丽中国,必须继承和发展优秀生态文化、培育和践行绿色文化。

三、努力方向

推动形成绿色发展方式和生活方式是一项复杂的系统工程,需要持续发力、久久为功。既要不断强化绿色生产,增加绿色产品和服务供给进而引导民众绿色消费,也要通过生活方式的绿色转变倒逼生产方式的绿色转型,还要大力培育和践行绿色文化,凝聚起推动绿色发展的强大合力。

形成绿色发展方式。加快构建以产业生态化和生态产业化为主体的生态经济体系,大力推动能源供给革命。优化国土空间开发布局,实施主体功能区战略,按照优化开发、重点开发、限制开发、禁止开发的主体功能定位,构建科学合理的城镇化推进格局、农业发展格局、生态安全格局,保障国家和区域生态安全,提高生态服务功能。调整区域流域产业布局,牢固树立一盘棋思想,统筹各地改革发展、各项区际政策、各领域建设、各种资源要素,充分发挥协同效应。培育和壮大节能环保、清洁生产和清洁能源产业,持续推进资源全面节约和循环利用,实现生产系统和生活系统循环链接。

形成绿色生活方式。实现生活方式绿色化是一个从观念到行为全方位转变的过程,同每个人息息相关,人人都是践行者和推动者。绿色生活方式重在引导人们在追求生活方便舒适的同时,践行简约适度、绿色低碳的生活方式,反对奢侈浪费和不合理消费。一方面,积极开展创建节约型机关和绿色家庭、绿色学校、绿色社区等活动,促进人们在衣食住行游中形成绿色生活消费习惯。另一方面,完善公众参与制度,健全举报、听证、舆论和公众监督等机制,构建全民参与的社会行动体系。

培育和践行绿色文化。弘扬马克思主义生态文明思想,传承"天人合一""道法自然"等中华优秀传统文化,借鉴国外生态文化的有益成果,让培育和践行绿色文化成为人们的高度自觉。牢固树立尊重自然、顺应自然、保护自

然的观念,鼓励创作优秀生态文化作品,推动形成人人、事事、处处、时时崇
尚生态文明的社会新风尚。加大宣传教育力度,让绿色发展、绿色生活理念
深入人心,不断提高人们参与绿色发展、践行绿色生活的文化素养。

用制度推进生态文明建设①

中央环境保护督察制度建得好、用得好，能够推动各级党委和政府压实环保责任，能够形成自上而下和自下而上的环保合力。把实践中的好经验、好做法通过制度的形式提炼出来、固定下来，体现着治理智慧。

近日，在新一轮环保督察启动前夕，中共中央办公厅、国务院办公厅印发《中央生态环境保护督察工作规定》（以下称《规定》），确立了环保督察的基本制度框架、固化督察的程序和规范、界定督察的权限和责任。《规定》的出台，充分展现了中央推进环保督察的坚定决心，把生态文明建设的制度体系提升到新的水平，将为依法推动环保督察向纵深发展发挥重要保障作用。

开展中央生态环境保护督察，是党中央、国务院推进生态文明建设的一项重大制度安排，也是一项重大改革举措。第一轮督察对 31 个省（区、市）和新疆生产建设兵团全覆盖，并对 20 个省（区）开展"回头看"。第一轮督察及"回头看"共推动解决了约 15 万个群众身边的生态环境问题，推动解决了一大批"老大难"问题；共向地方移交 509 个责任追究问题，问责干部 4218 人。实践证明，中央环境保护督察制度建得好、用得好，能够推动各级党委和政府压实环保责任，能够形成自上而下和自下而上的环保合力，是行之有效的制度安排。

这次从中央层面出台《规定》，正是要把中央环保督察的好经验、好做法固定下来，以施之长远。逐步进入"深水区"的中央生态环境保护督察，如何蹄疾步稳地开展？根据第一轮督察和"回头看"的数年实践探索，《规定》作出了部署安排。明确实行中央和省级两级督察体制，明确中央建立督察工作领

---

① 参见刘毅：《用制度推进生态文明建设》，《人民日报》，2019 年 6 月 25 日。

导小组；明确督察类型包括例行督察、专项督察和"回头看"；赋予督察组个别谈话、走访问询、笔录取证、责令作出说明等必需的权限；对督察权力予以规范和约束……从"组织机构和人员"到"对象和内容"，从"程序和权限"到"纪律和责任"，均明文规定、有章可循，能够更好地指导和规范生态环境保护督察实践。

　　针对此前暴露出的一些问题，《规定》也明确画出了"红线"。例如，针对采取集中停工停产停业等"一刀切"方式应对督察，故意提供虚假情况，隐瞒、歪曲、捏造事实等行为，《规定》明确要求"视情节轻重"给予相应处分；针对整改过程中的形式主义、官僚主义问题，《规定》明确将其列入"回头看"紧盯的重点；针对一些地方在督察过程中搞"上有政策，下有对策"那一套，《规定》明确指出可以"到被督察对象下属地方、部门或者单位开展下沉督察"。这都说明，《规定》具有很强的问题意识和现实针对性，能够在贯彻落实的过程中解决实际问题。

　　有人担心，中央生态环境保护督察会不会只是"一阵风"？《规定》明确提出，"原则上在每届党的中央委员会任期内"，应当开展督察。可见，中央生态环境保护督察将是一个长期的制度安排。生态环境保护是一场攻坚战、持久战，寄希望通过一两次督察就一蹴而就，显然并不现实。坚持不懈攻坚克难，才能积小胜为大胜。把实践中的好经验、好做法通过制度的形式提炼出来、固定下来，体现着治理智慧。这次出台的《规定》也将为中央生态环境保护督察"向纵深发展"提供制度保障，推动我国生态文明建设坚持到底、久久为功。

比较视角下中国外交的大国特色①

　　这次提出中国外交特色的一个新内容是在"特色"的前面加上了"大国"这个修饰语,即大国外交特色,说明中国外交的特色不是一般国家的特色,不是小国的特色,而是大国的特色。这是中国特色外交的一个新内涵。的确,大国有大国外交,小国有小国外交。比较大国和小国外交的差异,是理解中国特色大国外交的另一个角度。

　　地缘和历史等因素决定了国家间的差异。世界上国家有大小,实力有强弱,国家的大小、强弱决定了国家在国际社会或国际关系中地位的差异。大国可以依靠实力参与国际和地区主导权博弈,决定和影响国际力量格局,始终对国际体系存在着决定性的影响。从权力政治和国际关系的角度看,大国和强国可以为所欲为,小国和弱国只能为其能为。以大欺小、恃强凌弱的丛林法则在现实国际政治中司空见惯。

　　从外交的角度看,情况则有所不同。有多个主权平等国家并存是外交诞生的条件之一。外交是主权国家的行为,没有主权平等,就不可能有外交。外交的产生为国际社会摆脱弱肉强食的野蛮时代,为国家间关系趋于有序、实现持久和平提供了可能。尽管学界对外交有不同的理解,但外交在本质上不是权力政治的补充,而是以国际法和其他国际规范为基础,以和平的手段来追求国家的目标和利益,实现和平的一种方法。按照普遍接受的外交规范处理国家间关系是人类进步的表现, 是否接受并在外交实践中遵守这些观念和规范,被认为是考察一个国家是否文明的标志之一。因此,从外交上看,不管是大国还是小国,都是国际社会的一个平等的成员,大小国家一律平等是

---

① 参见张清敏:《理解中国特色大国外交》,《世界经济与政治》,2018 年第 9 期。

最基本的外交规范。

国家的大小不能改变外交的基本原则,但是对于大国和小国来说,外交的意义不同,大国和小国的外交行为和外交方式也有所不同。首先,外交在大国和小国国家战略中的地位是不一样的。对于面积大、资源丰富、人口众多、经济发展水平高和科技能力强的大国而言,外交只是众多国家资源中的一种,但并非主要资源。大国在落实对外政策的目标时有更多的选择,更多地倾向用实力说话,外交往往沦为国家实力的附属品。在这方面一个典型的例子是冷战期间的美、苏两国,它们仰仗实力、频频把武力手段作为对外政策工具,外交成为双方政治和军事对抗的补充和工具。冷战结束以后,美国成为唯一的超级大国,它对实力的重视和对外交手段的忽视也达到了一个新高度。冷战后美国的一份报告明确指出,"美国独一无二的强大,美国的军事力量无人能比,更重要的是美国表现出愿意使用武力","没有人怀疑在遭到挑战的时候美国将做出军事回应的意愿"。

在仰仗实力、频频使用武力手段的另一面,是美国政府对外交手段的忽视。美国不断扩大军事开支的做法,与其长期拖欠联合国会费形成了鲜明的对比。前联合国秘书长布特罗斯·布特罗斯—加利在回忆录中也给出了类似的解释。他说,他在与美国打交道的过程中得出的经验是,"美国不太需要外交,有实力就够了,只有弱国才需要外交","在一个帝国强权看来,外交是时间和声望的浪费和软弱的象征"。即使在今天,美国外交转型的趋势之一仍然是外交越来越军事化。以美国为代表的大国在落实对外政策时频频使用武力而忽视外交的方式,曾经是霸权主义的代名词。

相对而言,一个资源少、经济贫穷、实力弱小的国家,最容易成为无政府状态的国际体系内弱肉强食法则的牺牲品。实力不强特别是军事实力有限的小国只有依靠外交才能生存。在联合国 193 个主权独立的会员国中,除了少数几个大国和强国外,绝大多数都是小国和弱国。对于这些国家来说,外交是其立国之本,也是其弥补物质力量不足、实现国小而不弱乃至小国强大的必要手段,甚至是这些国家存亡和兴替的关键。一些小国根据自己的优势,开展"专长外交",利用巧妙的外交策略和高超的外交手段,在大国之间折冲樽俎、纵横捭阖,在国际上扮演了仲裁者的角色,加强自己与大国或强国抗衡的地位。它们的成功说明外交是小国的立国之本。

其次，大国和小国对外政策的决策方式和落实对外政策的外交倾向也有所不同。大国面积大、人口多，国家利益也多，会在世界大多数国家派驻使馆，在关键国家首都使馆中工作的本国外交官和驻在国雇员可超过千人，在主要国际组织都有相当规模的代表机构。因此，大国在对外关系中会根据自己的利益和需求而选择多边外交或双边外交，甚至奉行单边主义，在外交上一意孤行。从外交制度上看，大国对外政策机制完善，人员众多、分工明确，决策过程获得信息多，考虑全面，甚至存在官僚政治的现象。

相对而言，小国资源和能力有限，利益也有限，制定对外政策的机构小，专业化程度相对低，在制定对外政策时一般不可能获得太多的信息。许多政策不一定是深思熟虑的结果，而是对国际环境的反映或是落实国际义务或国际组织运作的结果。小国对外交和国际事务的关注相对有限。多数小国只在少数国家首都设有大使馆，而且人数也相对有限。小国在对外关系中会倾向于利用国际组织或者通过多边外交的方式来实现它们的对外政策目标。这是因为国际组织给小国提供了一个倾听别国意见并向别国宣传自己主张的平等机会，而没有必要派人到所有国家的首都去实现同样的目的。小国外交成功的关键不是这些国家的实力，而是国内经济发展、政治有序、社会稳定。

如果比较外交在大国和小国国家战略中的地位，比较它们各自对外政策和外交的特色可以看出，一方面，中国在国际上一贯强调国家不分大小强弱，一律平等，"反对霸权主义、强权政治，反对以大欺小、以强凌弱、以富压贫"；另一方面，中国领导人在处理对外关系过程中始终将反对霸权主义或大国外交作为基本任务。中国领导人在会见外宾时多次指出，要"吸取历史教训，反对大国沙文主义"，"中国人在国际交往方面，应当坚决、彻底、干净、全部地消灭大国主义"。1974 年，中国领导人在第六届联合国大会特别会议的发言中向全世界人民宣布："中国永远不称霸，中国永远不做超级大国"，"如果中国有朝一日变了颜色，变成一个超级大国，也在世界上称王称霸，到处欺负人家，侵略人家，剥削人家，那么，世界人民就应当给中国戴上一顶社会帝国主义的帽子，就应当揭露它，反对它，并且同中国人民一道，打倒它"。主张大小国家一律平等，反对霸权主义和强权政治，是中国外交的旗帜，为中国赢得了国际尊重和声誉。在强大之后提出要追求大国外交，必须厘清这个大国外交的含义。

不仅中国在历史上对大国外交表现出担忧，国际上对大国外交也存在负面认识。比如，大国在英文中的字面意思就是 big power，这个词在中文中曾经被翻译成"列强"。列强曾经给中国带来的灾难让中国对这个概念深恶痛绝。因此在中国崛起的背景下提出的大国外交被翻译成 major country diplomacy，新型大国关系翻译成 new mode of major country relations。这都反映了大国外交在宣传或公共外交中并不是一个正面或积极的概念，在国际上还会引起不必要的尴尬，需要进一步解释和说明。因此对大国外交特色的理解就更有必要理清了。

从综合实力上看，中国已经成为一个名副其实的大国。中国国内生产总值稳居世界第二，对全球经济增长年均贡献率达到30%以上，中国是联合国维和经费第二大贡献者和联合国经费第三大贡献者，分别高达10.2%和7.92%，也是安理会常任理事国中派出维和部队最多的国家。但是，国内一些学者把独立自主，坚决维护主权、安全、发展利益，"四个自信"都看作中国大国外交的内涵。这显然是一种误解。独立自主是一个国家开展外交的前提条件，所有国家的目标都是为了维护自己的主权和领土完整，大国的自信也是天经地义的。如果一个国家在外交中连这些基本要素都不能保证，而把这些作为国家外交的原则和特色，那么这样的外交绝对不是大国外交，而是小国外交。认真学习近年来中国领导人对有中国特色大国外交的讲话和相关文件后，本文认为中国特色的大国外交主要有三个层面的含义。

首先，中国是世界上最大的发展中国家，中国的大国地位是发展中大国，这是对中国大国的基本定位。改革开放前，中国在对外关系中就强调，"中国永远站在第三世界一边，中国永远不称霸，中国也永远不当头"。如今中国经济总量处于世界第二位，但中国的人均国内生产总值仍然处于世界80位以后。因此中国作为发展中国家的地位没有变，而且这种定位短期内不会改变。党的十九大报告提出，"必须认识到，我国社会主要矛盾的变化，没有改变我们对我国社会主义所处历史阶段的判断，我国仍处于并将长期处于社会主义初级阶段的基本国情没有变，我国是世界最大发展中国家的国际地位没有变"。在2018年7月金砖国家领导人第十次非正式峰会上，中国领导人强调，"中国特色社会主义进入了新时代，同时中国是世界上最大发展中国家的地位没有变。无论将来中国怎么发展,都永远属于发展中国家,都会坚定支持广大发展中国家发展,都会继续致力于同大家发展紧密的伙伴关系"。中国国家特性的这个特点决定了中国的大国地位与其他追求霸权主义的大国是不一样的,今天中国是一个发展中的大国,将来无论如何发展都不会放弃发展中大国的地位。

其次,反对霸权主义是中国的一项国策,绝不称霸是中国历代领导人对中国人民和世界人民作出的承诺。早在 20 世纪 70 年代,中国就承诺,中国是大国,但中国绝不称霸,绝不走强国必霸之路。中国崛起之后,中国领导人仍然不断强调这一承诺。如在纪念抗战胜利 70 周年大会上的讲话中,中国领导人表示"中华民族历来爱好和平。无论发展到哪一步,中国都永远不称霸、永远不搞扩张,永远不会把自身曾经经历过的悲惨遭遇强加给其他民族"。2015 年 9 月,中国领导人访美期间在美国华盛顿州西雅图市出席当地政府和美国友好团体联合举行的欢迎宴会上表示,"中国人 2000 多年前就认识到了'国虽大,好战必亡'的真理。中国历来奉行防御性国防政策和积极防御的军事战略。我愿在此重申,无论发展到哪一步,中国永远不称霸、永远不搞扩张"。党的十九大报告再次明确表示,"中国无论发展到什么程度,永远不称霸,永远不搞扩张"。中国政府这个承诺是中国不同于历史上其他大国的重要外交特色。

最后,中国特色大国外交与人类历史上传统的大国外交有着本质区别。根据《人民日报》关于中国外交特色的论述,中国外交的特色主要体现在中国独特的对外工作理念上,具有鲜明的中国特色、中国风格、中国气派。也就是说,中国外交的特色是中国外交所提出的基本政策理念,如强调建立以合作共赢为核心的新型国际关系,推动构建不冲突不对抗、相互尊重、合作共赢的新型大国关系,突出亲诚惠容的周边外交理念和真实亲诚的对非工作方针,强调树立正确义利观,倡导共同、综合、合作、可持续的安全观等。这些对外政策以及落实这些对外政策方式的特色和风格是中国特色大国外交的主要体现,也是本文随后主要讨论的内容。

国家定位和对外政策的承诺是中国外交大国特色的主要表现。但是,如何更好地体现或展现这种特色,不仅需要在逻辑和内涵上予以厘清,更需要在外交实践上展现出中国外交与其他大国外交的不同。具体来说,中国在经历了站起来、富起来到强起来的转变后，如何真正做到不走强国必霸的道路，任何政策上的宣示、理论上的论证，都比不上具体的对外政策和落实对外政策的方式，即行胜于言。历史上的大国强大后走上霸权的道路，并不是它们在政策宣示上放弃了和平的外交手段，而是在国家战略中不重视外交，在落实对外政策的目标时忽视外交手段的运用，在对外关系中依赖军事实力，擅用武力。中国在成为一个大国和强国后，要真正做到与历史上走上霸权道路的强国不同，要真正做到强而不霸，展现出新型大国外交，就要避免出现国家强大后外交在国家战略中地位不升反降的状况，避免在对外政策中更多采用非外交手段倾向的出现。这比任何诺言都更能体现中国大国外交特色。

中国共产党党员总数超 9000 万①

　　截至 2018 年底,中国共产党党员总数为 9059.4 万名,比 2017 年净增 103.0 万名,增幅为 1.2%。党的基层组织 461.0 万个,比 2017 年增加 3.9 万个,增幅为 0.8%。新中国成立 70 年来,中国共产党的吸引力、凝聚力、战斗力不断增强,始终保持旺盛的生机与活力。

　　党员数量持续稳步增长。中国共产党党员总量突破 9000 万名,比 1949 年新中国成立时的 448.8 万名增长约 19 倍。党的十八大以来,全国平均每年约有 390 万人向党组织递交入党申请。着眼保持党的先进性和纯洁性,严把党员队伍"入口关",注重提高发展党员质量,加强党员总量调控,党员数量增幅保持平稳态势。

　　党员队伍结构不断优化。新鲜血液不断充实。现有党员中,99.8% 是新中国成立后入党的, 其中 1978 年党的十一届三中全会后入党的 7423.0 万名、占 81.9%,"80 后""90 后"党员已超过总数的 1/3。文化程度明显提高。大专及以上学历党员已达 4493.7 万名,占 49.6%。女党员、少数民族党员比重不断提升。与新中国成立初相比,全国女党员增加约 45 倍、达 2466.5 万名,占比由 11.9% 提高到 27.2%;少数民族党员增加约 32 倍、达 664.5 万名,占比由 2.5% 提高到 7.3%, 全国 55 个少数民族都有一定数量的党员,5 个民族自治区的党员中少数民族比例达 35.6%。党的阶级基础和群众基础不断巩固扩大。工人和农民仍是党员队伍主体,占总数的 35.3%,数量是新中国成立时的 12 倍。党员队伍中,经营管理人员 980.0 万名、占 10.8%,专业技术人员 1400.7 万名、占 15.5%。2018 年发展的 205.5 万名党员中,来自生产、工作第一线的

---

　　①　参见盛若蔚:《中国共产党党员总数超 9000 万》,《人民日报》,2019 年 7 月 1 日。

占 52.6%。

基层党组织不断夯实巩固。全国党的基层组织数量从 1949 年的 19.5 万个,增加到 2018 年的 461.0 万个,增长近 23 倍,全面覆盖各个领域。重点领域基层党组织建设全面加强,机关、事业单位、农村、社区党组织覆盖率均超过 95%,公有制企业覆盖率为 90.9%。新兴领域党的组织覆盖和工作覆盖扎实推进,全国有 158.5 万家非公有制企业法人单位建立党组织,26.5 万个社会组织法人单位建立党组织。基层党组织带头人队伍素质不断提升。54.3 万名村党组织书记中,大专及以上学历的占 20.7%,45 岁及以下的占 29.2%,致富带头人占 51.2%;10.1 万名社区党组织书记中, 大专及以上学历的占 63.7%,45 岁及以下的占 45.9%。基层基础保障力度加大。68.3%的村、89.8%的社区党建活动场所面积达到 200 平方米以上,90.7%的县、93.1%的社区落实了服务群众专项经费。

党纪处分条例再修订　八大亮点值得关注①

日前,中央印发了新修订的《中国共产党纪律处分条例》(以下简称《条例》),并决定从 2018 年 10 月 1 日起施行。而上一次修订《条例》是 2015 年 10 月。相隔不到三年时间,为何在这么短的时间内再次修订?据了解,这是由于上次修订以来,党的纪律建设的理论、实践和制度有了一系列重大的创新成果,亟待以党规党纪形式固化下来。

作为规范党组织和党员行为的基础性法规,党纪处分条例在我国的党内法规体系中发挥着重要作用,二十多年来与时俱进、几经修订,如今已经是第四代"升级版"。追溯源头,早在 1997 年 2 月,中央就曾发布实施《中国共产党纪律处分条例(试行)》。试行条例共 172 条,将违纪种类分为七大类:政治类错误,组织、人事类错误,经济类错误,失职类错误,侵犯党员权利、公民权利类错误,严重违反社会主义道德类错误,违反社会管理秩序类错误等。

2003 年 12 月 31 日,《中国共产党纪律处分条例》正式发布施行,摘掉了"试行"的帽子。这一版的《条例》共 178 条,将违纪种类分为九大类:违反政治纪律的行为,违反组织、人事纪律的行为,违反廉洁自律规定的行为,贪污贿赂行为,破坏社会主义经济秩序的行为,违反财经纪律的行为,失职、渎职行为,侵犯党员权利、公民权利的行为,妨害社会管理秩序的行为等。此后十余年间,《条例》未再作修订。

党的十八大之后,随着全面从严治党的不断推进,原有的《条例》已经不能适应新形势的要求。一个最突出的表现是,党内规则混同于国家法律,党

<hr />

① 《党章党规党纪学习辅导(2019 年版)》编写组:《党章党规党纪学习辅导(2019 年版)》,《人民出版社,2019 年,第 191~194 页。

规党纪套用"法言法语",原《条例》的许多规定都与法律条文重复。2015 年 10 月,中央印发了新修订的《中国共产党纪律处分条例》。修订后的《条例》发生了较大幅度的变化:从原来的 3 编、15 章、178 条、24000 余字缩减为 3 编、11 章、133 条、17000 余字;把党章和其他党内法规中的纪律和要求,整合为政治纪律、组织纪律、廉洁纪律、群众纪律、工作纪律和生活纪律;坚持纪严于法、纪在法前,去除与国家法律重复的内容,实现纪法分开;把政治纪律细化、具体化,把落实中央八项规定精神的要求转化为纪律规范,体现作风建设最新成果,使党的纪律成为管党治党的尺子和全体党员的行为底线。

2015 年《条例》印发后,党中央先后制定、修订了《关于新形势下党内政治生活的若干准则》《中国共产党党内监督条例》等重要党内法规,党的十九大将党的纪律建设纳入党的建设总体布局,在修改党章时充实完善了纪律建设相关内容。党的十八大以来,党的纪律建设的理论、实践和制度创新成果需要以党规党纪形式固化下来。所以根据新形势修订《条例》势在必行。此次新修订的《条例》共 142 条,与原《条例》相比新增 11 条,修改 65 条,整合了 2 条。修订后政治性更强,内容更科学,逻辑更严谨,指导性和可操作性更强,其特点可以用"一二三四五六七八"来概括:

"一个思想",即增写"习近平新时代中国特色社会主义思想为指导";"两个坚决维护",即增写"坚决维护习近平总书记党中央的核心、全党的核心地位,坚决维护党中央权威和集中统一领导";"三个重点",即将不收敛、不收手,问题线索反映集中、群众反映强烈,政治问题和经济问题交织的腐败案件作为重点审查内容写入《条例》;"四个意识""四种形态",即增写"党组织和党员必须牢固树立政治意识、大局意识、核心意识、看齐意识"和运用监督执纪"四种形态"的内容;五处纪法衔接,即对党纪与国法的衔接在第二十七至三十条、第三十三条中作出详细规定,如增加规定党组织在纪律审查中发现党员严重违纪涉嫌犯罪的,原则上先作出党纪处分决定,并按照规定给予政务处分后,再移送有关国家机关依法处理等;六个从严,即对组织、利用宗教活动反党,破坏民族团结,搞有组织的拉票贿选或者用公款拉票贿选,扶贫领域侵害群众利益,民生保障显失公平,组织利用宗族势力对抗中央方针政策、破坏基层组织建设,贯彻新发展理念失职等六种违纪行为从重或加重处分;"七个有之",即在《条例》中充实完善总书记反复强调警惕的

"七个有之"问题的处分规定；八种典型违纪行为，即对干扰巡视巡察工作，党员信仰宗教，借用管理和服务对象钱款、住房、车辆等，民间借贷获取大额回报，利用宗族、黑恶势力欺压群众，形式主义、官僚主义突出表现，不重视家风、对家属失管失教等八种新型违纪行为作出处分规定。

　　翻看《条例》，会发现既有"开除党籍"又有"除名"的表述，那么两者有何不同？据了解，"开除党籍"是党纪处分的一种，而"除名"不是处分形式。两者的客观结果一样，被开除党籍、除名后都不再是党员身份。但根据《条例》第十三条规定，党员受到开除党籍处分，五年内不得重新入党，而被除名的党员则无此规定。那么，"违犯""违反"又有何区别？据了解，"违犯"指违背和触犯，"违反"指不符合、不遵守，《条例》中在搭配词组时，"违犯"一般与"党纪"相搭配，"违反"一般与"某种纪律的行为"相搭配。《条例》的修订还有多处值得关注之处。例如，在第十七条对从轻或者减轻处分的情形中，整合了原《条例》第三十九条第二款的内容，将"在初核、立案调查过程中，涉嫌违纪的党员能够配合调查工作，如实坦白组织已掌握的其本人主要违纪事实的，可以从轻处分"的表述修改为"在组织核实、立案审查过程中，能够配合核实审查工作，如实说明本人违纪违法事实的"可以从轻或者减轻处分，一是在"违纪"的基础上增加了"违法"的表述，二是将原先的"坦白"修改为"配合"。据悉，这是根据近年来执纪审查的实践作出的修订。2018年《中华人民共和国监察法》颁布以来，近期已有多名包括中管干部在内的党员干部主动投案自首。该条款的修改将有助于促使更多涉嫌违纪违法的干部如实向组织交代违纪违法事实。此外，第四十一条规定，党纪处分决定作出后，应当在一个月内向受处分党员所在党的基层组织中的全体党员及其本人宣布，并增写"是领导班子成员的还应向所在党组织领导班子宣布"，对违纪领导干部的规定更加严格。

　　另一处值得关注的修改是第四十二条第二款，增写了"党员对所受党纪处分不服的，可以依照党章及有关规定提出申诉"，对保障党员权利作出了规定。关于履行全面从严治党责任方面的条款，则从原先工作纪律部分的第一百一十四条挪至政治纪律部分的第六十七条，除了主体责任外，增写了对不履行全面从严治党监督责任或履行全面从严治党监督责任不力的处分规定，进一步强化了落实全面从严治党责任的力度。在廉洁纪律部分，第八十八条、八十九条在收受财物的情形中增加了对有价证券、股权、其他金融产品的规定,第九十四条增加了对"利用参与企业重组改制、定向增发、兼并投资、土地使用权出让等决策、审批过程中掌握的信息买卖股票,利用职权或者职务上的影响通过购买信托产品、基金等方式非正常获利"的处分规定;第九十五条增加了对利用职权或职务影响为亲属和特定关系人"在审批监管、资源开发、金融信贷、大宗采购、土地使用权出让、房地产开发、工程招投标以及公共财政支出等方面谋取利益"和"吸收存款、推销金融产品等提供帮助谋取利益"的处分规定。

练好调查研究基本功[①]

调研要带"半杯水"（宋威）

初到党委研究室工作，曾向前辈请教，如何才能搞好调研。一位老同志传授了一个"锦囊"："调研是篇大文章，关键是要有'半杯水'的心态。"随着时间的推移，对调研工作有了更深的理解之后，越来越觉得"半杯水"是做好做实调查研究的一个重要启示。

"半杯水"里装什么？一要装问题，二要装虚怀若谷。"凡事预则立，不预则废。"调查研究也一样。装着问题，才不会走马观花、蜻蜓点水，才能看到原装原貌的东西，听到原汁原味的声音；装着虚怀若谷，拜人民为师，向人民请教，才能把好的举措做法带回来，取到解决问题的真经。

调研不是"纸来纸去"，要深入思考，由表及里，透过现象看到本质，做到知其然，更知其所以然。用"另外半杯"装回"干货"，才能寻到管用实用的良策。归根结底，调研只有瞄准真问题，下足真功夫，力戒形式主义、官僚主义，才能加深对党的创新理论的领悟，保持同人民群众的血肉联系，推动事业发展。

[①]　参见《练好调查研究基本功》，《人民日报》，2019 年 7 月 23 日。

和群众坐一条板凳（李荣灿）

基层干部都有深刻感受，与群众同坐一条板凳时，群众的话匣子一打开，总有唠不完的嗑。交流中，有干部想了解的情况，也有看不到的问题、没想到的办法。其实，这也是我们党搞调查研究的好经验：始终与群众坐在一起，向群众寻求良策。

做好调查研究工作，唯有从群众中来，才能更好地到群众中去。不少有生命力的创新经验做法，都来自于基层的智慧。比方说，某地之所以建立"村级代办员"队伍，源于在调研中发现村一级普遍存在办事难现象，综合群众意见之后产生了这一队伍；又比方说，某地实施的"乡村新闻官"制度，就是有群众针对农产品"销售难"等问题提议的。这些创新做法，无一例外都将群众的智慧结晶应用到实际工作中去，解决了群众的忧心事、烦心事、担心事。

用脚步丈量出来的调研才有泥土气息，有群众声音的结论才有说服力。到基层去，与群众紧密靠在一起，多串门、多请教、多解忧，这样的调查研究才能找到科学决策、解决问题、推动发展的钥匙。

切实提高调研水平（倪显策）

调查研究是帮我们透过现象看本质、寻求解题之道的重要方法。把握几对关系，可有效提高调研水平。

一是既要全面掌握，也要突出重点。开展调研要奔着问题去，哪方面问题突出就聚焦哪方面，问题出在哪个环节就重点调研哪个环节。同时，全面收集各方信息也必不可少，查实情、辨虚实需要多元信息支撑，才能在普遍的问题中摸索出规律，在普遍的现象里发现关键节点，在偶然事件中寻找其中的必然性。

二是既要理性分析，也要感性认识。具体来看，调研要实事求是，了解具体实际，弄清群众诉求。比如，一些现象的成因是多方面的，一些人的行为动机交织复杂因素。这就需要我们多层次、全方位、多渠道了解情况，才能得到正确结论，理顺其中的逻辑关系。

三是既要身入其中，也要心入其中。对调研中出现的一些"标准流程"和"经典路线"要保持清醒，注重收集、筛选有效信息，发现新问题、隐形问题、深层问题。不断提高具体问题具体分析的能力，灵活创新方法手段，才能确保调研不落入形式主义、官僚主义的窠臼。

再走长征路

长征路上的"初心"故事①

87岁的王秀林老人，每天的日子依然安详平淡。而这份日子却来之不易。80多年前，就在赤水河畔的二郎滩，他在母亲的怀抱中，突然，敌机飞来向人群扫射，瞬间，站在他母子身边的红军战士，全都扑在他们身上，飞机飞走了，他的哭声仍在，而7条年轻的生命却永远消失了。

记者再走长征路，每天都被那些"初心"故事深深打动。红军是一支怎样的队伍？那些曾经的普通百姓，一旦加入到这支队伍，为何就会具有崇高的精神境界？让我们通过一个个"初心"故事走进他们的精神世界。

红色特工冷少农

"我是把我的孝移去孝顺大多数痛苦的人类……"这是革命烈士冷少农家书中的话。在烈士的家乡贵州瓮安，贵州省黔南布依族苗族自治州瓮安县教育局退休干部冷启中向我们讲述了"红色特工"背负家人误解，投身革命的故事。

1923年，23岁的冷少农从贵州法政专门学校毕业。1925年前往广州投身革命，在周恩来领导下的中共两广区委军事部任秘书，并秘密加入中国共产党。大革命失败后，冷少农奉周恩来指示潜入南京，开展地下工作。时任国

---

① 参见金振蓉、李睿宸、张青、孙云清：《听长征路上的"初心"故事将己命换民心》，《光明日报》，2019年7月15日。

民政府军政部部长的何应钦是贵州人。冷少农利用与何应钦的师生和同乡关系，打入国民政府军政部任秘书，巧妙周旋在国民党高层中间，获取了不少重要政治军事情报。为中央苏区的三次反"围剿"胜利立下了巨大功劳。后由于叛徒出卖，冷少农被捕，在南京雨花台刑场英勇就义。

他从25岁投身革命，一直到32岁牺牲，之间从未回过家。他的母亲以为他在南京贪图荣华富贵，忘了家中的妻儿老小，于是写了一封长信骂他"不忠不孝、忘恩负义"。

收到来信后，冷少农给母亲写了5000多字的长信，他不能说出实情，只能在信中委婉地说："你老人家和家庭一切人过去和现在的痛苦，我是知道的，但是无论怎样的苦，总不会比那些挑抬的讨田种地讨饭的痛苦……我因为看着他们这样的痛苦，心里特别难过，我想使他们个个都有饭吃，都有衣穿，都有房子住，我要这样干，非得把全身的力量贯注着，非得把生命贡献。"

在狱中，他给家乡的独子冷德昌留下了一封家书："一个人除解决自身的问题而外，还须顾及社会人类，而且个人问题须在解决社会人类整个的问题中去解决。"家书中的字字句句，表达了一位知识青年的人生理想和信念情怀。

独腿将军钟赤兵

娄山关战斗是长征以来的第一次大胜仗。娄山关地势险峻，群峰如剑，在这个"一夫当关，万夫莫开"的地方，红军的英勇顽强从钟赤兵身上得到充分体现。

记者在娄山关纪念馆里，听讲解员讲述了团政委钟赤兵的故事。他在战斗中腿部负伤，但他坚决不下火线，带伤指挥战斗，直到战斗结束。事后，医生发现他被子弹击中的腿部骨头都被扭碎了。当时红军医院没有医疗条件，在没有麻药的情况下，就靠砍柴刀和锯子完成了三个多小时的截肢手术，但术后不久伤口感染了，不得不进行第二次手术，过后，伤口再度感染，第三次手术医生从大腿根部做了截肢手术。手术后，他坚决不同意留下来养伤，硬是咬着牙坚持挂着双拐用一条腿走完了二万五千里长征。

是什么样的精神力量支撑着他拥有如此顽强的意志？在长征路上，像这样铁骨铮铮的红军战士还有很多。心中有信仰，脚下就会有力量。这就是一个具有坚定的共产主义理想的共产党员的崇高精神，他们为理想而来，为信仰而战。以这种信仰武装起来的军队，就拥有无法战胜的力量。

强渡乌江骑"水马"

1934年12月，中央红军由黎平向西进军贵州。敌人此时凭借乌江天堑，在江上数百公里各渡口设防，将沿江100多公里以内的所有渡船全部沉入江中。他们认为，乌江天险，就是神仙相助也难飞渡。

1月2日，红军在贵州瓮安县江界河渡口实施强渡。此渡口是通向遵义的咽喉。没有船，红军就用竹子扎成竹排，冒着密集的炮火一排排向对岸冲过去。在我军仅有5发炮弹的掩护下，在先期偷渡过去的战友的火力支援下，强渡的红军硬是冲上了对岸。

事后，敌人非常震惊，以为红军是神兵天降，说红军爬碉堡不用梯子，穿戴着子弹打不透的盔甲，过乌江骑着"水马"，以致遵义的市民争着来看红军的"水马"。其实，哪有什么"水马"，神奇的"水马"就是那些普通的竹筏子。

在我们采访的长征沿线，不少地方保留了当年的作战指挥室，我们看到一个个红色箭头，就像滚滚铁流，标向哪里，红军就会打向哪里，展现出要压倒一切敌人而绝不屈服的气势。

在这里，你会感受到一种无比坚定的力量，在那样艰难困苦的环境下，红军仿佛有超越体能的能量，缺吃少穿，缺医少药，行军打仗都不在话下，面对生死考验，毫不畏惧。而且每到一个村庄宿营，就会立即投入写标语、做宣传，发动群众，帮助乡亲扫院干活。

人无精神不立，国无精神不强。我们这支英勇的红军队伍，是在民族灾难深重的时代站出来的英雄，为国为民，他们可以抛弃个人的一切，甚至宝贵的生命，这就是他们的精神高度，是力量的源泉，这就是初心，也是长征留给我们的宝贵精神财富。

彰显军民鱼水深情①

　　红军说到做到,百姓才会以诚待之;与人民群众同呼吸共命运,人心就会永远在我们这边。干字当头,实干为先,守诺如初,践诺不辍,是铸就血浓于水的党群关系、干群关系和军民关系的基本保证。

　　一张借据,时隔 63 年后被兑现。在湖南汝城县档案馆,记者看到了这份发黄的借据。出借人胡四德,来自延寿官亨村;具借人叶祖令,是工农红军第三军团的一位司务长。1934 年 11 月,中央红军先遣部队来到官亨,胡四德帮助红军在全村筹借粮食。直到 1996 年,这张藏在铁盒中的借据才被凿墙砌灶的胡四德之孙意外发现。1997 年,汝城县按时价折款,兑现借据。此时,胡四德已去世多年,叶祖令早在 1934 年 12 月就牺牲于贵州石阡的长征途中。

　　一张借据,如同一句诺言。尽管还款的日子"迟到"了几十年,但守信践诺,是人民军队始终如一的宝贵品质,也是赢得民心的重要保证。据官亨村的老人回忆,红军来到延寿时,老百姓不知真相,纷纷逃入山中。面对空空如也的乡村,红军露宿巷道、不进民宅,用行动打消了村民的疑虑。所借的 105 担稻谷,相当于全村半年的口粮,并不富裕的乡民纷纷捐粮支援这支相识不久的革命队伍,这是何等深厚的信任? 借据为"证",见证了工农红军的优良作风,更证明了军民鱼水般的情谊。

　　守信践诺,靠的是严明的纪律和为民的情怀。从秋收起义后毛泽东宣布"不拿群众一个红薯"的规定,到在湖南桂东沙田镇正式颁布"三大纪律六项注意",不侵占群众利益一直是铁纪军规的主要内容。相比"白匪"抢夺民财、欺辱百姓,红军秋毫无犯、令行禁止,深得群众信任与爱戴。藏在半个金瓜里

---

　　① 参见石羚:《彰显军民鱼水深情》,《人民日报》,2019 年 7 月 8 日。

的买粮铜板,请百姓帮忙照顾伤员的银元,送给群众的马灯与被褥,作为长征的"信物",见证我党我军的优良作风。

守信践诺,算的是买卖公平的经济账,更是人心向背的政治账。借据虽小,却关乎百姓对我们这支队伍的看法。唯守信,方获信。为了一句承诺,江西于都赖福星一家几代人、80多年接力守护红军标语与漫画。只因赖福星珍重与红军的感情,便答应战士保护好自家墙上的宣传图文,即便敌军占领于都后也未把它们抹去。红军说到做到,百姓才会以诚待之。与人民群众同呼吸共命运,人心就会永远在我们这边。千百万百姓以心相托,成为红军长征历经600余次战役战斗、跨越近百条江河、攀越40余座高山险峰的力量之源。

一语不能践,万卷徒空虚。尽管那张借据早已泛黄,但党群同心、干群融洽、军民团结的要求始终如新。习近平总书记在"不忘初心、牢记使命"主题教育工作会议上要求,自觉同人民想在一起、干在一起,着力解决群众的操心事、烦心事,以为民谋利、为民尽责的实际成效取信于民。干字当头,实干为先,守诺如初,践诺不辍,是铸就血浓于水的党群关系、干群关系和军民关系的基本保证。

1934年,红军写给老乡借条,时隔几十年也要归还;1934年,随红六军团翻越南山的王震将军,立下了在这里建设大牧场的誓言,40年后成为现实;1934年,即将离开于都的红军指战员深情地对百姓说"我们一定会回来的",历经15年的浴血奋战,终于迎来了新中国的曙光。当前,中华民族伟大复兴中国梦召唤在前,不忘初心,牢记使命,严守纪律,一心为民,方不负在党旗军旗前的庄严承诺。

纪律如铁，信念如磐①

　　很多人都听过《丰碑》的故事：红军行军途中，一名将军因为有战士冻死而发怒，却被告知这名没穿棉衣的老战士，就是他要问责的军需处长，"大雪很快覆盖了军需处长的身体，他变成了一座晶莹的丰碑"。在舍生忘死的长征途中，涌现了很多很多"丰碑"。他们用行动彰显大公无私的作风，用生命践行铁一样的纪律。

　　在广东韶关南雄采访，这样的感受格外明显。这里是革命老区，也是红军长征经过的地方。有老人回忆说，那时候兵荒马乱的，"当兵的"一来乡亲们就进山，但共产党的队伍不一样，"他们规矩很好"。原来，红军战士们坚持住在祠堂里、柴房中、街道边、屋檐下，"损坏了群众东西要赔偿，借群众东西要送还"，不给当地村民添麻烦。正是这种"自觉的纪律"，让红军指战员赢得了沿途广大人民的衷心爱戴和支持帮助，留下一段段流传至今的佳话。

　　纪律如铁，归根结底是因为信念如磐。在这些革命先辈的身上，总能发现崇高坚定的信仰之力，总能感受到艰苦朴素的革命本色。"后勤管家"彭显伦，长征中负责红军的后勤工作，翻山越岭中优先保护部队紧缺的物资，即使长征胜利后，他依然克勤克俭，一件衣服"夏天把棉花掏出来，变为夏装；冬天塞进棉花，又成冬衣"。"开路先锋"李聚奎，长征时带领前锋部队逢山开路、遇水架桥，在80岁生日那天写下"纵然给我更大的权力，我也决不以权谋私；纵然给我更多的金钱，我也决不丢掉艰苦奋斗；纵然让我再活80岁，我也决不止步不前"的誓言。可以说，那场舍生忘死的远征，饱含着中国共产党人的理想主义激情、英雄主义气概、艰苦奋斗传统，时至今日依然闪耀着

---

　　① 参见盛玉雷：《纪律如铁，信念如磐》，《人民日报》，2019年7月1日。

火热的光芒。

理想之光不灭，信念之光长明。邓小平同志指出："过去我们党无论怎样弱小，无论遇到什么困难，一直有强大的战斗力，因为我们有马克思主义和共产主义的信念。有了共同的理想，也就有了铁的纪律。无论过去、现在和将来，这都是我们的真正优势。"如果没有牢不可破的理想信念，没有崇高理想信念的有力支撑，要取得长征胜利是不可想象的。在今天，再走长征路、回望来时路，就是为了探寻一代代中国共产党人前赴后继、英勇奋斗的根本动力，传承艰苦朴素、不懈奋斗的优良作风。不管时代如何变化，都要不忘初心、牢记使命，把初心和使命变成党员干部锐意进取、开拓创新的精气神和埋头苦干、真抓实干的自觉行动，清清白白为官、干干净净做事、老老实实做人。

"石可破也，而不可夺坚；丹可磨也，而不可夺赤。"在庆祝中国共产党成立 95 周年大会上，习近平总书记发出号召："全党同志一定要不忘初心、继续前进，永远保持谦虚、谨慎、不骄、不躁的作风，永远保持艰苦奋斗的作风，勇于变革、勇于创新，永不僵化、永不停滞，继续在这场历史性考试中经受考验，努力向历史、向人民交出新的更加优异的答卷！"站在新的历史起点上，坚定共产主义远大理想和中国特色社会主义共同理想，为崇高理想信念而矢志奋斗，我们就能用理想之光照亮奋斗之路，用信仰之力开创美好未来。

信仰就是"跟着走"①

　　1960 年 7 月，为纪念中国工农红军长征经过草原及川西北人民在中国革命危难关头所作出的贡献，经国务院批准建立红原县。"红原"这个县名，是由周恩来总理命名，意为"红军长征走过的大草原"。红军长征期间，在红原爬雪山、过草地、越沼泽的艰苦岁月里，红原这方热土和广大牧民群众给予了红军最有力的支持和帮助，为红军队伍保存了革命力量，为红军取得长征胜利作出了贡献。特别是支援给红军的牦牛，为红军驮运物资和伤病员过草地、越沼泽起到了十分重要的作用。毛泽东主席曾多次高度评价藏、羌人民对红军长征的贡献，并深情地将其赞誉为中国革命史上特有的"牦牛革命"。"牦牛革命"是红原人民优军拥军爱军的光辉见证。"爬雪山，过草地"是对红军长征艰苦状况、奋斗精神最简洁、最生动的概括。红原地处 3000 米以上的高海拔地区，草地昼夜温差大，天气变化无常，雨雪、冰雹说来就来。饥饿、疾病、高原反应同时困扰着红军队伍，令他们付出了惨痛代价，减员难以计数。

　　位于瓦切乡的日干乔大沼泽，是红军过草地的中心地带，也是世界上目前面积最大的高寒湿地的一部分。1935 年 7 月至 1936 年 8 月，红一、二、四方面军先后通过日干乔大沼泽，进入若尔盖等地。日干乔大沼泽面积达 200 多万公顷，加之内部泥潭密布，许多红军战士陷入沼泽地，献出了宝贵生命。环境如此之恶劣，牺牲如此之巨大，是什么促使红军战士最终克服重重困难？我看过这样一个故事。78 岁的开国大将罗瑞卿之子、原总装备部后勤部

　　① 　参见甲欢卓玛、四川红原：《信仰就是"跟着走"》，载《长江日报》编：《红军从我家乡走过：百名大学生眼里的长征》，人民出版社，2018 年，第 123~129 页。

副政委罗箭少将这样讲述自己与父亲罗瑞卿有关长征的一段对话。罗箭问："您知道长征要去哪里吗？"罗瑞卿回答："不知道。"罗箭好奇追问："那您是怎么走下来的？"罗瑞卿又答："跟着走。"罗箭曾说："当时参加长征的都是风华正茂的年轻人，你们想想看，就连我父亲这样的高级将领都不知道长征要去向何方，普通的小战士们更不可能知道，但这群青年人就是抱着一个'跟党走'的信念，一直坚持到最后取得长征胜利，这充分显示了信仰的强大力量。"

我从红原县城坐车到达瓦切红军长征纪念遗址大概花了半个小时。在坐车穿过茫茫草地时，老天似乎是想让我实际去感受草原天气的变化无常。刚离开县城时还是艳阳高照，在瓦切下车后突然下起了小雨。撑着伞，走在瓦切日干乔沼泽地上的栈道，我不经意回想起当年红军在这里日晒雨淋、又冷又饿、艰难跋涉的情景，心中对红军英勇无畏的敬佩之情油然而生。根据后来的统计，在日干乔大沼泽牺牲的红军战士多达数千人，是整个长征途中红军减员最为严重的地区之一。在红原的革命烈士陵园里长眠着长征时期在这片土地上为人民幸福生活而牺牲的烈士们，记录着他们艰苦卓绝的长征史诗和气壮山河的英雄故事。如今，在我们草原上广为流传着"金色鱼钩"和"七根火柴"的故事。

七根火柴在日常生活中是微不足道的，但在红军长征过草地那特殊艰苦的环境里，却有着不寻常的意义。七根火柴讲述了无名战士在红军最需要火的时候，甘愿牺牲自己，把保存下来的七根火柴，委托战友交给部队的故事。当时在草原阴沉、荒凉、寂静的特定环境中，普普通通的火柴具有生的意义。无名战士保存火柴、献出火柴，把生的希望留给战友，把死的威胁留给自己。家乡人口口相传的故事感动着一辈又一辈人：年老的长辈、成年的我们甚至年幼的孩子。这些故事拥有的巨大的感染力永远留在红原大草原上，鼓舞和鞭策着我们冲破重重困难，珍惜现在的幸福生活。调研中，我们听到了这样一段故事。在红军经过日干乔时，一位只有 12 岁的红军小哨兵因为生病掉队了，当地的藏族群众收留了他。他就是红原县瓦切乡的老红军罗尔吾，汉名叫侯德明。罗尔吾，在藏语中是"宝贝"的意思，这个名字是当年瓦切乡藏族同胞在收留侯德明时取的。因为侯德明是失散红军，当地藏族同胞在称呼他时，还特地在其名字前加一个"甲"字。"甲罗尔吾"即"汉族的宝贝"。

当年红军到达瓦切时，在附近的草原上曾与前来"围剿"红军的马步芳部骑兵有一场激战。激战过后，侯德明与母亲刘大梅跟大部队失散了。刘大梅带着侯德明步履蹒跚地在广袤的草原上寻找大部队，苦寻多日却未能找到。小侯德明躺在母亲怀里奄奄一息，连哭的力气都没有了。就在刘大梅绝望之时，一座黑色帐篷进入她的视野，这是当地牧民阿谷的游牧帐篷。等吃饱喝足的小侯德明沉沉睡去后，刘大梅含泪将他托付给阿谷夫妇，只身走进茫茫草地寻找大部队去了。这一去便杳无音讯。

在阿谷夫妇悉心呵护、照料下，侯德明一天天长大成人。他穿藏装、说藏话，成了一个皮肤黝黑、骑马放牧的地道牧民。他成年后与阿谷的侄女曲美拉姆结了婚，生下两儿一女，完全融入当地人的生活。我们的走访仍然迟到了 5 年。2011 年 3 月 2 日，82 岁的老红军罗尔吾因病医治无效，与世长辞。他生前要求家人按照藏族的习俗安葬他，把他留在这片草原上，和草原永远在一起。老人七十载的人生书写了一段藏汉一家亲、共筑民族情的感人故事。在艰苦的岁月里，红原广大牧民群众不畏反动势力的威逼，救助、收留了众多红军伤病战士和掉队、失散人员，为红军过草地、越沼泽引路当向导，用维持自己家生计的青稞和牦牛支援红军。一组数字真实地说明了这些奉献：红军在阿坝期间，革命根据地每天出动强劳力 5 万人次以上；支援红军粮食总量在 2500 万斤以上，各类牲畜（以牦牛为主）20 多万头；先后有 5000 余藏、羌青年参加了主力红军，另有 10000 多人参加了游击队。

太阳照耀在了日干乔的草甸上，山包上的红军烈士纪念碑在阳光下熠熠生辉，上面是毛主席的题字："红军精神永放光芒！"红军长征时期的川西北地区，农牧业生产水平低下，物产并不富足，各族人民生活相当困苦。在红军长征过境、留驻的 10 多个月里，先后创建的松理茂和大小金川革命根据地，其总辖面积不足 6 万平方公里，人口仅有 20 多万，人均占有粮 500 斤左右、人均牧畜不到两头，却承担着支援 10 万主力红军给养补充的任务。今天，随着经济的发展、道路的修建和居民定居点的建成，红原发生了翻天覆地的变化。到这里旅游的客人络绎不绝。牧民定居点就在离日干乔沼泽不远的地方，错落有致地排列在草原上。天然草场占红原总面积的 90% 以上，孕育了红原畜牧业的稳步发展。这里以全国著名的"麦洼牦牛"为畜群主体，拥有牦牛 36 万多头，年产牦牛肉 7000 余吨，鲜奶 2.4 万吨。牧民们从游牧到定居的生活模式，得益于政府为群众切实解决各种生活难题。牧民们富裕起来，条件得到改善。如今的红原，一股现代幸福生活气息扑面而来。

　　另一方面，红军过草地纪念馆、哈拉玛自驾车营地、日干乔、月亮湾、措琼海、花海等景区的好景色吸引了国内外不少游客。自驾游、车友会组团自驾游等，促发了红原的旅游业。黑帐篷早已不是牧民群众的生活必用品，逐水草而居的游牧生活正在上演巨大的变迁。爬雪山、过草地，红原见证了红军长征那彪炳史册的丰功伟绩，更留下了不怕艰难困苦勇往直前的长征精神。

乐观向上，革命向前①

科学的理论、正确的领导、过硬的队伍、人民的支持，是乐观的底气所在，是红军得以征服一切困难而不被任何困难所征服的秘诀。

1935 年 1 月 1 日，主力红军在贵州迎来了长征后的第一个阳历新年。

元旦前一天的猴场镇，气氛既紧张又欢喜。紧张的是：敌军尾随其后，突破乌江战斗在即，战前动员紧锣密鼓。欢喜的是，恰逢天降瑞雪，红军各单位组织了简单而不失隆重的晚会与聚餐，四盆八碗，香气满院，战士与穷苦群众一道分享食物、唱歌跳舞，一片喜气洋洋的景象。

记者来到猴场镇的傅氏居所，这里曾是红军干部团休养连的临时住地。新年那天，不少同志白天在这里与群众谈心，晚上围着篝火、举行特殊的晚会。在战斗间隙，在条件艰苦的小镇，究竟是什么支撑这支饱受劫难的队伍激情不减、笑对未来？是乐观精神。

乐观常与欢声笑语相伴随。在"火线剧社"的带领下，红四师在广西行军时边走边唱，步伐和着节拍，"合组成了一个大的军乐队"；湘江战役中参与掩护中央纵队渡江的红十三师，连夜奔袭 45 公里来到湘江，终于渡江成功，战士们用兴国山歌庆祝；娄山关战斗前，青年团员用"湘江走过了，乌江飞过了，一个娄山关，飞不过吗"的短句为战士鼓劲，"飞过去哟！闯过去哟！"的呼号一连接着一连。长征不光有悲情和壮烈，也有乐观与开心。歌声、笑声、加油声，点燃了驱散饥寒、驱散恐惧、驱散黑暗的火炬，为艰苦卓绝的跋涉增添了一抹乐观的色彩。

越是艰苦，越能彰显出乐观的可贵。茫茫雪山，异常艰险，红军指战员深

---

① 参见石羚：《乐观向上，革命向前》，《人民日报》，2019 年 7 月 19 日。

一脚浅一脚爬到山顶,除畅叙"盛夏赏雪"之诗情外,有人把撒了糖精的雪当作"冰淇淋",大家你一缸、我一碗地吃了起来。"这比上海冠生园的冰淇淋还好!"埃德加·斯诺把红军的"革命乐观情绪"比作烈焰,这团烈焰在敌军面前、大自然面前、死亡面前,都不曾熄灭。靠着乐观精神,红军抱团取暖、共克时艰,成为"红军不怕远征难,万水千山只等闲"的最佳注脚。

长征期间出版的《红星报》曾登载文章《在行军中克服部队的疲劳》,从补给、娱乐等方面出谋划策,但克服疲劳的真正要害在于人心。有人问董必武:"为什么长征那么困难,你们总是那么乐观?"董老说:"因为我们有伟大的前途!"过草地时,十七岁的郑金煜在临终前说:"我知道党的路线一定会胜利!革命一定会胜利!"一老一少,道出了乐观精神的真谛——信念。艰苦只在脚下,乐观指向未来。哪怕终点还在远方,哪怕草地无边无垠,哪怕革命频遭重创,必胜的信念始终不渝。

红军乐观,但并不盲目。《长征组歌》里的经典歌词,"野菜充饥志越坚",靠的是"野菜调查小组"的过硬技能;"官兵一致同甘苦",靠的是"弟兄们,跟我上"而不是"弟兄们,给我上";"兄弟民族夹道迎",靠的是民族平等的正确政策……科学的理论、正确的领导、过硬的队伍、人民的支持,是乐观的底气所在,是红军得以征服一切困难而不被任何困难所征服的秘诀。

1960 年,谢觉哉在给儿子的信中写道:"人们常说二万五千里长征是苦事,我是参加长征的,现在记忆中感到的倒不是苦而是甜。和苦斗争,本身就是件甜事。"之所以长征不苦,是因为苦难中蕴藏着乐观,更是因为先辈坚信,他们经受的苦难必能化作今日你我的幸福生活。

实事求是为胜利法宝①

在贵州遵义枫香镇的苟坝村,在大龙井、小龙井汇出的溪流旁,有一条田埂步道,被人们称作"毛泽东小道"。

1935 年 3 月 10 日,中共中央政治局在苟坝召开会议,讨论是否攻打打鼓新场。会开了一天,经民主表决,毛泽东的意见未得到采纳。会后的深夜,担忧革命前途的毛泽东,提起马灯,沿着这条崎岖的小道,找周恩来详陈利害并说服了他。次日,与会成员最终接受了毛泽东、周恩来的主张,放弃攻打打鼓新场,这才避免了被川军、滇军重重包围,才有了四渡赤水的神来之笔。可以说,一盏马灯,照亮了红军的前路;一条小道,开出了长征的胜利坦途。

习近平总书记指出,长征是一次检验真理的伟大远征。长征初期,红军按"铅笔画好"的路线艰难前进,损失惨重。"强渡湘江血如注,三军今日奔何处?"湘江战役后,去哪里、谁领导,成为全党全军最关心的问题。如果说纠正了"左"倾错误路线的遵义会议,是中国共产党一次生死攸关的转折,那么黎平会议、猴场会议、苟坝会议等共同构成了伟大转折的完整链条,连缀成一条通向革命胜利的正确路线。长征的胜利,是对敌斗争的胜利,也是同党内错误思想斗争的胜利,是实事求是的胜利。"'实事'就是客观存在着的一切事物,'是'就是客观事物的内部联系,即规律性,'求'就是我们去研究。"毛泽东在《改造我们的学习》一文中的论述至今仍振聋发聩。

"实事"是不断运动变化的事物。从在云贵川边境发展到建立川西北根据地,从转向川陕甘到将陕北苏区确立为未来中国革命的中心……红军何去何从的问题,即便在遵义会议后,也一直随形势变化而不断修正。坚持实

---

① 参见石羚:《实事求是为胜利法宝》,《人民日报》,2019 年 7 月 24 日。

事求是,不等于一成不变,而要随机应变、见招拆招。"真理只有在实践中才能得到检验,真理只有在实践中才能得到确立"。忽南忽北、即打即离的战争智慧,就在于一切从实际出发,把握住变化中的不变。

不唯上,不唯书,只唯实,是发现规律的基本前提。博古、李德用欧洲战场和苏联书本的"洋教条"指导长征,让革命遭受重大挫折。遵义会议作出的关于反对敌人五次"围剿"的总结决议,指出了以专守防御代替决战防御、以阵地战堡垒战代替运动战的错误,肯定了毛泽东关于红军作战的基本原则,冲破了教条主义的迷雾。事实证明,只有承认中国国情的独特性,承认红军要有一套独特的战略战术,才能开创独立领导中国革命的新局面。

拉近历史的镜头,我们发现:土城战役后,红军一渡赤水,化被动为主动,靠的是实事求是;红军四次渡过赤水,跳出敌军重兵包围,靠的是实事求是;从闽赣边区到陕甘腹地,红军创造"人类史上最伟大的行军",靠的还是实事求是。同样,凭借实事求是,新中国迅速完成了国民经济恢复和三大改造;凭借"摸着石头过河"等方法论,改革开放的中国令世界瞩目。时下,对面临新问题新挑战的中国而言,实事求是仍然是乘风破浪、再创辉煌的法宝。

"雄关漫道真如铁,而今迈步从头越。"著名的《忆秦娥·娄山关》何尝不是实事求是的生动表达?关山漫漫,长路艰险,面对现实,重整旗鼓,共产党人又有什么困难不能克服呢?

团结一心，争取更大胜利①

　　雾霭缭绕，山路蜿蜒。踏上重庆市酉阳县南腰界乡，最大的感受就是这里群山环绕、清幽寂静。85年前，这里发生了历史性的一幕：1934年10月，红二、六军团在南腰界乡猫洞大田举行会师庆祝大会，两个军团8000多名指战员雄赳赳气昂昂，歌声、口号声、欢呼声、军号声此起彼伏，响彻山间。

　　这是一次胜利的会师，也是一次模范的会师。据当地文史专家介绍，作为中央红军长征先遣队的红六军团，历经两个多月的艰苦奋战，突破了敌军重重围堵。通过这次会师，红六军团得到了马匹、枪支弹药等物资的补给，重振了战斗力，而红二军团的军党团建设和政治工作也得以加强，开始恢复部队中党团员的党籍、团籍。正是从这里开始，两支部队形成一个战斗集体，亲密融合、互相帮助，在战争的硝烟中成长为红军三大主力之一。今天我们思考红军为什么能够在艰苦卓绝的条件下克敌制胜，为什么始终保持拖不垮、打不散的强大凝聚力，答案绕不开"团结"二字。

　　谈到红军长征胜利，陈云同志曾感慨"红军兵心之团结及士气之旺"。过草地时凶险莫测，战士们拉着绳子前行，毛泽东同志幽默地说，"大家都是一根绳上的'蚂蚱'，我们的力量就要这样拧成一根绳。"在生死相依、患难与共的长征路上，正是始终维护团结、始终步调一致，红军将士才凝聚成坚不可摧的战斗堡垒。团结就是力量，团结起来就没有战胜不了的困难，长征的胜利就是最有力的证明。

　　究竟是什么样的力量让红军凝聚在一起、团结在一起？根源正在于对理想信念的共同追求。有这样两则长征中发生的故事。红军过云中山，一位军

---

① 　参见桂从路：《团结一心，争取更大胜利》，《人民日报》，2019年7月29日。

需处长把所有能御寒的东西都发给了别人，而自己却因只穿单衣冻死在一棵大树下。为保证全连不因饥饿而减员，红三军团的一个炊事班 9 名炊事员先后饿死在草地上，到达陕北后，只剩下司务长一人背着连队的大铜锅。"官兵一致同甘苦，革命理想高于天"。民族解放、人民幸福，是让红军将士走在一起的共同信念。为了革命的胜利，红军各部队风雨同舟，许多部队为了全局甘愿作出局部的牺牲；无数先辈前仆后继，在危难之际把生的希望让给别人。

顾全大局、严守纪律、紧密团结的精神，融入了这支队伍的血脉，指引他们跨越重重难关、从胜利走向胜利，也照亮我们党团结带领亿万人民艰苦奋斗、复兴圆梦的征程。正如习近平总书记指出的，"团结是战胜一切困难的强大力量，是凝聚人心、成就伟业的重要保证"。从"两弹一星"到载人航天，重大科技成果背后是广大科技工作者团结协作、开拓创新；从抗洪、抗"非典"到抗震救灾，应对各类灾难靠的也是全国人民万众一心、众志成城。今天，我们朝着"两个一百年"奋斗目标进发，尤需巩固全国各族人民的大团结，汇聚起全体中华儿女团结奋斗的磅礴伟力。

"我们两支部队要紧密团结，互相学习，以打大胜仗来庆祝我们的会师。"站在南腰界庆祝大会的主席台上，任弼时曾这样勉励会师的红二、六军团。战争已经远去，但新时代的长征路上依然还有许多"娄山关""腊子口"，实现民族复兴的伟大梦想还需要打更多"大胜仗"。团结起来，胜利终将属于我们。

激扬新长征的青春力量①

　　只有把自己的小我融入祖国的大我、人民的大我之中，与时代同步伐、与人民共命运，才能更好实现人生价值、升华人生境界。

　　接过历史的接力棒，走好今天的长征路，才能不辜负党的期望、人民期待、民族重托，不辜负我们这个伟大时代。

　　在福建省长汀县中复村，有一座被称为"红军桥"的木质廊桥。斑驳的桥柱上，1.5米高的刻痕清晰可见。据介绍，这是一把上了刺刀的步枪的高度，是革命年代"人比枪高当红军"的印记。就是在这里，一群热血儿女走上了革命道路，踏上了无悔征程。

　　作为著名的"红军之乡""将军摇篮"，闽西革命老区涌现出不少"革命理想高于天"的有志青年。还是在中复村，丈夫钟奋然新婚第二天便奔赴战场，妻子每年为他做一套新衣裳和鞋子，最后等来的却是战死沙场的消息，只能用一座衣冠冢来延续思念；在四都镇楼子坝村，红军入闽后连夜举行的一次群众大会，就动员了四五百人加入了队伍，"16岁以上的都去了"，因为"跟着共产党走才有出路"。还有很多这样朝气蓬勃的年轻人，为人民战斗、为祖国献身、为幸福生活奋斗，用英勇和坚贞标注出那个年代的精神高度。

　　长征是"当今时代无与伦比的一次史诗般的远征"。令人感叹的是，长征其实也是"一群年轻人的进发"。因为在这支一往无前的队伍里，大约54%的人是24岁以下的年轻人，只有4%的人超过40岁。在江西信丰，中央红军长征路上牺牲的第一位师长洪超只有25岁；在湖南道县，死守湘江阵地的陈树湘只有29岁……就是这群胸怀理想的年轻人，在这条淬火成钢的道路上

① 参见盛玉雷：《激扬新长征的青春力量》，《人民日报》，2019年6月24日。

舍生忘死、抛洒热血,把最美好的青春献给祖国和人民,谱写了一曲壮丽的青春之歌。

对今天的年轻人来说,怎么看待来时的路,往往决定了能否走好未来的路。让人欣慰的是,不断有年轻人回到长征路上,用脚步与先辈对话,切身感受这一传奇史诗。一名20多岁的网络主播,用直播的形式挖掘红军艰苦卓绝的英雄故事,观察长征路上变化与发展中的今日中国;一名95后的大学生在重走长征路时几次落泪,为过去不了解红军的艰辛而流泪。精神是可以传承的,这条地球红飘带孕育的英雄的基因,感染与召唤着一代又一代人在这条曲折而顽强的道路上努力奔跑、奋力前进,探寻从胜利走向胜利的密码。

有人曾提出疑问,今天的年轻人还用"长征"、还能"长征"吗?答案当然是肯定的。因为长征除了是脚步的丈量,更是精神的洗礼、思想的升华。青年的人生目标会有不同,职业选择也有差异,在成长和奋斗中会收获成功和喜悦,也会面临困难和压力。只有把自己的小我融入祖国的大我、人民的大我之中,与时代同步伐、与人民共命运,才能更好实现人生价值、升华人生境界。

一代人有一代人的长征,一代人有一代人的担当。在纪念五四运动100周年大会上,习近平总书记指出:"建成社会主义现代化强国,实现中华民族伟大复兴,是一场接力跑。"接过历史的接力棒,走好今天的长征路,才能不辜负党的期望、人民期待、民族重托,不辜负我们这个伟大时代。

结　语
做共产主义接班人

　　"我们是共产主义接班人,继承革命先辈的光荣传统,爱祖国,爱人民,鲜艳的红领巾飘扬在前胸……"。每当听到儿时的这首《中国少年先锋队队歌》,我们是不是心情都很激动? 那是因为,"一个民族的文明进步,一个国家的发展壮大,需要一代又一代人接力努力",我们每一个中国人都是光荣的"共产主义接班人"。"共产主义接班人"无论在何时何地都是一种荣耀,它是国家和民族对我们的重托和厚望。做好共产主义接班人,就要爱国、爱党、爱人民。

一、要心系国家

　　中华民族历经沧桑,却又生生不息;历尽苦难,却又绵延不绝。回首往昔,世所罕见的自然灾害,未曾让我们绝望;侵略者的铁蹄肆虐,没有让我们屈服;军阀割据混战也无法阻挡人民盼望祖国统一的夙愿。是什么力量造就了华夏子孙的生生不息? 又是什么力量传递着中华民族的千年梦想? 那就是以爱国主义为核心的民族精神!

　　爱国主义是中华民族薪火相传的精神依归。"爱国主义精神深深植根于中华民族心中,是中华民族的精神基因,维系着华夏大地上各个民族的团结统一,激励着一代又一代中华儿女为祖国发展繁荣而不懈奋斗。"①

① 《习近平在中共中央政治局第二十九次集体学习时强调　大力弘扬伟大爱国主义精神　为实现中国梦提供精神支柱》,《人民日报》,2015 年 12 月 31 日。

爱国主义始终是激昂的主旋律，始终是激励我国各族人民自强不息的强大力量，它是中华儿女对祖国最深厚、最崇高的感情积淀。从岳飞的"抬望眼，仰天长啸，壮怀激烈"到文天祥的"人生自古谁无死，留取丹心照汗青"；从林则徐的"苟利国家生死以，岂因祸福避趋之"到孙中山的救国图存、振兴中华；从周恩来的"为中华之崛起而读书"到邓小平"我是中国人民的儿子，我深情地爱着我的祖国和人民。"……他们的伟大思想和光辉事迹都展现了"天下兴亡，匹夫有责"的爱国主义精神。

爱国是基于个人对自己祖国依赖关系的深厚情感，也是调节个人与祖国关系的行为准则。它要求我们以振兴中华为己任，促进民族团结、维护祖国统一、自觉报效国家。少年儿童时期是加强道德修养、养成良好习惯、积累知识、培养能力的关键时期，小小红领巾要有报国之心、凌云之志，以"只争朝夕"的紧迫感和责无旁贷的使命感去勤奋学习，为实现共产主义而努力奋斗。

二、要心向中国共产党

跟着国，再大的风浪也不怕；跟着党，我们永远意气风发。爱国和爱党紧密相连。习近平总书记指出："中国共产党是爱国主义精神最坚定的弘扬者和实践者，始终把实现中华民族伟大复兴作为自己的历史使命。90多年来，我们党团结带领全国各族人民进行的革命、建设、改革实践，是爱国主义的伟大实践，写下了中华民族爱国主义精神的辉煌篇章。"[1]

回首我党走过的百年历程，多少风雨和沧桑，多少艰难与险阻，多少鲜血和泪水，多少牺牲与拼搏，历经多少艰苦卓绝的斗争，才赢得了久经磨难的中华民族从站起来、富起来到强起来的历史性飞跃，诚如大家所传唱的那样："没有共产党，就没有新中国。"同样，没有共产党，也就没有我们今天的祖国强大和人民幸福。

---

[1] 《习近平在中共中央政治局第二十九次集体学习时强调　大力弘扬伟大爱国主义精神　为实现中国梦提供精神支柱》，《人民日报》，2015年12月31日。

三、要心想人民

中国人民是具有伟大创造精神的人民，中国人民是具有伟大奋斗精神的人民，中国人民是具有伟大团结精神的人民，中国人民是具有伟大梦想精神的人民。我们要"以百姓之心为心""以人民为中心"。习近平总书记曾冒着零下几十度的严寒，深入冰天雪地的边疆，走进贫瘠困苦的老区，察民情、听民意、问冷暖。他说："作为一个人民公仆，陕北高原是我的根，因为这里培养出了我不变的信念：要为人民做实事！""无论我走到哪里，永远是黄土地的儿子。"①其实，热爱人民，也是邓小平同志一生最深厚的情感寄托。他从对人民的挚爱，延伸到对党、对祖国的挚爱。

"德莫高于爱民，行莫高于利民。"习近平总书记指出："我们纪念邓小平同志，就要学习他对人民无比热爱的伟大情怀。热爱人民，是邓小平同志一生最深厚的情感寄托，也永远是中国共产党人应该坚守的力量源泉。爱祖国、爱人民，是最深沉、最有力量的情感，是博大之爱。我们要学习邓小平同志对祖国、对人民的深情大爱，始终为人民利益而奋斗，任何时候任何条件下都忠于祖国、忠于人民，脚踏实地践行党的宗旨，把自己的一生交给党和人民，为党和人民事业鞠躬尽瘁、死而后已。"②

只有坚持爱国、爱党、爱人民相统一，爱国主义才是鲜活的、真实的。爱国，不能停留在口号上，而是要把自己的理想同祖国的前途、把自己的人生同民族的命运紧密联系在一起，扎根人民，奉献国家。让我们每一位中华儿女都把爱国之情、报国之志融入祖国改革发展的伟大事业之中、融入人民创造历史的伟大奋斗之中！

---

① 《人民日报》评论部：《习近平讲故事》，人民出版社，2017年，第43页。
② 习近平：《在纪念邓小平同志诞辰一百一十周年座谈会上的讲话》，载中共中央文献研究室：《十八大以来重要文献选编（中）》，中央文献出版社，2016年，第41~42页。

后　记

参加本书组织和撰写工作的有:颜晓峰、徐斌、谭小琴、吴兆彤、周小兵、李孟国、贾璐萌、陈小平。

各章撰稿分工如下:

谭小琴:导论、第六章、第七章、结语;

吴兆彤:第一章、第二章;

李孟国:第三章;

周小兵:第五章;

贾璐萌:第四章、第八章;

谭小琴对各章书稿作了修改并统稿。

本书是天津大学研究生创新人才培养项目(项目编号:YCX19080)、天津市高校思政课建设项目资助之领航学者项目(项目编号:SZK20170108)的成果。

本书在编写和出版过程中,还得到了天津大学科学技术与社会研究中心、天津大学马克思主义学院研究生思想政治理论课教研部、天津市高校思想政治理论课协同创新中心的资助,在此表示衷心的感谢。

本书参阅和吸取了国内学者的相关研究成果,在此,我们对原作者表示最真挚的谢意。

由于本书涉及的内容广泛,且时效性和政策性很强,再加上我们的水平和能力有限,因此疏漏甚至错误之处在所难免,敬请读者批评指正。

谭小琴

2019 年 8 月 8 日